Gerhard Bergholz

Leistungsmodellierung von Rechnersystemen

Informatik · Kybernetik · Rechentechnik

Herausgegeben von der Akademie der Wissenschaften der DDR
Zentralinstitut für Kybernetik und Informationsprozesse

Band 22

Leistungsmodellierung von Rechnersystemen
von Gerhard Bergholz

Leistungsmodellierung von Rechnersystemen

von Gerhard Bergholz

Mit 102 Abbildungen und 31 Tabellen

Akademie-Verlag Berlin 1989

Verfasser: Prof. Dr. sc. techn. Gerhard Bergholz

Lehrstuhl für Informatik an der
Bergakademie Freiberg

ISBN 3-05-500474-4

ISSN 0232-1351

Erschienen im Akademie-Verlag Berlin, Leipziger Straße 3—4, Berlin, DDR-1086

Lizenznummer: 202 · 100/409/88
Printed in the German Democratic Republic
Gesamtherstellung: VEB Druckhaus „Maxim Gorki", Altenburg, DDR-7400
Lektor: Dipl.-Phys. Gisela Lagowitz
LSV 1085
Bestellnummer: 7638124 (9109)

04200

Vorwort

Bei der immer breiteren Anwendung der Rechentechnik gewinnt die effektive Nutzung der durch sie bereitgestellten Ressourcen eine zunehmende Bedeutung.
Ungeachtet der großen Fortschritte in den Nutzungsmöglichkeiten der Rechnersysteme mit Hilfe der in den Betriebssystemen bereitgestellten Mittel existiert ein Widerspruch zwischen der potentiellen Leistungsfähigkeit der Rechentechnik und der Effektivität ihrer Nutzung.
Die mit der Anwendung der Mikroelektronik verbundene Weiterentwicklung der rechentechnischen Basis erhöhte deren potentielle Leistungsfähigkeit bei sinkenden Kosten. Einerseits hat die damit verbundene breite Nutzung von Personalcomputern dazu geführt, daß ein großer Anteil der Aufgaben der Informationsverarbeitung direkt am Ort ihres Bedarfs gelöst werden. Andererseits hat sich dadurch auch der Rechnerverbund, insbesondere in Form von lokalen Rechnernetzen, wesentlich vergrößert, weil der Inselbetrieb von Personalcomputern den heutigen Erfordernissen und Möglichkeiten nur teilweise entspricht.
Mit dieser insgesamt zunehmenden Komplexität moderner Rechnersysteme werden die darin ablaufenden Prozesse als Wechselwirkung zwischen Gerätetechnik, Steuerprogrammen und Arbeitslast der Nutzergemeinschaft immer komplizierter, wodurch die Diskrepanz zwischen der potentiell stürmisch wachsenden Leistungsfähigkeit der Rechentechnik und ihrer effektiven Anwendung weiter zunimmt. Zur Beseitigung dieses Widerspruches wurden in den letzten zwei Jahrzehnten weltweit Mittel und Methoden entwickelt, die in der Forschungsdisziplin „Leistungsbewertung von Rechnersystemen" (performance evoluation) zusammengefaßt werden. Hauptgebiete dieser Forschungsdisziplin sind die Leistungsmodellierung, die Leistungsmessung und die Leistungsverbesserung, welche eng miteinander verbunden sind.
Dieses Buch ist auf die Leistungsmodellierung von Rechnersystemen, unter Einbeziehung von Leistungsmessungen und Leistungsverbesserungen, orientiert. Es beschäftigt sich mit Leistungsverhaltensmodellen, die für die Untersuchung von Rechnersystemen der lokalen und verteilten Verarbeitung geeignet sind.
Der erste große Abschnitt A bildet hier eine wichtige Grundlage für die Untersuchung einer breiten Klasse von komplexen Rechnersystemen.
Im nachfolgenden Abschnitt B steht, verbunden mit praktischen Anwendungen, die Untersuchung von Einzelrechnersystemen der Stapel- und Dialogverarbeitung im Mittelpunkt. Dabei werden solche komplexen Modelle entwickelt, die in Rechnernetzen als Modellbausteine für die Arbeitsrechner geeignet sind. An einem Beispiel der verteilten Verarbeitung wird gezeigt, wie die für die Einzelrechner-

systeme entwickelten Modelle zu einem Gesamtmodell der verteilten Verarbeitung vereinigt werden können.
Im Abschnitt C wird an konkreten Beispielen gezeigt, wie auf der Grundlage der Leistungsmodellierung eine Leistungsverbesserung von Rechnersystemen möglich ist. Dabei stehen die beiden Hauptrichtungen, optimale Gestaltung und optimale Steuerung von Rechnersystemen, im Mittelpunkt.
In den letzten Jahren wurden für die Nutzung der Leistungsverhaltensmodelle programmtechnische Werkzeuge (tools) entwickelt. Da ihre Behandlung den Rahmen dieses Buches gesprengt hätte, wird im Buch nicht darauf eingegangen.
Die Arbeit entstand auf der Grundlage jahrelanger Forschungsarbeiten eines Kollektivs unter Leitung des Autors. Außerdem fanden nationale Forschungsergebnisse, die besonders in den seit 1980 mit zweijährigem Abstand unter Leitung des Autors durchgeführten vier Problemseminaren zum Thema „Leistungsverbesserung von Rechnerinstallationen" dargelegt wurden, Berücksichtigung. Neben diesen eigenen und nationalen umfangreichen praktischen Erfahrungen und theoretischen Ergebnissen wurden in der internationalen Literatur vorhandene praktische und theoretische Erkenntnisse des Gebietes Leistungsmodellierung berücksichtigt. Dabei bemühte sich der Autor um eine geschlossene Darstellung.
Der Autor bedankt sich bei den Mitarbeitern des von ihm geleiteten Forschungskollektivs einschließlich der beteiligten Doktoranden und Diplomanden.
Mein besonderer Dank gilt hierbei Herrn Dr. D. Lehmann und Herrn Dr. K. Richter für konstruktive Hinweise bei der Durchsicht des Manuskripts.
Die diesem Buch zugrunde liegenden Forschungsergebnisse wurden an verschiedenen Stellen im In- und Ausland vorgetragen und diskutiert. Dabei erhielt ich wertvolle Anregungen durch Herrn Professor Dr. sc. techn. D. König (Bergakademie Freiberg) und Herrn Professor Dr. rer. nat. habil G. Schwarze (Humboldt-Universität Berlin) im Rahmen der von ihnen geleiteten wissenschaftlichen Arbeitsgruppen.
Des weiteren möchte ich die gute Zusammenarbeit mit Frau Dipl.-Phys. G. Lagowitz vom Akademie-Verlag in allen Etappen der Manuskripterarbeitung hervorheben.
Bei meiner Frau Ingeborg bedanke ich mich für ihr großes Verständnis und für die Ausführung der erforderlichen Schreibarbeiten.

G. Bergholz

Inhaltsverzeichnis

A. Grundlagen der Leistungsmodellierung von Rechnersystemen

Im Abschnitt A beschäftigen wir uns mit den Grundlagen der Leistungsmodellierung von Rechnersystemen. Der dabei bereitgestellte Apparat ist für die Modellierung von Einzelrechnersystemen und von Rechnerverbundsystemen einschließlich lokaler und flächendeckender Rechnernetze geeignet. Er kann für die Entwicklung von Rechnersystemen, für die Gestaltung von Rechnerkonfigurationen und für die Rationalisierung des Rechenbetriebs genutzt werden.
Zunächst werden einige Grundbegriffe der Leistungsmodellierung erläutert und der Gegenstand der Leistungsmodellierung umrissen. Anschließend daran erfolgt eine strukturelle Beschreibung der Verarbeitungsprozesse des Rechnersystems und deren mathematische Interpretation, die eine stochastische Modellierung dieser Prozesse ermöglicht. Im Hauptteil dieses Abschnittes werden ausgewählte Bedienungssysteme der Leistungsmodellierung behandelt.

1. Einführung in die Leistungsmodellierung von Rechnersystemen

Bei der Entwicklung von Rechnersystemen, beim Entwurf von Rechnerkonfigurationen für bestimmte Anwendungen und bei der Rationalisierung des Rechenbetriebes in einem Rechenzentrum ist eine maximale Leistung des Rechnersystems anzustreben. Dazu ist eine Bewertung der Leistung eines Rechnersystems erforderlich, in der solche Eigenschaften des Rechnersystems betrachtet werden, die quantitativ bewertbar sind. Diese Beschränkung hat den großen Vorteil, daß eine mathematische Beschreibung ermöglicht wird. Ein Nachteil könnte sein, daß bestimmte Eigenschaften quantitativ nicht bewertbar sind und damit bei der Leistungsbewertung nicht erfaßt werden. Die stürmische internationale Entwicklung der Leistungsmodellierung von Rechnersystemen sowohl auf dem Gebiet der Theorie als auch in ihrer praktischen Anwendung zeigt jedoch, daß die dabei verwendeten Leistungsbewertungsgrößen wesentliche Eigenschaften der Rechnerleistung erfassen, um daraus wichtige Schlußfolgerungen für die Verbesserung des Rechenbetriebes zu ziehen.
Damit in der Praxis durch systematische Untersuchungen eine hohe Rechnerleistung erreicht werden kann, sind Kenntnisse darüber erforderlich, wie die Verarbeitungsprozesse (und damit die Rechnerleistung) durch die Änderung entsprechender unab-

hängiger Einflußgrößen beeinflußt werden können. Dazu ist es notwendig, die Eigenschaften, Zusammenhänge und Gesetzmäßigkeiten, die in Rechnersystemen mit unterschiedlicher Betriebsweise (Stapelverarbeitung, Dialogverarbeitung, Einzelprogrammbetrieb, Multiprogrammbetrieb, zentrale Verarbeitung, verteilte Verarbeitung usw.) die Rechenprozesse bezüglich der Leistung charakterisieren, aufzudecken. Das Erkennen dieser Eigenschaften, Zusammenhänge und Gesetzmäßigkeiten ist wesentlicher Bestandteil der Leistungsmodellierung von Rechnersystemen. Dabei werden die entsprechenden Zusammenhänge in der Form von Leistungsverhaltensmodellen gefaßt.

1.1. Definitionen

1.1.1. Rechnersystem

Ein Rechnersystem ist die Vereinigung von gerätetechnischen (ZVE, E/A-Prozessoren, Speicher, periphere Geräte usw.) und programmtechnischen Komponenten (Programme, die das Betriebssystem bilden). Das Rechnersystem für eine bestimmte Anwendung, welches aus konkreten Komponenten besteht, wird als Rechnerkonfiguration bezeichnet. Dabei werden die einzelnen Komponenten Ressourcen des Rechnersystems genannt. Die Eigenschaften der Rechnerkonfiguration werden quantitativ durch sogenannte Systemparameter erfaßt.

1.1.2. Rechnerinstallation

Wenn wir ein Leistungsverhaltensmodell eines Rechnersystems betrachten wollen, dürfen wir uns nicht allein auf die Betrachtung der Rechnerkonfiguration beschränken. Ein Rechnersystem arbeitet in einer ganz bestimmten Umgebung, aus der wesentliche Eigenschaften in die Betrachtung einbezogen werden, welche die Rechnerprozesse unmittelbar beeinflussen. Dementsprechend kann der Terminus Rechnerinstallation eingeführt werden, wobei die Rechnerinstallation aus dem Rechnersystem und der für die Leistungsmodellierung relevanten Umgebung besteht. Zu dieser Umgebung gehört auf jeden Fall die Nutzergemeinschaft des Rechnersystems. Dabei verstehen wir unter der Nutzergemeinschaft eine Gemeinschaft von Leuten, die über einen bestimmten Zeitraum das Rechnersystem für ihre Informationsverarbeitungsaufgaben nutzt. In der Praxis haben meist alle Angehörigen der Nutzergemeinschaft eine Auftragsnummer. Die Nutzergemeinschaft wirkt auf das Rechnersystem über Nutzerprogramme, Daten und Nutzerkommandos ein und beeinflußt damit die Rechnerleistung. Dabei wollen wir die Gesamtheit der Nutzerprogramme, Daten und Nutzerkommandos, die am Eingang des Rechnersystems wirksam wird, als Arbeitslast des Rechnersystems verstehen. Die Eigenschaften der Arbeitslast werden quantitativ durch entsprechende Arbeitslastparameter erfaßt. Damit treten als unabhängige Einflußgrößen des Leistungsverhaltensmodells die Systemparameter und Arbeitslastparameter auf. In Abb. 1.1 ist das Blockschema einer Rechnerinstallation im Sinne der Leistungsmodellierung dargestellt. Dabei wird als Ausgangsgröße des Rechnersystems die Rechnerleistung angegeben.
Ein Leistungsverhaltensmodell enthält den Zusammenhang zwischen unabhängigen Einflußgrößen und Leistungsbewertungsgrößen, welche die Rechnerleistung kennzeichnen.

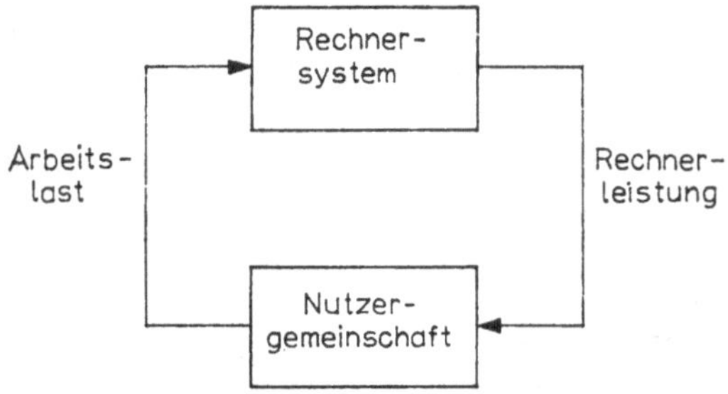

Abb. 1.1. Block-Schema einer Rechnerinstallation

Die unabhängigen Einflußgrößen können allgemein als Größen unterschieden werden, welche die Arbeitslast, d. h. die Ressourcenanforderungen, kennzeichnen und als Größen, welche die Rechnerkonfiguration, d. h. insbesondere die Anzahl der verfügbaren Ressourcen verschiedener Ressourcenklassen, charakterisieren.
Die Leistungsbewertungsgrößen können in vier Klassen unterteilt werden, in Bewertungsgrößen des Durchsatzverhaltens, des Reaktionsverhaltens, des Auslastungsverhaltens und des Zustandsverhaltens. (s. a. [FER78a], [SVO76]).
Das Durchsatzverhalten bezieht sich vor allem auf den Informationsumfang der vom Rechnersystem in der Zeiteinheit verarbeitet wird. Das Reaktionsverhalten wird i. allg. durch die Zeit, die zwischen der Ankunft der Eingangsdaten und der Bereitstellung der Ergebnisdaten vergeht, bestimmt. Das Auslastungsverhalten kennzeichnet das Verhältnis der Nutzungszeit zur Beobachtungszeit einer betrachteten Ressource. Das Zustandsverhalten charakterisiert die mittlere Zahl der in einem bestimmten Systemabschnitt vorhandenen Forderungen (s. Abschnitt 3).

1.1.3. Eigenschaften der Rechnerinstallation

Als nächstes betrachten wir Eigenschaften, welche die unabhängigen Einflußgrößen des Leistungsverhaltensmodells beeinflussen. Dabei unterscheiden wir die Eigenschaften des Rechnersystems, durch welche die Systemparameter bestimmt werden und die Eigenschaften der Arbeitslast, welche die Arbeitslastparameter kennzeichnen.

Rechnerkonfiguration

Die Modifizierung des Rechnersystems heißt Rechnerkonfiguration. Dabei unterscheidet man im allgemeinen die gerätetechnische Konfiguration und die Betriebssystemkonfiguration.

Spezielle Rechnerkonfigurationen für die Leistungsmodellierung

Die gerätetechnische Konfiguration umfaßt vor allem die Anzahl und Kapazitäten der Geräte eines bestimmten Gerätetyps (ZVEs, Kapazitäten des Hauptspeichers und der externen Speicher, Zahl der Kanäle und Kontroller, Zahl der Magnetplattengeräte, Magnetbandgeräte, Diskettenlaufwerke, Drucker und Terminals usw.).

Die Betriebssystemkonfiguration beinhaltet eine bestimmte generierte Version eines genutzten Betriebssystems der betreffenden Rechnerkonfiguration (z. B. UNIX, RSX11, MS/DOS, ES/OS, VMS, CP/M usw.).
Wir betrachten in Anlehnung an FERRARI [FER78a] eine Grundkonfiguration eines Rechnersystems, in der wichtige gerätetechnische Komponenten enthalten sind (s. Abb. 1.2). In Abhängigkeit von den Hauptorganisationsformen des Rechenbetriebes kann diese Grundkonfiguration weiter spezifiziert werden. Die Hauptorganisationsformen des Rechenbetriebes können nach drei verschiedenen Klassifikationsmerkmalen unterteilt werden, nämlich nach der Verarbeitungsart, nach der Parallelität der Verarbeitung verschiedener Aufgaben und nach der Automatisierung der Speicherverwaltung. Als Organisationsformen nach der Verarbeitungsart unterscheiden wir Stapel- und Dialogverarbeitung. Die Organisationsformen nach der Parallelität der Verarbeitung verschiedener Aufgaben werden in Einzelprogrammbetrieb und Multiprogrammbetrieb unterteilt. Nach der Automatisierung der Speicherverwaltung unterscheiden wir die manuelle Speicherverwaltung mit Überlagerungsstrukturen und die im virtuellen Speicher realisierte automatische Speicherverwaltung.

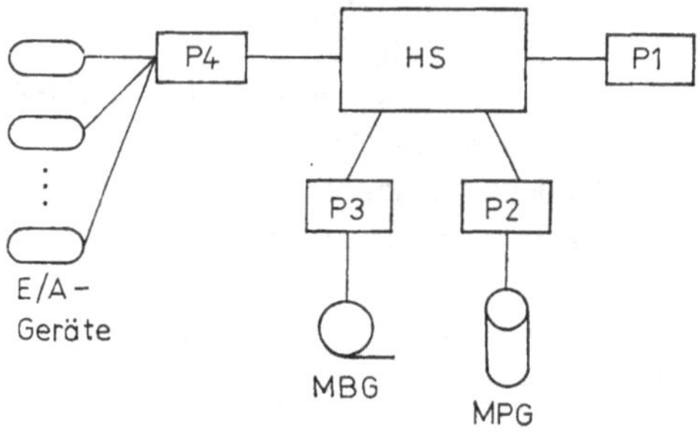

Abb. 1.2. Grundkonfiguration eines Rechnersystems (P1, ... P4 – Prozessoren; P1-ZVE, P2, ... P4 – E/A Prozessoren; HS – Hauptspeicher; MPG – Magnetplattengeräte; MBG – Magnetbandgeräte)

Als erstes spezifizieren wir die E/A-Geräte der Grundkonfiguration in der Abb. 1.2. Dort sind die konkreten E/A-Geräte noch frei wählbar. Die Spezifizierung dieser Geräte erfolgt nach der Verarbeitungsart, d. h., für die Stapelverarbeitung müssen andere Geräte zur Verfügung stehen als für die Dialogverarbeitung.
Bei der klassischen Stapelverarbeitung, die auch heute noch ihre Bedeutung behält, werden z. B. Lochkartenleser für die Daten- und Programmeingabe und Paralleldrucker für die Ergebnisausgabe genutzt. In moderneren Systemen werden in zunehmendem Maße magnetische Datenträger wie Magnetbänder, Disketten, Kassetten usw. als E/A-Medien genutzt, und dementsprechend werden die Lochkartenleser durch die entsprechenden Laufwerke ersetzt.
Die klassische Dialogverarbeitung wurde vor allem mit Fernschreibern als E/A-Geräte betrieben, während heutzutage Bildschirmterminals mit Tastatur für die Kommando- und Dateneingabe und die Anzeige von Hinweisen und Ergebnissen zur Anwendung kommen.
Wir gehen jetzt zur Spezifizierung nach den Prozessoren über. In der Grundkonfiguration gibt es zwei Möglichkeiten:

– nur einen physischen Prozessor und alle Prozessoren in Abb. 1.2 P1, P2, P3, P4 sind virtuell (keine Parallelarbeit von P1, P2, P3, P4);
– jeder Prozessor P1, P2, P3, P4 ist auch ein physischer Prozessor, d. h., sie können alle zueinander Operationen ausführen.

Die erste Möglichkeit führt zum Einzelprogrammbetrieb, da zu einem bestimmten Zeitpunkt von einem Prozessor nur eine physische Operation ausgeführt werden kann und deshalb die parallele Lösung verschiedener Aufgaben keinen Nutzen bringt (eine Ausnahme bildet hier der Echtzeitbetrieb von Prozeßrechnern, der aber in diesem Buch nicht untersucht wird).
Das Vorhandensein von beispielsweise vier physischen Prozessoren ermöglicht einen effektiven Multiprogrammbetrieb. Es können gleichzeitig vier Operationen ausgeführt werden, denn bei der parallelen Lösung von mehreren Aufgaben können die verschiedenen Prozessoren gleichzeitig für die einzelnen Aufgaben arbeiten, soweit das dem Ablauf der den Aufgaben zugeordneten Nutzerprogrammen entspricht.
Als letztes betrachten wir die Spezifizierung nach der Speicherverwaltung. Falls keine besonderen Vorkehrungen getroffen werden, muß sowohl beim Einzelprogramm- als auch beim Multiprogrammbetrieb jedes einzelne Programm vollständig in den Hauptspeicher zur Abarbeitung geladen werden. Deshalb ist für jede Aufgabe während ihres Lösungsprozesses ein bestimmter Hauptspeicherplatz erforderlich, der den verfügbaren Speicherplatz der Rechnerkonfiguration übersteigen kann.
Wenn der Speicherplatzbedarf des Programmes den für die entsprechende Aufgabe verfügbaren Hauptspeicherplatz übersteigt, muß der Programmierer bei manueller Speicherverwaltung eine Überlagerungsstruktur (overlay) einführen. Das bedeutet, daß das Betriebssystem zwar die Einrichtung von Überlagerungsstrukturen unterstützt, aber der Programmierer des Nutzerprogramms für das Ein- und Auslagern der einzelnen Programmsegmente selbst verantwortlich ist und das durch entsprechende Anweisungen in seinem Programm implementieren muß.
Eine grundsätzlich andere Form der Speicherverwaltung besteht im Aufbau eines virtuellen Speichers, der eine automatische Speicherverwaltung sichert (s. [SCHI78]). Die automatische Speicherverwaltung löst hier durch das Betriebssystem automatisch, welcher Teil des Nutzerprogrammes im Hauptspeicher sein muß. Die Ein- und Auslagerung in und aus dem Hauptspeicher erfolgt auf Initiative des Betriebssystems ebenfalls automatisch, und der Programmierer eines Nutzerprogrammes kann sein Programm, das den real dafür verfügbaren Hauptspeicherplatz übersteigt, in einem hinreichend großen virtuellen Adreßraum geschlossen, ohne Überlagerungsstruktur, programmieren.
Aus der Sicht der Leistungsmodellierung muß beachtet werden, daß die für den Programmierer nicht sichtbare, durch das Betriebssystem realisierte Ein- und Auslagerung von Programmteilen (meist Seiten) in geeigneter Weise zu berücksichtigen ist.

Arbeitslasteinheiten

Als Arbeitslasteinheiten unterscheiden wir Arbeitsoperation, Forderung, Aufgabe, Sitzung.
Die Arbeitsoperation ist die kleinste Arbeitslasteinheit, die wir betrachten. Eine weitere Unterteilung wird nicht vorgenommen.
Eine Forderung ist die größte zeitlich sequentielle Arbeitslasteinheit. Sie besteht aus einer Anzahl zeitlich nacheinander ablaufender Arbeitsoperationen.

Eine Aufgabe ist die natürliche Arbeitslasteinheit des Nutzers, d. h., ein Nutzer fordert vom Rechner, daß er ihm eine bestimmte Aufgabe löst. Eine Aufgabe besteht aus einer oder mehreren Forderungen. Falls zu einer Aufgabe mehrere Forderungen gehören, dann bilden diese einen Forderungsverband, in dem die einzelnen Forderungen zu einem Ganzen verbunden sind. Der Aufbau eines Forderungsverbandes ist für die Lösung einer solchen Aufgabe erforderlich, bei der innerhalb des Aufgabenlösungsprozesses Arbeitsoperationen parallel auf verschiedenen Prozessoren ausgeführt werden sollen. Für eine durch einen Forderungsverband realisierte Aufgabe erfolgt die Ausführung der Arbeitsoperationen i. a. sequentiell-parallel. Manchmal gibt es übergeordnet zur Aufgabe noch eine größere Arbeitslasteinheit, in der verschiedene voneinander abhängige Aufgaben zu einem Aufgabennetz zusammengefaßt werden (s. Abschnitt 9.2.2.).
Die Arbeitslasteinheit Sitzung kommt nur bei der Dialogverarbeitung vor. Sie ist die größte Arbeitslasteinheit des Dialogbetriebs und ist der Zeit zugeordnet, in der ein Nutzer ununterbrochen das Terminal belegt. In dieser sogenannten Sitzungszeit werden gewöhnlich mehrere Nutzeraufgaben gelöst, deren Lösungsprozesse zeitlich durch entsprechende Denkzeiten des Nutzers unterbrochen werden.

1.2. Aufgaben der Leistungsmodellierung

Die Leistungsmodellierung von Rechnersystemen kann in folgende drei Aufgaben unterteilt werden:

— Modellbildung für das Leistungsverhalten von Rechnersystemen,
— Leistungsanalyse mit Hilfe eines Leistungsverhaltensmodells und
— Leistungsverbesserung unter Nutzung des Leistungsverhaltensmodells.

1.2.1. Modellbildung für das Leistungsverhalten

Man kann die Modellbildung für das Leistungsverhalten eines Rechnersystems in drei Etappen gliedern:

— Beschreibung der sequentiell-parallelen Rechenprozesse von Rechnersystemen,
— Ableitung der wahrscheinlichkeitstheoretischen Charakteristika bzw. ihrer statistischen Schätzungen zur Gewinnung der unabhängigen Einflußgrößen und Leistungsbewertungsgrößen aus den Rechenprozessen und
— Herstellung des Zusammenhanges zwischen den unabhängigen Einflußgrößen und den Leistungsbewertungsgrößen.

Die Abläufe in einem Rechnersystem haben i. allg. einen sequentiell-parallelen Charakter. Deshalb ist es erforderlich, sequentiell-parallele Prozesse in geeigneter Weise strukturell zu beschreiben. Im Rahmen der Leistungsmodellierung hat sich für die strukturelle Beschreibung von sequentiell-parallelen Prozessen der Forderungslaufplan bewährt. Dieser wird im Kapitel 2 näher beschrieben.
Die Rechenprozesse entstehen auf der Grundlage deterministischer Algorithmen. Trotzdem ist bei modernen Rechnersystemen für die Leistungsmodellierung eine stochastische Betrachtungsweise zweckmäßig (s. Abschnitt 3). Dabei werden die sequentiell-parallelen Rechenprozesse als Realisierungen stochastischer Prozesse angesehen, und die Parameter der die sequentiell-parallelen Prozesse beschreibenden Forderungslauf-

pläne werden als Zufallsgrößen behandelt. Im Kapitel 3 wird näher auf die stochastische Interpretation der Parameter des Forderungslaufplanes eingegangen.
Auf der Grundlage der obigen Betrachtungen wird schließlich das Leistungsverhaltensmodell durch Herstellung des Zusammenhanges zwischen den unabhängigen Einflußgrößen und den Leistungsbewertungsgrößen aufgestellt. Die unabhängigen Einflußgrößen und Leistungsbewertungsgrößen sind dabei u. a. aus den Erwartungswerten der Forderungslaufplanparameter über einfache Definitionszusammenhänge abgeleitete Größen. Wenn es gelingt, bei den unabhängigen Einflußgrößen die Systemparameter und die Arbeitslastparameter voneinander zu trennen, dann ergibt sich ein Zusammenhang

$$B = B(S, A), \tag{1.1}$$

in dem S die Gesamtheit der Systemparameter, A die Gesamtheit der Arbeitslastparameter und B die Gesamtheit der Leistungsbewertungsgrößen bedeuten.
Für die Modellbildung kann die Bedienungstheorie als mathematische Grundlage genutzt werden. Im Abschnitt 4. werden ausgewählte bedienungstheoretische Grundlagen für die Leistungsmodellierung behandelt.

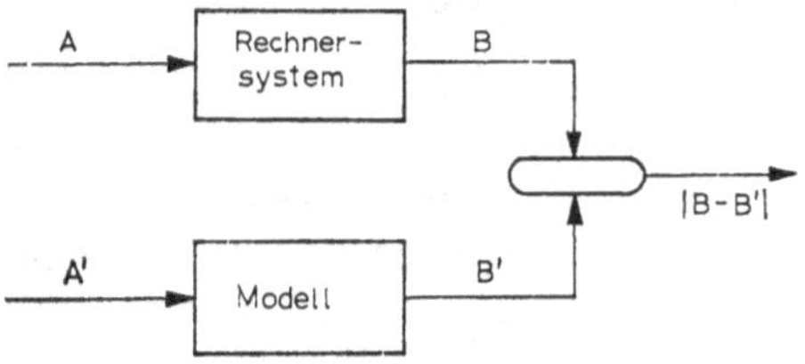

Abb. 1.3. Zur Validierung von Leistungsverhaltensmodellen

Bei der Modellbildung ist die Vorgehensweise nicht formal, und es werden Annahmen getroffen, die vom Original-Rechnersystem abstrahieren. Das liegt im Wesen jeder Modellbildung. Um festzustellen, ob mit dem gewonnenen Modell alle wesentlichen Zusammenhänge erfaßt sind, muß die Adäquatheit des Leistungsverhaltensmodells überprüft werden. In der Literatur wird diese Aufgabe auch Validierung des Modells genannt. Eine mehr oder weniger umfassende Validierung eines Modells besteht im Vergleich der durch das Modell beschriebenen Zusammenhänge mit empirischen oder durch andere Analysenmethoden erhaltenen Zusammenhängen. Eine mögliche Validierung ist in Abb. 1.3 graphisch dargestellt. Hier werden an Original-Rechnersystemen die Arbeitslastparameter A und Bewertungsgrößen B gemessen und die Systemparameter S aus der Struktur festgestellt. Es wird ein Experiment mit dem Leistungsverhaltensmodell durchgeführt, wobei die Arbeitslastparameter A' und die Systemparameter S' den am Original gemessenen Größen A und S jeweils gleichgestellt werden. Falls nur eine Leistungsbewertungsgröße vorhanden ist, dann wird B zum Skalar. In diesem Fall können die am Original und am Modell erhaltenen Bewertungsgrößen B und B' z. B. durch einfache Differenzbetragsbildung verglichen werden, und der Betrag $|B - B'|$ gilt als Maß für die Adäquatheit. Wenn diese Differenz bei gleichen Arbeitslast- und Systemparametern hinreichend klein ist, dann gilt das Modell für den betreffenden Arbeitspunkt (d. h. für die gewählten Werte von A und S) als adäquat. Beim Vorhandensein von mehreren Leistungsbewertungsgrößen kann man ähnlich vorgehen. Dabei muß aber noch ein geeignetes Kriterium für die Abweichung der Gesamtheit der modellmäßig bestimmten und der gemessenen Leistungsbewertungsgrößen festgelegt werden.

1.2.2. Leistungsanalyse mit Hilfe eines Leistungsverhaltensmodells

Die Aufstellung eines Leistungsverhaltensmodells ist nicht Selbstzweck, sondern bildet die Grundlage für die Analyse des Leistungsverhaltens. Die systematische Untersuchung der Abhängigkeit

$$B = B(S, A)$$

gestattet das Aufdecken von interessanten Eigenschaften des Leistungsverhaltens eines Rechnersystems. Hierbei handelt es sich u. a. um den Grad des Einflusses der einzelnen System- und Arbeitslastparameter auf die verschiedenen Leistungsbewertungsgrößen, um das Feststellen von Grenz- und Extremwerten der unabhängigen Einfluß- und der Leistungsbewertungsgrößen, um die Wechselbeziehungen zwischen den verschiedenen Einflüssen usw.
Bei der Leistungsanalyse unterscheiden wir zwei grundsätzliche Untersuchungsziele:

— erkenntnistheoretische Ziele, die im Aufdecken allgemeiner Gesetzmäßigkeiten des Leistungsverhaltens von Rechnersystemen bestimmter Modellklassen bestehen und
— praktische Applikationsziele, die in der Nutzung eines Leistungsverhaltensmodells zur Vorausberechnung von Leistungsbewertungsgrößen für vorgegebene unabhängige Einflußgrößen bestehen.

1.2.3. Leistungsverbesserung unter Nutzung eines Leistungsverhaltensmodells

Eine wissenschaftlich begründete Leistungsverbesserung eines Rechnersystems bedingt die Nutzung eines Leistungsverhaltensmodells.
Die Leistungsverbesserung unter Nutzung eines Leistungsverhaltensmodells ist dem Wesen nach eine Optimierungsaufgabe. Dabei besteht die Optimierung darin, eine bestimmte Leistungsbewertungsgröße (oder auch mehrere) durch geeignete Wahl beeinflußbarer unabhängiger Einflußgrößen zum Optimum zu führen.
Wir gehen jetzt von der Annahme aus, daß die Arbeitslast für einen bestimmten Anwendungsfall vorgegeben ist und somit die Arbeitslastparameter nicht beeinflußbar sind. Demgegenüber nehmen wir an, daß die Systemparameter (meist nur ein Teil davon), beeinflußbar sind. Dabei ist zu beachten, daß es sich hier sowohl um Eigenschaften der gerätetechnischen Konfiguration als auch um die des Betriebssystems handelt, von denen die Systemparameter beeinflußt werden. Die Optimierung besteht in diesem Fall in der geeigneten Wahl der Systemparameter für die Optimierung der interessanten Leistungsbewertungsgröße.
Die Leistungsverbesserung umfaßt dabei nicht nur die Lösung der Optimierungsaufgabe, die sich des öfteren in eine triviale Variantenauswahl vereinfacht, sondern auch die Umstellung des Rechnersystems auf den optimalen Zustand, die besonders günstig ist, wenn dazu keine zusätzlichen Ressourcen erforderlich sind.

2. Strukturelle Beschreibung sequentiell-paralleler Prozesse mit Hilfe des Forderungslaufplanes

In den Leistungsverhaltensmodellen von Rechnersystemen sind die zeitlichen Abläufe im Rechnersystem zu erfassen. Die international gesammelten Erfahrungen zeigen, daß die zeitlichen Abläufe in den verschiedenartigsten Rechnersystemen als sequentiell-parallele Prozesse betrachtet werden können. Bevor wir die zeitlichen Abläufe eines Rechnersystems modellieren können, müssen wir ein geeignetes Beschreibungsmittel für diese Prozesse einführen. In unseren langjährigen Untersuchungen zur Leistungsmodellierung von Rechnersystemen (s. auch [BER80a]) hat sich der Forderungslaufplan für die strukturelle Beschreibung der Rechenprozesse unterschiedlichster Rechnersysteme bewährt.

2.1. Elemente einer Rechnerinstallation und ihre Zustandsänderungen

2.1.1. Forderungen und Ressourcen als Elemente einer Rechnerinstallation

Bereits im Kapitel 1 wurde darauf verwiesen, daß es für die Leistungsmodellierung nicht genügt, nur das Rechnersystem ohne Wechselwirkung mit seiner Umgebung zu betrachten. Für den Modellaufbau müssen wir deshalb von der Rechnerinstallation, die den Einfluß der Umgebung in Form der Arbeitslast enthält, ausgehen. Entsprechend der zwei Bestandteile einer Rechnerinstallation führen wir zwei Klassen von Elementen ein: die Forderungen als Elemente der Arbeitslast und die Ressourcen als Elemente des Rechnersystems.
Die einzelnen Forderungen und Ressourcen besitzen Zustände, die sich durch den Ablauf der Rechenprozesse verändern. Dabei findet die Wechselwirkung zwischen den Forderungen und den Ressourcen über entsprechende Zustandsänderungen statt.

2.1.2. Forderungen und ihre Zustandsänderungen

Forderung

Wir betrachten eine Forderung als abstraktes, bewegtes Element der Arbeitslast, die von Ressourcen abgefertigt wird und Arbeitsoperationen trägt. Eine Forderung durchläuft zeitlich sequentiell verschiedene Arbeitsoperationen und fordert dabei die für die Arbeitsoperation benötigten Ressourcen an. Wir bezeichnen diesen Durchlauf der Forderungen durch die Arbeitsoperationen als Forderungslauf. Ein Forderungslauf kann als sequentieller Prozeß (s. Dijkstra [DIJ68]) im Sinne der Betriebssystemtheorie interpretiert werden. Wir bezeichnen eine Forderung mit Fj ($j = 1, 2, \ldots$), wobei die Anzahl der in der Rechnerinstallation existierenden Forderungen zu verschiedenen Zeitpunkten unterschiedlich ist.

Forderungsverband

Ein Forderungslauf entspricht in vielen Fällen der Lösung einer Aufgabe. Es gibt aber Aufgaben, für die eine zeitlich sequentielle Ausführung der Arbeitsoperationen ungeeignet ist, die eine sequentiell-parallele Ausführung der Arbeitsoperationen benötigen. Für die Lösung einer solchen Aufgabe werden mehrere Forderungen benötigt, die in Wechselwirkung zueinander stehen. Sie bilden einen Forderungsverband für diese Aufgabe. Durch das Vorhandensein mehrerer Forderungen für eine Aufgabe können deren Forderungsläufe zeitlich parallel ablaufende Operationen realisieren, und wir erhalten insgesamt einen sequentiell-parallelen Prozeß für die Lösung dieser Aufgabe. Dabei ist zu beachten, daß eine parallele Realisierung von Arbeitsoperationen das Vorhandensein jeweils einer Ressource (genauer eines Ressourcenkanals (s. 2.1.3.)) für jede parallele Arbeitsoperation erfordert.

Existenzzustand einer Forderung

Wir führen jetzt für jede Forderung Fj den Existenzzustand E_j ein. Dabei werden folgende Zustandswertezuordnungen angenommen:

$$E_j = \begin{cases} 0: & \text{nicht existent} \\ \text{pl}: & \text{eingeplant (Hilfszustand)} \\ \text{wa}: & \text{wartend (in einer Warteschlange vor einer Ressource)} \\ \text{be}: & \text{in Bedienung (entspr. Arbeitsoperation)} \\ \text{au}: & \text{ausgesetzt (wartend auf ein Ergebnis eines anderen} \\ & \text{Forderungslaufes).} \end{cases} \tag{2.1}$$

In Abb. 2.1 ist der Zustandsgraph des Existenzzustandes einer Forderung dargestellt. Für den Existenzzustand einer Forderung gelten die in Tab. 2.1 erläuterten Zustandsänderungen.

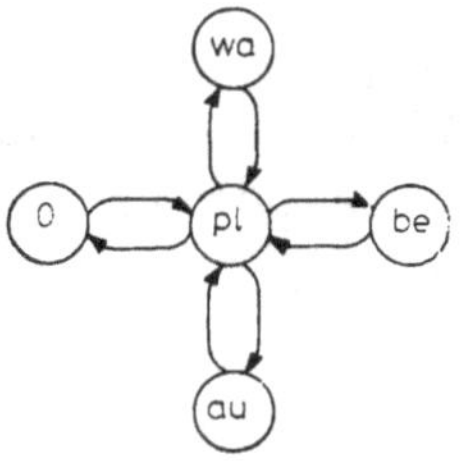

Abb. 2.1. Zustandsgraph des Existenzzustandes einer Forderung

2.1.3. Ressourcen und ihre Zustandänderungen

Ressource

Eine Ressource ist eine abstrakte Komponente eines Rechnersystems, die Forderungen bedient oder an der Bedienung von Forderungen beteiligt ist und während der Bedienung einer Forderung vollständig oder teilweise belegt ist.

Tabelle 2.1. Änderung des Existenzzustandes einer Forderung

Zustandsänderung	Wirkung
0 → pl	Erzeugen oder Abspalten der Forderung
pl → 0	Vernichten der Forderung
pl → au	Aussetzen des Forderungslaufes
au → pl	Fortsetzen des Forderungslaufes
pl → wa	Wartebeginn der Forderung
wa → pl	Warteende der Forderung
pl → be	Bedienungsbeginn der Forderung
be → pl	Bedienungsende der Forderung

Hierbei ist zu beachten, daß der hier eingeführte Ressourcenbegriff von den realen-Ressourcen eines Rechnersystems abstrahiert wird. Es können bei der konkreten Zu ordnung zu realen Ressourcen sowohl mehrere reale Ressourcen zu einer abstrakten zusammengefaßt werden als auch eine reale Ressource in mehrere abstrakte Ressourcen zerlegt werden. Letzteres hängt damit zusammen, daß die praktische Zerlegung eines Rechnersystems nach anderen Gesichtspunkten erfolgt als die für die Leistungsbewertung benötigte Zerlegung. Wir bezeichnen eine Ressource mit Ri ($i = 1, \ldots, q$), wobei die Zahl der Ressourcen für den ganzen Beobachtungszeitraum gleich q ist.

Einkanal- und Mehrkanalressourcen

Wir unterscheiden Einkanal- und Mehrkanalressourcen. Eine Einkanalressource besitzt nur einen Kanal für die Belegung durch Forderungen, während eine Mehrkanalressource Ri mehrere Kanäle mit der Kanalzahl K_i für die Belegung durch Forderungen besitzt.

Einfach- und Mehrfachforderungen

In Abhängigkeit davon, ob beim Durchlauf einer Forderung durch einen bestimmten Abschnitt ein oder mehrere Ressourcenkanäle benötigt werden, unterscheiden wir Einfach- oder Mehrfachforderungen. Eine Einfachforderung fordert beim Durchlauf eines bestimmten Abschnittes, in dem Ressourcen benötigt werden, einen Kanal einer Ein- oder Mehrkanalressource an. Eine Mehrfachforderung fordert dagegen beim Durchlauf eines bestimmten Abschnittes, in dem Ressourcen benötigt werden, mehrere Kanäle einer oder mehrerer Mehrkanalressourcen an.
Bei den Mehrfachforderungen unterscheiden wir Mehrkanalforderungen und Mehrressourcenforderungen. Mehrkanalforderungen benötigen gleichzeitig mehrere Kanäle einer

Ressource, während bei Mehrressourcenforderungen die benötigten Kanäle über mehrere Ressourcen verteilt sind.
Bei der Ressourcenbelegung durch Einfachforderungen ist eine Einkanalressource während der Bedienung der Forderung durch diese Ressource vollständig belegt und während dieser Zeit kann keine zweite Forderung durch diese Ressource bedient werden. Demgegenüber ist bei der Ressourcenbelegung durch eine Einfachforderung bei einer Mehrkanalressource während der Bedienung der Forderung nur ein Kanal belegt, und während der Bedienung von K Forderungen sind K Kanäle belegt. Demzufolge sind während der parallelen Bedienung von N Einfachforderungen alle Kanäle einer N-Kanalressource belegt, und jede neuankommende Forderung kann während der Bedienung der N Einfachforderungen nicht bedient werden.
Bei der Ressourcenbelegung durch Mehrfachforderungen ist für die vollständige Belegung der Ressourcen entscheidend, ob die nächste Forderung bei einer der zu belegenden Ressourcen mehr Kanäle benötigt, als noch frei sind. Ist dies der Fall, dann kann diese Forderung nicht mehr bedient werden.

Unendlichkanalressourcen

Wenn die Zahl der Kanäle einer Ressource so groß ist, daß sie nie durch die gleichzeitig durch sie zu bedienenden Forderungen vollständig belegt ist, dann sprechen wir von einer Unendlichkeitskanalressource. Dabei ist zu beachten, daß eine Unendlichkeitskanalressource durchaus eine endliche Kanalzahl besitzen kann. Aber wenn durch bestimmte Bedingungen, z. B. durch Blockierungen, gleichzeitig nie mehr Kanäle angefordert werden können als vorhanden sind, dann handelt es sich in unserer Begriffsbestimmung um eine Unendlichkeitskanalressource. Die Belegung und Freigabe einer Unendlichkeitsressource braucht bei den Modellbetrachtungen nicht berücksichtigt zu werden.

Belegungszustand einer Ressource

Wir betrachten den Belegungszustand R_i ($i = 1, 2, \ldots, q$) einer Ressource Ri, wobei wir darunter die Zahl der gleichzeitig belegten Kanäle der Ressource Ri verstehen. Dabei gehen wir von K_i Kanälen der Ressource Ri aus. Dementsprechend ergibt sich die Wertebelegung des Belegungszustandes mit

$$R_i = \begin{cases} 0: & \text{R}i \text{ ist frei} \\ 1: & \text{R}i \text{ ist einfach belegt} \\ 2: & \text{R}i \text{ ist zweifach belegt} \\ \cdot & \\ \cdot & \\ \cdot & \\ K_i: & \text{R}i \text{ ist } K_i\text{-fach, d. h. voll belegt} \end{cases} \tag{2.2}$$

($i = 1, 2, \ldots, q$).

Änderung des Belegungszustandes einer Ressource

Wenn beim Durchlauf einer Forderung durch einen bestimmten Abschnitt ein oder mehrere Kanäle der Ressource R*i* benötigt werden, erfolgt am Anfang dieses Abschnittes die Operation BELEGEN und am Ende dieses Abschnittes die Operation FREIGEBEN. Die Zustandsänderung des Belegungszustandes der Ressource R*i* kann formuliert werden

$$R_i = R_i + \Delta R_i \qquad (i = 1, 2, \ldots, q). \tag{2.3}$$

Bei der Operation BELEGEN gilt

$$\Delta R_i = r \tag{2.4}$$

und bei der Operation FREIGEBEN

$$\Delta R_i = -r, \tag{2.5}$$

wenn die Zahl der angeforderten Kanäle durch eine Forderung gleich r ist. Dementsprechend erhalten wir den Zustandsgraphen für den Belegungszustand der Ressource R*i* entsprechend Abb. 2.2.

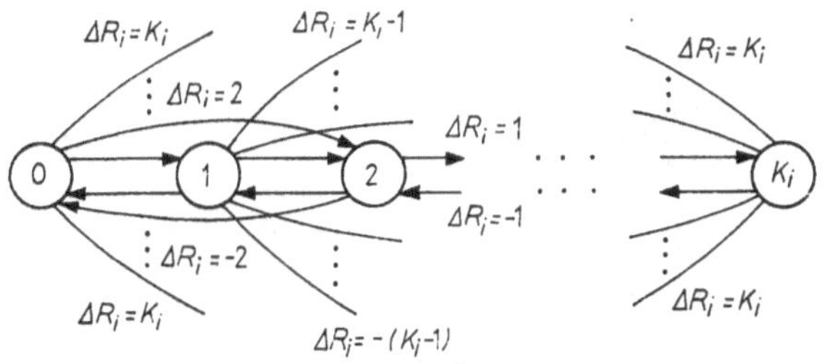

Abb. 2.2. Zustandsgraph des Belegungszustandes einer Ressource

Wenn wir annehmen, daß nur Einfachforderungen durch die Ressource R*i* bedient werden, dann ergibt sich für BELEGEN

$$\Delta R_i = 1$$

und für FREIGEBEN

$$\Delta R_i = 1.$$

2.1.4. Forderungslaufplan

Nachdem wir die Zustandsänderungen der Forderungen und Ressourcen einer Rechnerinstallation betrachtet haben, wollen wir jetzt den Forderungslaufplan begrifflich fassen, der die entsprechenden Operationen für diese Zustandsänderungen graphisch beschreibt. Dazu führen wir Operationsblöcke für die Änderung des Existenzzustandes der Forderungen und für die Änderung des Belegungszustandes der Ressourcen ein. Diese Operationsblöcke bilden die Knoten eines gerichteten Graphen, der Forderungslaufplan (FLP) heißt. Somit enthält der Forderungslaufplan Operationsblöcke für die Zustandsänderungen als Knoten und Verbindungen zwischen diesen Operationsblöcken als Pfeile (Kanten), welche die Laufrichtung der Forderungen beim Übergang von einem Operationsblock zum anderen angeben. Dabei gilt folgende Betrachtungsweise. Die Forderungen durchlaufen die Operationsblöcke nacheinander in Pfeilrichtung in Abhängigkeit von den Zuständen der entsprechenden Forderungen und Ressourcen. Beim Durchlaufen einer Forderung durch einen Operationsblock erfolgt eine entsprechende Zustandsänderung. Insgesamt gibt es 11 Operationstypen mit den entsprechenden Ope-

Tabelle 2.2. Symbole für die Operationsblöcke zur Änderung des Forderungszustandes

Name	Symbol	Zustandsänderung
ERZEUGEN		0 → pl
SPALTEN	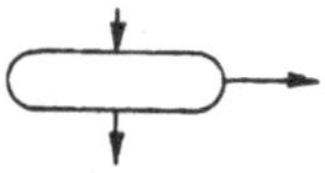	0 → pl
VERNICHTEN		pl → 0
SAMMELN	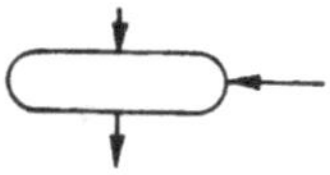	pl → 0
VERZWEIGEN	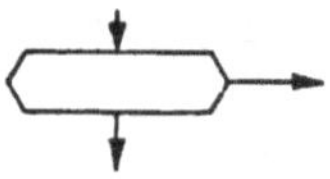	–
MISCHEN		–
AUSSETZEN	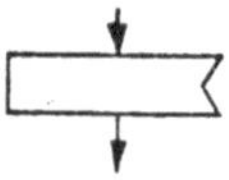	Eintritt: pl → au Austritt: au → pl
BEDIENEN	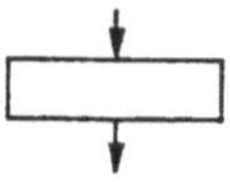	Eintritt: pl → be Austritt: be → pl
WARTEN	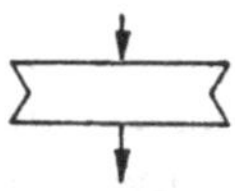	Eintritt: pl → wa Austritt: wa → pl

rationsblöcken, wobei 9 für die Zustandsänderungen von Forderungszuständen und 2 für die Änderung von Ressourcenzuständen vorgesehen sind. In Tab. 2.2 und 2.3 sind für die einzelnen Operationsblöcke des Forderungslaufplanes ihr Name, ihr Symbol im Forderungslaufplan und die zugehörige Zustandsänderung angegeben.

Tabelle 2.3. Symbole für die Operationsblöcke zur Änderung des Ressourcenzustandes

Name	Symbol	Zustandsänderung
BELEGEN	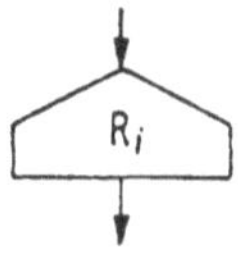	$R_i := R_i + r$
FREIGEBEN	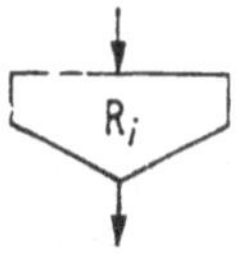	$R_i := R_i - r$

2.2. Grundstrukturen sequentiell-paralleler Prozesse

Im Abschnitt 2.1 wurde der Forderungslaufplan als Beschreibungsmittel sequentiell-paralleler Prozesse eingeführt, wobei die listenmäßige Darstellung der Operationen für die Zustandsänderungen im Mittelpunkt standen. Jetzt geht es darum, Grundstrukturen von Forderungslaufplänen darzustellen. Damit wird das Verständnis für sequentiell-parallele Prozesse vertieft. Außerdem werden einfache Beispiele der Anwendung der Operationsblöcke des Forderungslaufplanes gegeben.

In jedem Forderungslaufplan werden die beiden Operationsblöcke ERZEUGEN und VERNICHTEN verwendet. Beim Operationsblock ERZEUGEN wird davon ausgegangen, daß zu den Zeitpunkten t_{Aj} die Forderungen Fj ($j = 1, 2, \ldots$) in diesem Block erzeugt werden und ihn über die Schnittstelle A verlassen (s. Tab. 2.4). Damit ergibt sich für die Ankunft zeitlich benachbarter Forderungen der Zeitabstand

$$\tau^{A}_{aj} = t_{Aj} - t_{Aj-1} \qquad (j = 2, 3, \ldots). \tag{2.6}$$

Analog dazu kommen zu den Zeitpunkten t_{Cj} die Forderungen Fj am Eingang des Blockes VERNICHTEN an und werden dort sofort vernichtet (s. Tab. 2.4). Auch hier kann der Ankunftszeitabstand zweier zeitlich benachbarter Forderungen mit

$$\tau^{C}_{aj} = t_{Cj} - t_{Cj-1} \qquad (j = 2, 3, \ldots) \tag{2.7}$$

bestimmt werden.

In Tab. 2.4 kennzeichnen die π_A und π_C die entsprechenden Ereignisströme an den Schnittstellen A und C.

Für die Leistungsmodellierung eines Rechnersystems ist es wichtig, welchen Arbeitsumfang das System leistet. Dementsprechend nimmt die Arbeitsoperation in unseren

Tabelle 2.4. Ereignisströme der in allen Kopplungsformen verwendeten Operationsblöcke

Name	Symbol	Ereignisströme
BEDIENEN	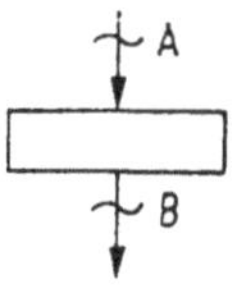	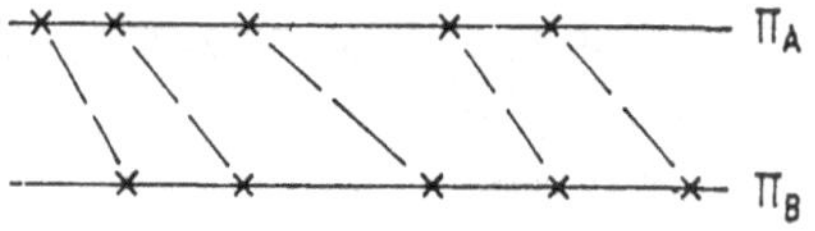
ERZEUGEN	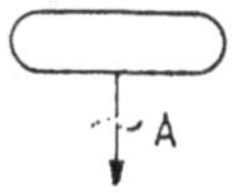	
VERNICHTEN	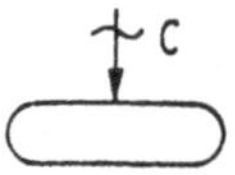	

Betrachtungen eine zentrale Stelle ein. Im Kapitel 1 wurde die Arbeitsoperation bereits als die kleinste von Ressourcen ausgeführte Arbeitslasteinheit eingeführt. In diesem Teilabschnitt wollen wir uns mit den zeitlichen und räumlichen Beziehungen der Arbeitsoperation untereinander und ihren Beziehungen zu den Ressourcen beschäftigen.

Eine Arbeitsoperation wird im Forderungslaufplan durch den Operationsblock BEDIENEN dargestellt. Für die Ausführung einer Arbeitsoperation wird eine bestimmte Zeit τ_b benötigt, die wir Bedienungszeit nennen. Es gilt hierbei

$$\tau_{bj} = t_{Bj} - t_{Aj}, \tag{2.8}$$

wenn t_{Aj} und t_{Bj} die Zeitpunkte sind in denen die Forderung die Schnittstellen A bzw. B jeweils durchläuft (s. Tab. 2.4).

Wir können die Grundstrukturen für die Kopplung der Arbeitsoperationen in sequentielle und parallele Kopplungsformen einteilen. Zunächst beschreiben wir die sequentiellen Kopplungsformen.

2.2.1. Sequentielle Kopplungsformen der Arbeitsoperationen

Eine sequentielle Kopplungsform der Arbeitsoperation ist dadurch gekennzeichnet, daß in ihr alle Arbeitsoperationen zeitlich nacheinander (sequentiell) ausgeführt werden.

In den nachfolgenden Betrachtungen wird das Belegen und Freigeben der Ressourcen nicht berücksichtigt. Das entspricht dem Fall, daß bei allen Ressourcen eine genügende Kanalzahl zur Verfügung steht und wir Unendlichkeitskanalressourcen annehmen können.

In den sequentiellen Kopplungsformen finden die Operationsblöcke VERZWEIGEN und MISCHEN Verwendung. In Tab. 2.5 sind die Zusammenhänge zwischen den Ereignisströmen an den Schnittstellen der Ein- und Ausgänge dieser Operationsblöcke dargestellt.

Wir unterscheiden bei den sequentiellen Kopplungsformen

- Serienkopplung
- Verzweigungskopplung und
- Schleifenkopplung.

Tabelle 2.5. Ereignisströme der in einer sequentiellen Kopplungsform verwendeten Operationsblöcke

Name	Symbol	Ereignisströme
VERZWEIGEN	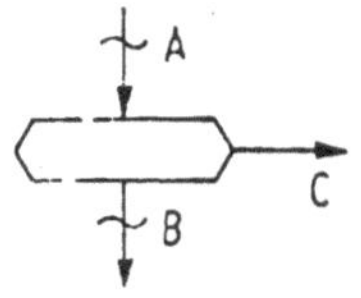	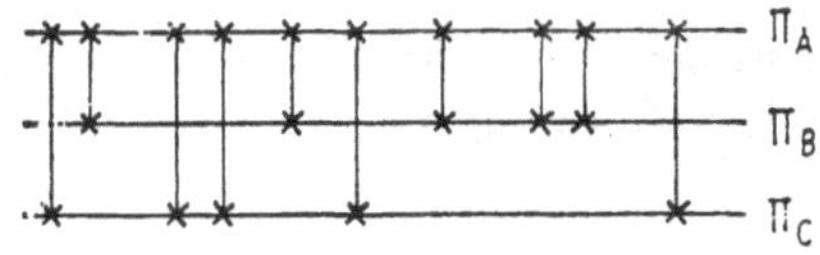
MISCHEN	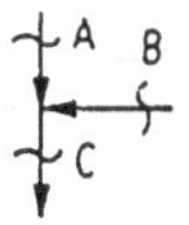	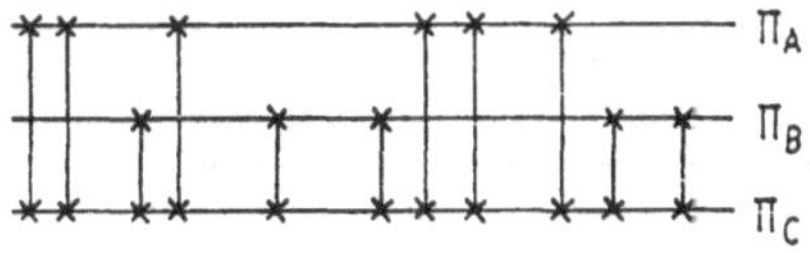

In Abb. 2.3 sind diese drei sequentiellen Kopplungsformen graphisch dargestellt. Die Serienkopplung besteht in der einfachen sequentiellen Vereinigung zweier oder mehrerer Arbeitsoperationen (s. Abb. 2.3a). Dabei ergibt sich die Summe der Bedienungszeiten τ_{bj} beim Durchlauf der Forderung Fj durch Addition der sequentiell gekoppelten Arbeitsoperationen. Bei zwei Arbeitsoperationen entsprechend Abb. 2.3a gilt für Fj

$$\tau_{bj} = \tau_{b1j} + \tau_{b2j}. \tag{2.9}$$

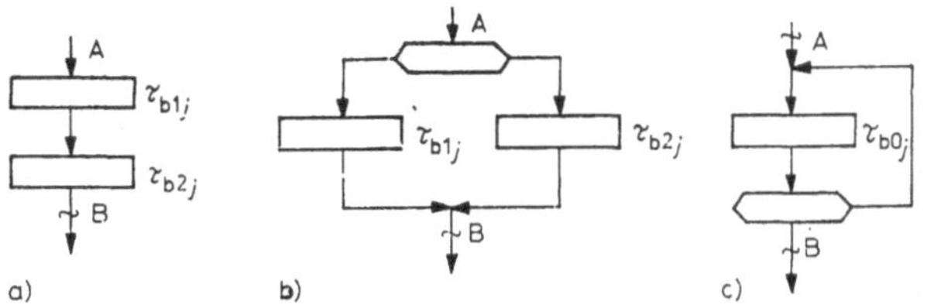

Abb. 2.3. Sequentielle Kopplungsformen

Die Verzweigungskopplung (s. Abb. 2.3b) ermöglicht für jede Forderung Fj den wahlweisen Durchlauf der Arbeitsoperationen. Dementsprechend ist die Gesamtoperationszeit der Verzweigungskopplung nur bei Kenntnis des Zweiges, den die Forderung durchläuft und der zugehörigen Arbeitsoperationszeit bekannt.

Die Schleifenkopplung (s. Abb. 2.3c) ermöglicht die sequentielle Folge des N-maligen Durchlaufs eines oder mehrerer Arbeitsoperationen. Die Gesamtoperationszeit hängt von den Arbeitsoperationszeiten der einzelnen Durchläufe und von der Zahl N der Durchläufe ab. Für die Summenbedienungszeit τ_b aller N Durchläufe gilt

$$\tau_b = \sum_{j=1}^{N} \tau_{b0j}, \tag{2.10}$$

wenn τ_{b0j} die Bedienungszeit des j-ten Durchlaufs durch den Bedienungsblock ist.

2.2.2. Parallele Kopplungsform der Arbeitsoperationen

In Rechnersystemen kommt auch die Wechselwirkung zwischen verschiedenen Forderungsläufen vor. Eine solche Wechselwirkung ist erforderlich, wenn an der Lösung einer Aufgabe verschiedene Forderungen beteiligt sind, die eine zeitlich parallele Ausführung verschiedener Arbeitsoperationen ermöglichen. Für eine solche Wechselwirkung sind parallele Kopplungsformen erforderlich.

Tabelle 2.6. Ereignisströme der in einer parallelen Kopplungsform verwendeten Operationskonstruktionen

Name	Symbol	Ereignisströme
SPALTEN	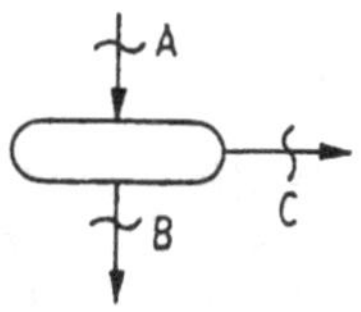	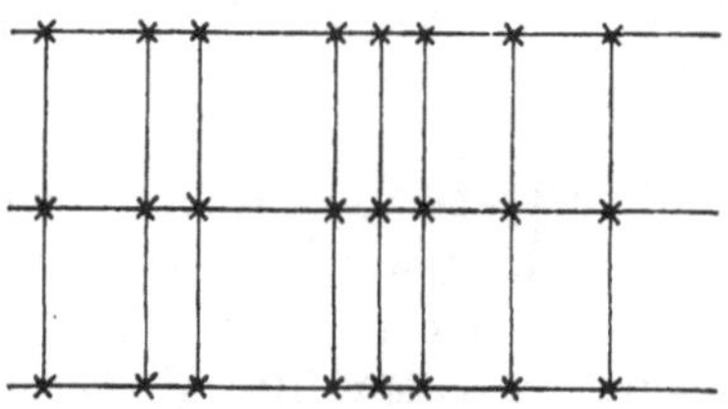
EREIGNIS-SYNCHRONISATION	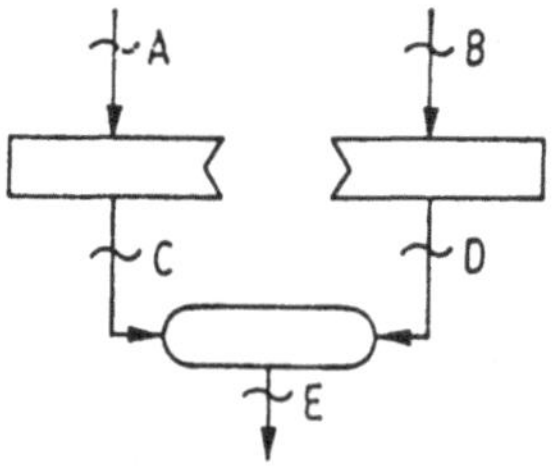	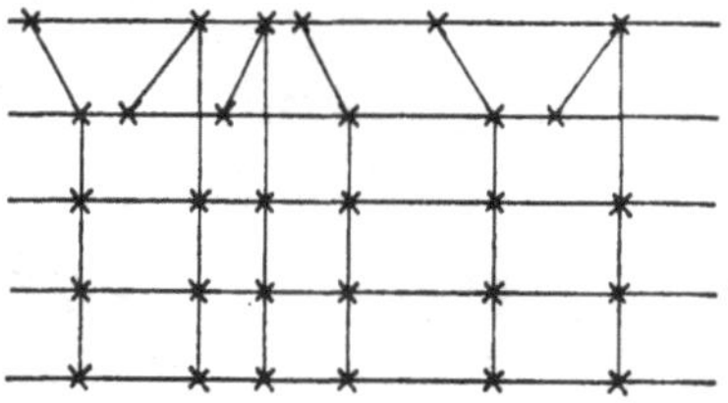

In einer parallelen Kopplungsform werden die Operationsblöcke SPALTEN, AUSSETZEN und SAMMELN genutzt. Dabei werden von uns zunächst Einschränkungen bezüglich des Einbaus der Operationsblöcke AUSSETZEN und SAMMELN gemacht. Vor dem Block SAMMELN werden immer an beiden Eingängen je ein Block AUSSETZEN angeordnet. Der Block AUSSETZEN kommt an anderen Stellen des Forderungslaufplanes nicht vor. Eine solche aus 2 Blöcken AUSSETZEN und einem Block SAMMELN bestehende Operationskonstruktion wird EREIGNISSYNCHRONISATION genannt. In Tab. 2.6 sind die Ereignisströme der beiden Operationskonstruktionen SPALTEN und EREIGNISSYNCHRONISATION angegeben.
Unter Nutzung dieser beiden Operationskonstruktionen lassen sich Parallelkopplungen aufbauen. In Abb. 2.4 ist eine zwei Arbeitsoperationen enthaltende Parallelkopplung

angegeben. Die Zeit, die ein Forderungsverband für den Durchlauf des Abschnitts zwischen den Schnittstellen A und B benötigt, hängt von den beiden Operationszeiten der beiden Operationsblöcke ab, wobei diese Zeit gleich der größten der beiden Operationszeiten ist.

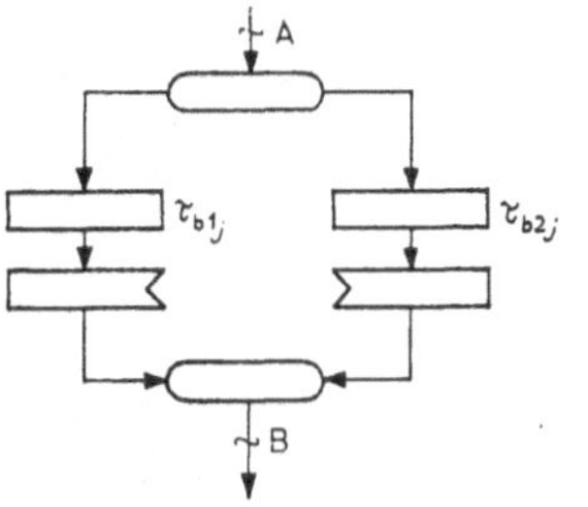

Abb. 2.4. Parallele Kopplungsformen

2.3. Berücksichtigung der Nutzung begrenzter Ressourcen

Im Abschnitt 2.2. wurden die Grundstrukturen sequentiell-paralleler Prozesse betrachtet, wobei die Belegung und Freigabe der Ressourcen und die damit verbundenen Änderungen der Ressourcen- und Forderungszustände außerhalb der Betrachtung blieben. Jetzt wollen wir uns auf das Belegen und Freigeben der Ressourcen eines Rechnersystems konzentrieren. Hierbei finden im allgemeinen die Operationsblöcke WARTEN, BELEGEN und FREIGEBEN Verwendung. Bei der Nutzung der beiden Operationsblöcke WARTEN und BELEGEN gelten analog zur EREIGNISSYNCHRONISATION wieder bestimmte Einschränkungen. Der Block WARTEN wird nur vor dem Block BELEGEN verwendet. Vor den Block BELEGEN wird meist der Block WARTEN gesetzt. In Fällen, wo die Forderungen vor BELEGEN nicht warten können, muß der Block VERZWEIGEN anstelle von WARTEN vor BELEGEN eingetragen werden.

Tabelle 2.7. Ereignisströme der für die Ressourcenberücksichtigung verwendeten Operationskonstruktionen

Name	Symbol	Ereignisströme
SPERR-SYNCHRONISATION	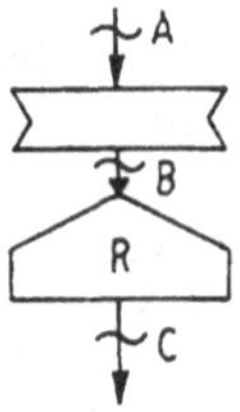	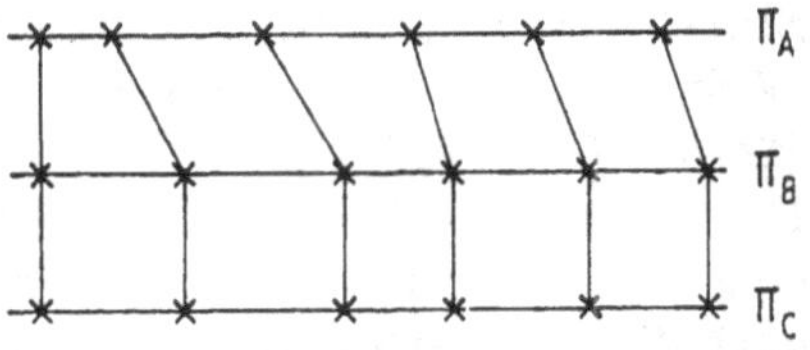
FREIGEBEN	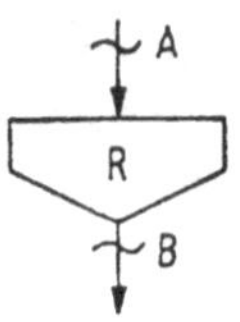	

Die Version mit VERZWEIGEN wird in diesem Buch — außer bei der Behandlung der bedienungstheoretischen Grundbegriffe — nicht genutzt. Die Operationskonstruktion WARTEN mit BELEGEN heißt SPERRSYNCHRONISATION, weil hier eine Synchronisation des Weiterleitens der in WARTEN befindlichen Forderungen mit der Freigabe der Ressource erfolgt. In Tab. 2.7 sind die Ereignisströme der für die Ressourcenberücksichtigung verwendeten Operationskonstruktionen angegeben.
Wir unterscheiden nichtblockierende und blockierende Ressourcennutzung. Als erstes betrachten wir die nichtblockierende Ressourcennutzung.

2.3.1. Nichtblockierende Ressourcennutzung

Eine nichtblockierende Ressourcennutzung tritt nur im Zusammenhang mit der Sicherung der für einen Arbeitsoperationsblock BEDIENEN erforderlichen Ressourcen auf.

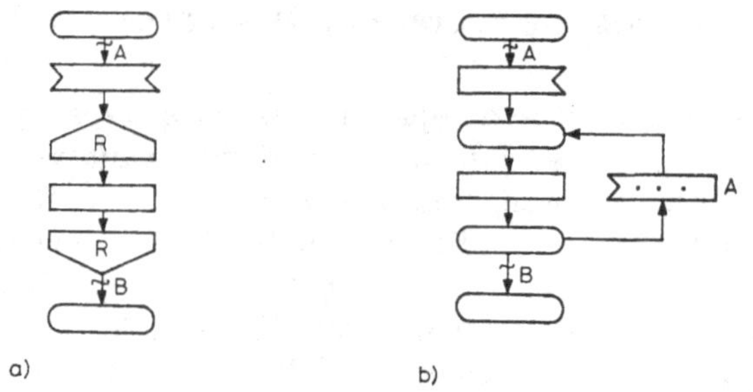

Abb. 2.5. Sperrsynchronisation bei der Berücksichtigung der Ressourcennutzung

Abb. 2.5a zeigt einen Forderungslaufplan mit einem Arbeitsoperationsblock, bei dem die Belegung und Freigabe einer Ressource R berücksichtigt wird. Dabei kann die Ressource R einen oder mehrere Kanäle besitzen. Außerdem können Einfach- oder Mehrfachforderungen die entsprechenden Ressourcenkanäle durch die Blöcke BELEGEN und FREIGEBEN für die Arbeitsoperation verfügbar machen und für andere Forderungen sperren.
Man kann die Operationskonstruktionen SPERRSYNCHRONISATION und FREIGEBEN durch die Operationskonstruktionen EREIGNISSYNCHRONISATION und SPALTEN ersetzen (s. Abb. 2.5b) und erhält bezüglich der Forderungsläufe die gleiche Wirkung. Dabei müssen am Anfang der Beobachtungszeit im mit A gekennzeichneten Block AUSSETZEN soviel Forderungen als anwesend vorausgesetzt werden, wie die Ressource R Kanäle hat. Der Forderungslaufplan in Abb. 2.5b unterscheidet sich von einem Petrinetz nur noch sehr gering. Der Nachteil dieser Darstellungsform (und damit auch die des Petri-Netz) für die Leistungsbewertung besteht darin, daß die Ressource R explizit nicht mehr in Erscheinung tritt.
Man kann den in Abb. 2.5a durch die Schnittstellen A und B abgegrenzten Abschnitt dieses Forderungslaufplans anstelle des Arbeitsoperationsblocks als Element der im Abschnitt 2.2. eingeführten Kopplungsformen nutzen und erhält die in Abb. 2.6 dargestellten vier Grundstrukturen.

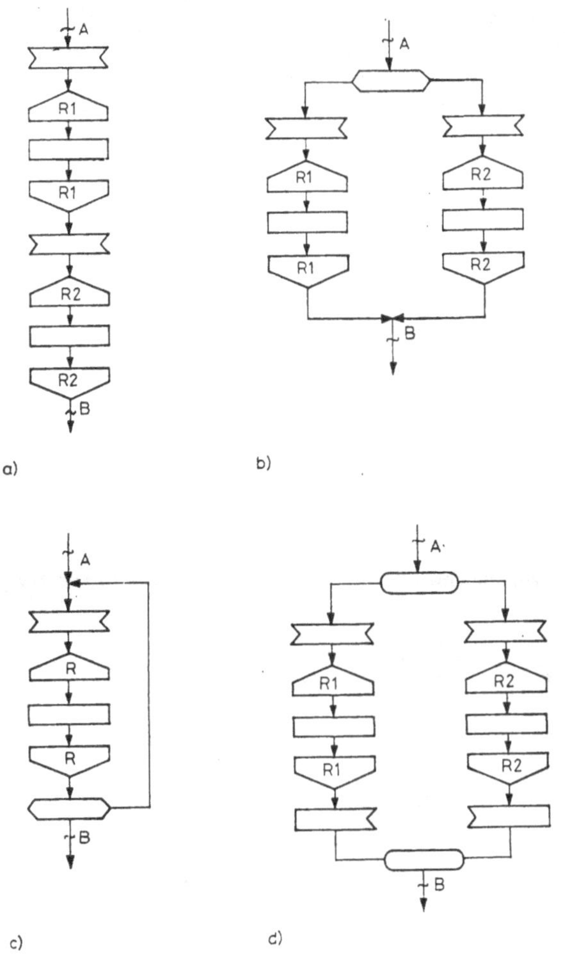

Abb. 2.6. Grundstrukturen sequentiell-paralleler Prozesse mit nichtblockierender Ressourcennutzung

2.3.2. Blockierende Ressourcennutzung

Bisher haben wir nur Forderungslaufpläne betrachtet, in denen alle über einen bestimmten Zeitraum genutzten Ressourcenkanäle einer oder mehrerer Ressourcen zu einem Zeitpunkt gleichzeitig belegt und zu einem anderen Zeitpunkt gleichzeitig wieder freigegeben werden. Jetzt soll die Möglichkeit einer zeitlich überlappten Ressourcenbelegung betrachtet werden, die im Sinne der Bedienungstheorie zu sogenannten Blockierungen führt.

Wir wollen die blockierende Ressourcennutzung an einem einfachen Beispiel eines Forderungslaufplanes zeigen. Dazu gehen wir von der Serienkopplung zweier Arbeitsoperationen, die in zwei verschiedenen Ressourcen R1 und R2 ausgeführt werden (s. Abb. 2.6a) aus. Wir nehmen an, daß sich im gesamten zwischen den Schnittstellen A und B befindlichen Abschnitt nur eine bestimmte Zahl von m Forderungen befinden darf. Falls eine darüber hinausgehende Forderung an der Schnittstelle A ankommt, muß diese warten. In Abb. 2.7 ist der entsprechende Forderungslaufplan, der diesen Sachverhalt berücksichtigt, beschrieben. Dabei wird die blockierende Ressource mit B bezeichnet, wobei B m Kanäle besitzen muß. In diesem Fall müssen im allgemeinen Forderungen vor B warten, wenn wir Verlustfreiheit der Forderungen voraussetzen.

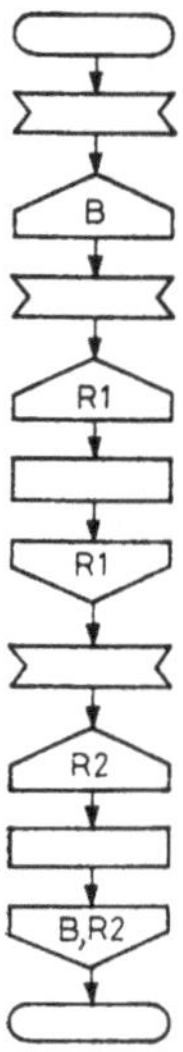

Abb. 2.7. Struktur eines sequentiellen Prozesses mit Blockierung

3. Zur stochastischen Modellierung sequentiell-paralleler Prozesse

Wie die Praxis zeigt, lassen sich die Arbeitsoperationen verschiedener Forderungen nicht mehr einzeln gedanklich verfolgen. Die Zahl der in einem bestimmten Beobachtungszeitraum durch das Rechnersystem abgefertigten Forderungen ist dazu viel zu groß. Die Verfolgung der einzelnen Operationen beim Durchlauf der vielen Forderungen ist aber für die Leistungsmodellierung auch nicht erforderlich.
Ausgangspunkt für die weiteren Untersuchungen ist die Betrachtung des Durchlaufs einer großen Zahl von Forderungen durch den Forderungslaufplan oder zumindest durch die einzelnen Arbeitsoperationsblöcke. Dabei wird die große Zahl der Forderungsdurchläufe als Stichprobe eines wahrscheinlichkeitstheoretischen Prozesses angesehen. Darin besteht die stochastische Interpretation des Forderungslaufplanes oder präziser der Parameter des Forderungslaufplanes.

3.1. Stochastische Interpretation der Forderungslaufplanparameter

3.1.1. Wahrscheinlichkeitstheoretische Charakteristika

Wir gehen jetzt zur stochastischen Interpretation der Parameter eines Forderungslaufplanes über. In unseren Betrachtungen legen wir das Beispiel eines Forderungslaufplanes entsprechend der Abb. 3.1 zugrunde.
In diesem Forderungslaufplan treten als direkt erkennbare Parameter auf

- die Ankunftszeitabstände τ_a zweier zeitlich benachbart eintreffender Forderungen,
- die Bedienungszeiten $\tau_{b1}, \ldots, \tau_{b5}$ der Arbeitsoperationsblöcke,
- die Verzweigungshäufigkeiten H_{11}, H_{12}, H_{21}, H_{22}, die angeben, wieviel Forderungen in die entsprechende Verzweigungsrichtung in einer hinreichend großen Beobachtungszeit T_B laufen,
- die Wartezeiten $\tau_{w1}, \ldots, \tau_{w4}$ vor den Ressourcen R1 ... R4.

Außerdem können noch Zustandsvariable als Parameter des Forderungslaufplanes angegeben werden. Wir haben für alle Forderungslaufplanabschnitte an den Ressourcen R1, ..., R4 die Schnittstellen A, B und C angegeben. Dementsprechend kann man für jeden dieser Abschnitte, in Abhängigkeit davon, ob wir den Abschnitt A bis C oder den Abschnitt B bis C betrachten, zwei diskrete Zustandsvariable festlegen, die angeben,

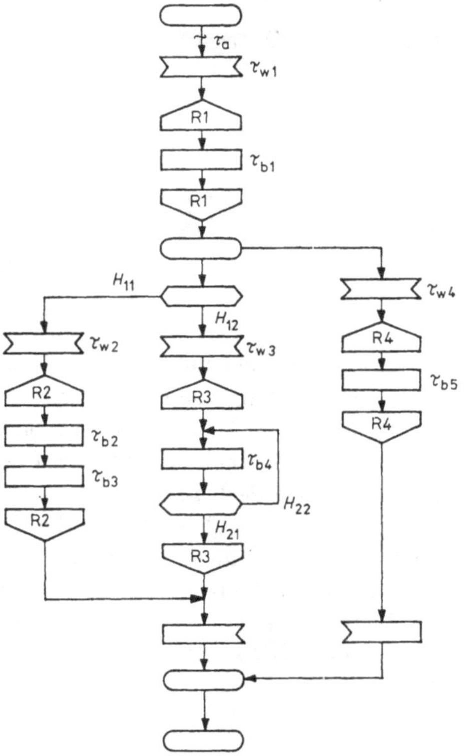

Abb. 3.1. Zur stochastischen Interpretation der Parameter eines Forderungslaufplanes

wieviel Forderungen sich in den entsprechenden Abschnitten befinden. Als Zustandsvariable erhalten wir dementsprechend:

ζ_i — Anzahl der in den Blöcken WARTEN und BEDIENEN der Ressourcen R_i befindlichen Forderungen

β_i — Anzahl der in den Ressourcen Ri selbst, d. h. in BEDIENEN befindlichen Forderungen.

Außerdem ergibt sich für das Gesamtsystem mit

$$\zeta = \sum_{i=1}^{5} \zeta_i \tag{3.1}$$

die Gesamtzahl der im Forderungslaufplan befindlichen Forderungen und mit

$$\beta = \sum_{i=1}^{5} \beta_i \tag{3.2}$$

die Gesamtzahl der in den Blöcken BEDIENEN des Forderungslaufplanes aktiven Forderungen.

Die obigen Betrachtungen zeigen, daß wir es bei den hier angegebenen Parametern des Forderungslaufplanes mit Zeiten, Verzweigungshäufigkeiten und Zuständen zu tun haben.

Die Zeiten τ_a, τ_b und τ_w können als stetige Zufallsgrößen aufgefaßt werden. Im Modell kann man mit den wahrscheinlichkeitstheoretischen Charakteristiken dieser Zufallsgrößen, insbesondere mit den Erwartungswerten, arbeiten.
Für die Zustandsgrößen können wir Zustandswahrscheinlichkeiten einführen. Zum Beispiel kann für die Wahrscheinlichkeit, daß sich im gesamten Forderungslaufplan k Forderungen befinden, die Wahrscheinlichkeit $P\{\zeta = k\}$ betrachtet werden.
Für die Verzweigungshäufigkeiten können wir die Verzweigungswahrscheinlichkeiten betrachten, wobei in unserem Fall als Schätzung gilt

$$\left.\begin{aligned} P_{11} &= \frac{H_{11}}{H_{11} + H_{12}} \\ P_{12} &= \frac{H_{12}}{H_{11} + H_{12}} \end{aligned}\right\} \tag{3.3}$$

mit $P_{11} + P_{12} = 1$

$$\left.\begin{aligned} P_{21} &= \frac{H_{21}}{H_{21} + H_{22}} \\ P_{22} &= \frac{H_{22}}{H_{21} + H_{22}} \end{aligned}\right\} \tag{3.4}$$

mit $P_{21} + P_{22} = 1$.

Bisher wurde bei den Parametern des Forderungslaufplanes und ihren wahrscheinlichkeitstheoretischen Charakteristiken nicht unterschieden, ob es sich um unabhängige oder abhängige Größen handelt. Das wird jetzt nachgeholt. Die Erwartungswerte der Ankunftszeitabstände

$$T_a = E(\tau_a)$$

bzw. die Ankunftsstromintensitäten (Ankunftsrate)

$$\lambda = 1/T_a$$

die Erwartungswerte der Bedienungszeiten

$$T_{bi} = E(\tau_{bi})$$

bzw. die Bedienungsintensitäten (Bedienungsraten)

$$\mu_i = 1/T_{bi}$$

und die Verzweigungswahrscheinlichkeiten P_{i1} und P_{i2} sind unabhängige Einflußgrößen. Demgegenüber sind die Erwartungswerte der Wartezeiten

$$T_{wi} = E(\tau_{wi})$$

und die Zustandswahrscheinlichkeiten der verschiedenen Zustandsgrößen abhängige Größen. Die abhängigen Größen hängen sehr eng mit den Leistungsbewertungsgrößen zusammen, wie wir später noch sehen werden.

3.1.2. Grundlegende Klassen von Leistungsverhaltensmodellen

Wir unterscheiden folgende Klassen von Leistungsverhaltensmodellen:

— empirische Modelle
— Simulationsmodelle und
— analytische (meist wahrscheinlichkeitstheoretische) Modelle.

Empirische Modelle werden durch Messung von Eingangsgrößen, welche die unabhängigen Einflußgrößen kennzeichnen, und von Ausgangsgrößen, welche die Leistungsbewertungsgrößen charakterisieren, als empirische Zusammenhänge zwischen den unabhängigen Einflußgrößen und den Leistungsbewertungsgrößen gebildet. Dabei kann die Tabellenform, die graphische Form oder die Gleichungsform gewählt werden. Bei der Gleichungsform kann z. B. die Regressionsanalyse genutzt werden. Die empirischen Modelle haben statistischen Charakter.

Bei Simulationsmodellen werden die zeitlichen Abläufe der Rechenprozesse als Realisierungen stochastischer Prozesse, so, wie sie auf der Grundlage des Forderungslaufplanes strukturell beschreibbar sind, nachgebildet und beobachtet. Auf der Grundlage der beobachteten Realisierungen der Zufallsprozesse werden die wahrscheinlichkeitstheoretischen Charakteristiken der unabhängigen Einflußgrößen und Bewertungsgrößen statistisch geschätzt und die Zusammenhänge zwischen diesen hergestellt. Die Zusammenhänge haben wieder stochastischen Charakter, wobei der stochastische Anteil an den Schätzgrößen, bezogen auf die wahrscheinlichkeitstheoretischen Charakteristiken, bei großen Stichproben vernachlässigbar klein ist.

Bei den analytischen Modellen werden die Zusammenhänge zwischen den unabhängigen Einflußgrößen und Leistungsbewertungsgrößen ohne direkte Nachbildung, (d. h., unter Umgehung der zeitlichen Abläufe der Realisierungen der stochastischen Prozesse) aufgestellt. Die Zusammenhänge selbst haben deterministischen Charakter, obwohl sie stochastische Prozesse beschreiben. Dieser allgemeine Sachverhalt bei rein wahrscheinlichkeitstheoretischen Betrachtungen wird vom Anfänger auf diesem Gebiet meist nicht beachtet. Deshalb wurde er hier explizit erwähnt.

Die Abgrenzung zwischen analytischen Modellen und Simulationsmodellen ist manchmal unscharf, da heute meist beide rechnergestützt realisiert werden und ihre Nutzung zu Modellexperimenten führt. Manche Autoren bezeichnen das Experimentieren mit Modellen als Simulation. Bei einer solchen Bezeichnungsweise kann kein Unterschied mehr zwischen analytischen und Simulationsmodellen festgestellt werden. Wir wollen hier die Trennung, die auch für deterministische Modelle gilt, so vornehmen, daß dann von Simulation gesprochen wird, wenn die Lösung bestimmter mathematischer Beziehungen durch numerische Berechnungen in Zeitrichtung entwickelt wird. Demgegenüber werden bei der analytischen Theorie mathematische Gleichungen losgelöst von der Zeitrichtung berechnet. Die in beiden Fällen verwendeten Modelle unterscheiden sich dadurch, daß die für die Simulation verwendeten Modelle die Zeit explizit einbeziehen müssen, während das bei den analytischen Berechnungen nicht der Fall ist. Deshalb sprechen wir auch von analytischen und Simulationsmodellen.

Bei stochastischen Prozessen kann auch als Trennkennzeichen die Einbeziehung oder Nichteinbeziehung der Realisierungen der stochastischen Prozesse genutzt werden. Im Falle der Einbeziehung handelt es sich um eine Simulation. Diese Trennung für stochastische Prozesse ordnet sich in die oben eingeführte allgemeine Trennung von analytischen und Simulationsmodellen ein, stellen doch die Realisierungen, in diesem Fall Zeitabläufe dar, die bei der Betrachtung von zeitunabhängigen wahrscheinlichkeitstheoretischen Charakteristiken oder ihrer Schätzungen nicht mehr in Erscheinung treten. Somit werden bei der ausschließlichen Arbeit mit zeitunabhängigen wahrscheinlichkeitstheoretischen Charakteristiken bei ihren Schätzungen keine Berechnungen in Zeitrichtung ausgeführt. Falls die Realisierungen selbst berechnet werden, erfolgt das fast ausschließlich in Zeitrichtung und erst daraus werden anschließend die Schätzungen der wahrscheinlichkeitstheoretischen Charakteristiken bestimmt. Es handelt sich um eine Simulation.

3.2. Einige Grundbegriffe der Bedienungstheorie

Im Abschnitt 3.1. wurde dargestellt, wie die Parameter des Forderungslaufplanes direkt stochastisch interpretiert werden können. Jetzt gehen wir den Umweg über die Bedienungstheorie (s. [WEN72]). Dadurch wird erreicht, daß auf eine ausgearbeitete Theorie aufgebaut werden kann, wobei eine Beschränkung auf im Rahmen dieser Theorie mathematisch behandelbare Prozesse erfolgt. Das bedeutet, daß bestimmte Freiheitsgrade, die bei der stochastischen Interpretation des Forderungslaufplanes noch vorhanden sind, nicht mehr zugelassen werden. In den weiteren Betrachtungen der Abschnitte B, C werden nur solche stochastischen Prozesse betrachtet, die mit Hilfe der in diesem Abschnitt definierten Einknotenbedienungssysteme und Bedienungsnetze einschließlich der entsprechenden Bedienungssysteme mit Blockierung behandelt werden können. Dabei muß bemerkt werden, daß damit eine breite Klasse von Rechnersystemen erfaßt wird.
Die Bedienungstheorie beschäftigt sich mit Bedienungssystemen. Dabei dienen Bedienungssysteme der Befriedigung irgendwelcher Bedienungswünsche. Die Bedienungswünsche treten als Forderungen auf. Bei einem Rechnersystem bestehen die Bedienungswünsche in den Anforderungen zur Lösung der Rechneraufgaben, die für jede Aufgabe in Form von einer Forderung oder eines Forderungsverbandes in das System gelangen. Wir unterscheiden Einanlagenbedienungssysteme und Bedienungsnetze. Als erstes werden die Grundbegriffe der Einanlagenbedienungssysteme behandelt.

3.2.1. Einanlagenbedienungssysteme

Ein Einanlagenbedienungssystem besteht im allgemeinen aus folgenden Elementen: einer Forderungsquelle, einer Forderungssenke, einer Bedienungsanlage G und den Forderungen. Dabei sind die Forderungsquelle, die Bedienungsanlage und die Forderungssenke nichtbewegte Elemente. Die Forderungen sind bewegte Elemente, die in der Forderungsquelle erzeugt werden, die Bedienungsanlage durchlaufen und in der Forderungssenke vernichtet werden. Eine Bedienungsanlage wird häufig auch als Bedienungssystem (im engeren Sinne) bezeichnet. Eine Bedienungsanlage besteht im allgemeinen aus einem Warteraum und einem Bedienungsknoten (s. Abb. 3.2).

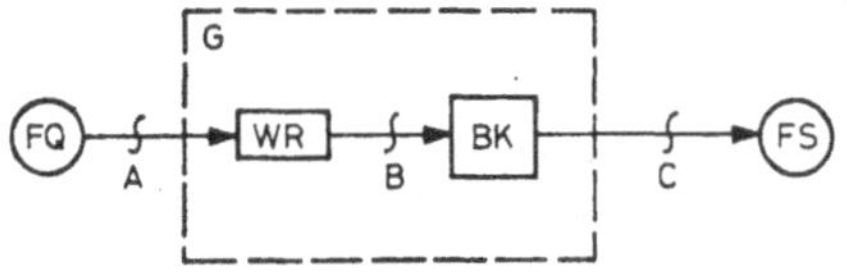

Abb. 3.2. Zum Aufbau eines Einknotenbedienungssystems (Bezeichnungen: FQ — Forderungsquelle, FS — Forderungssenke, WR — Warteraum, BK — Bedienungsknoten, G — Bedienungsanlage)

Charakterisierung des Ankunftsprozesses

In der Forderungsquelle wird nicht nur eine Forderung, sondern im allgemeinen ein Forderungsstrom erzeugt. Die Forderungen aus der Forderungsquelle treffen zu zufälligen Zeitpunkten t_{aj} ($j = 1, 2, \ldots$) am Eingang der Bedienungsanlage (Schnittstelle A in Abb. 3.2) ein. Sie erzeugen an der Schnittstelle A einen Ereignisstrom, der Ankunftsstrom π_A des Bedienungssystems heißt (s. Abb. 3.3). Die einzelnen Indizes j sind der Ankunft der entsprechenden Forderungen Fj zugeordnet. Als Ankunftszeitabstand τ_{aj} bezeichnen wir den Zeitabstand zwischen zwei benachbarten Ereignissen t_{aj} und t_{aj-1} mit

$$\tau_{aj} = t_{aj} - t_{aj-1} \qquad (j = 2, 3, \ldots). \tag{3.5}$$

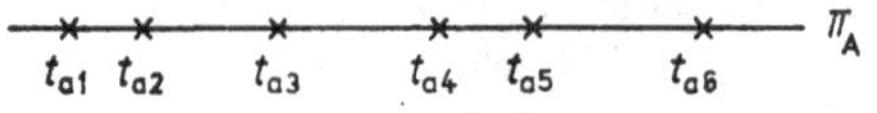

Abb. 3.3. Ankunftsstrom am Eingang eines Einknotenbedienungssystems

Der Ankunftszeitabstand τ_a wird als Zufallsgröße angesehen, wobei wir annehmen, daß alle τ_{aj} dem gleichen Verteilungsgesetz genügen. Deshalb kann der Index j weggelassen werden. Die Zufallsgröße τ_a besitzt u. a. eine Verteilungsfunktion $A(t)$, einen Erwartungswert T_a und eine Standardabweichung $\sigma(\tau_a)$. Man kann die Ankunftsströme verschiedener Bedienungssysteme nach dem Charakter der Verteilungsfunktion einteilen, was zur Klassifizierung der Bedienungssysteme beiträgt. Die wahrscheinlichkeitstheoretischen Charakteristiken $A(t)$, T_a, $\sigma(\tau_a)$ usw. können nur bei einem offenen Bedienungssystem als unabhängige Einflußcharakteristiken angesehen werden. Bei einem offenen Bedienungssystem befindet sich eine zufällige Zahl von Forderungen in der Bedienungsanlage und eine unendliche Zahl von Forderungen im Gesamtsystem einschließlich Umgebung. Nur in diesem Fall gilt die Darstellung in der Abb. 3.2.

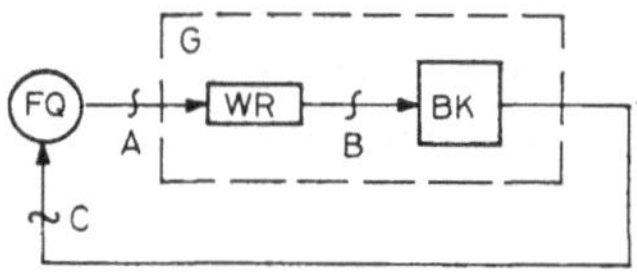

Abb. 3.4. Zum Aufbau eines geschlossenen Einknotenbedienungssystems

Neben den offenen Bedienungssystemen gibt es noch geschlossene Bedienungssysteme, in denen die Forderungsquelle und -senke zweckmäßigerweise zur Forderungsquelle zusammengefaßt wird (s. Abb. 3.4). In einem geschlossenen Bedienungssystem ist immer die gleiche endliche Zahl von Forderungen s im System einschließlich Umgebung vorhanden. Dabei verweilen die einzelnen Forderungen während der Quellverweilzeit τ_d in der Forderungsquelle FQ. Die Quellverweilzeit τ_d ist eine Zufallsgröße und kann mit

$$\tau_d = t_A - t_C \tag{3.6}$$

bestimmt werden. Hier tritt an die Stelle des Ankunftszeitabstandes τ_a beim offenen Bedienungssystem die Quellverweilzeit beim geschlossenen Bedienungssystem als unabhängige Charakteristik, die auch als Charakteristik des Ankunftsstromes bezeichnet wird. Die Quellverweilzeit τ_d besitzt u. a. eine Verteilungsfunktion $D(t)$, den Erwartungswert T_d und die Standardabweichung $\sigma(\tau_d)$. Auch für die Klassifizierung der geschlossenen Bedienungssysteme kann der Charakter der Verteilungsfunktion $D(t)$ der Quellverweilzeit herangezogen werden.

Charakterisierung des Bedienungsknotens

Ein Bedienungsknoten kann im allgemeinen K Kanäle besitzen (s. Abb. 3.5). Jeder Kanal ist gleichberechtigt und kann genau eine Forderung bedienen. Wenn ein Kanal frei ist und eine Forderung im Warteraum anliegt, erfolgt sofort die Bedienung durch diesen Kanal. Falls alle Kanäle besetzt sind, muß eine neu ankommende Forderung solange warten, bis ein (beliebiger) Kanal frei wird. Wir unterscheiden nach der Kanalzahl Einbediener- und Mehrbedienersysteme. Bei Einbedienersystemen besitzt der Bedienungsknoten nur einen Kanal, während bei Mehrbedienersystemen der Bedienungsknoten $K > 1$ Kanäle besitzt.

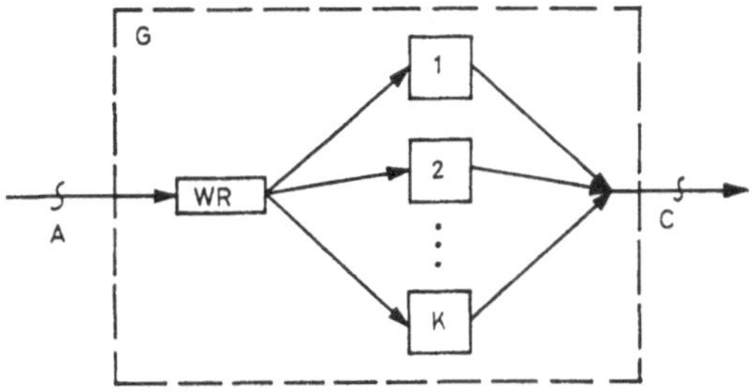

Abb. 3.5. Zum Aufbau des Bedienungsknotens einer Bedienungsanlage

Der Bedienungsknoten bedient die Forderungen des von der Forderungsquelle erzeugten Forderungsstromes. Die Bedienung einer Forderung Fj im Bedienungsknoten dauert eine i. allg. zufällige Bedienungszeit τ_b. Hierbei gilt für die einzelnen Forderungen Fj ($j = 1, 2, \ldots$)

$$\tau_{bj} = t_{Cj} - t_{Bj} \qquad (j = 1, 2, \ldots), \tag{3.7}$$

wobei t_{Bj} der Zeitpunkt des Durchgangs der Forderung Fj durch die Schnittstelle B und t_{Cj} der Zeitpunkt des Durchgangs der Forderung Fj durch die Schnittstelle C sind. Die Bedienungszeit τ_{bj} wird als Zufallsgröße betrachtet, wobei auch hier angenommen wird, daß für alle Fj das gleiche Verteilungsgesetz gilt. Damit kann wieder der Index j entfallen, und wir betrachten die Bedienungszeit τ_b als Zufallsgröße. Die Bedienungszeit τ_b besitzt u. a. die Verteilungsfunktion $B(t)$, den Erwartungswert T_b und die Standardabweichung $\sigma(\tau_b)$. In die Klassifizierung des Bedienungssystems wird auch der Charakter der Verteilungsfunktion $B(t)$ mit aufgenommen.

Charakterisierung des Warteraumes

Der zufällige Charakter des Ankunftsstromes und der Bedienungszeiten im Bedienungsknoten kann dazu führen, daß es einerseits Zeitabschnitte gibt, in denen mehr Forderungen zur Bedienung anstehen als Kanäle vorhanden sind, und andererseits

Zeitabschnitte vorhanden sind, in denen nicht alle Kanäle des Bedienungsknotens belegt sind. Wenn unter diesen Bedingungen die zeitweilig überschüssigen Forderungen nicht verlorengehen und in den Zeitabschnitten bedient werden sollen, in denen noch freie Kanäle vorhanden sind, dann muß eine Pufferung der Forderungen möglich sein. Diese Pufferung der Forderungen erfolgt im Warteraum. Ein Warteraum dient also der Speicherung von Forderungen. In Rechnersystemen wird hierfür Speicherplatz reserviert. Ein Warteraum kann r Plätze für die gleichzeitige Speicherung von r Forderungen besitzen. Dabei wird r als Kapazität des Warteraumes bezeichnet. Wenn alle Plätze des Warteraumes besetzt sind, dann gehen im allgemeinen alle während dieser Zeit ankommenden Forderungen verloren. In der Bedienungstheorie unterteilen wir die Einanlagenbedienungssysteme auch nach der Kapazität des Warteraumes. Wir unterscheiden Verlustsysteme mit $r = 0$, Warteverlustsysteme mit $0 < r < \infty$ und Wartesysteme mit $r \to \infty$.
Verlustsysteme und Warteverlustsysteme können, obwohl das in den Arbeiten über Bedienungstheorie nicht üblich ist, als Einanlagenbedienungssysteme mit Blockierung angesehen werden. Dabei ist der Warteraum die blockierende Ressource, und die Kapazität des Warteraumes gibt an, wieviel Forderungen sich maximal im Warteraum und Bedienungsknoten befinden können.
Bei den Wartesystemen können keine Forderungen verlorengehen, weil im Warteraum immer Platz für neu ankommende Forderungen ist ($r \to \infty$). Da in der Praxis die für die Aufnahme der Forderungen verfügbare Speicherkapazität immer endlich ist, stellt der Begriff Wartesystem eine Abstraktion dar. Die Bedingung der Verlustfreiheit, die als die wesentliche Eigenschaft des Wartesystems angesehen wird, ist aber auch bei endlichem r erfüllt, wenn aus bestimmten Gründen in den Warteraum nie mehr als r Forderungen aufgenommen werden müssen. In diesem Fall sprechen wir auch von einem Wartesystem. Außerdem gibt es noch den Fall, wo die Kapazität r des Warteraumes so groß ist, daß die Zahl der anstehenden Forderungen diese nur mit sehr kleiner Wahrscheinlichkeit überschreitet. In diesem Fall kann näherungsweise ein Wartesystem vorausgesetzt werden.
Die Zeit, die eine Forderung im Warteraum warten muß, wird Wartezeit τ_W genannt, und es gilt für die einzelnen Forderungen F_j

$$\tau_{Wj} = t_{Bj} - t_{Aj}$$

(s. Abb. 3.2 und 3.3). Auch hier wird wieder für die Zufallsgrößen τ_{Wj} das gleiche Verteilungsgesetz angenommen. Damit bleibt nur τ_W als eine Zufallsgröße übrig. Die Wartezeit τ_W besitzt u. a. die Verteilungsfunktion $W(t)$, den Erwartungswert T_W und die Standardabweichung $\sigma(\tau_W)$.

Bedienungsdisziplinen

Eine wichtige Rolle spielt die Reihenfolge, in der die im Warteraum anstehenden Forderungen bedient werden bzw. in der sie bei Ankunft an der Bedienungsanlage in den Warteraum eingeordnet werden. In Abhängigkeit von dieser Reihenfolge gibt es eine große Zahl von Bedienungsdisziplinen, die in diesem Buch nicht alle angeführt werden können. In der Bedienungstheorie unterscheidet man gewöhnlich Bedienungsdisziplinen ohne und mit Prioritäten.

Bei den Bedienungsdisziplinen ohne Priorität gibt es vor allem

- FIFO (first in – first out) oder besser: FCFS (first come – first served), bei der die Bedienung der Forderungen in der Reihenfolge ihrer Ankunft an der Bedienungsanlage erfolgt.
- PS (processor sharing), in der die anstehenden Forderungen in Abhängigkeit von ihrer Ankunft reihum nur für einen kleinen vorgegebenen, für alle Forderungen gleichen Zeitabschnitt Δt bedient werden. Nach Verstreichen dieses Zeitabschnittes wird zur nächsten Forderung übergegangen. Bei PS wird weiterhin angenommen, daß der Zeitabschnitt Δt gegen 0 geht.

Bei den Bedienungsdisziplinen mit Prioritäten wird jeder Forderung eine bestimmte Priorität zugeordnet, und es werden die Forderungen mit höherer Priorität vorrangig bedient. Wir unterscheiden hier

- die relative Prioritätsdisziplin, bei der die Bedienung einer gerade in Abfertigung befindlichen Forderung bei Ankunft einer höherrangigen Forderung nicht unterbrochen wird, sondern die Prioritätsordnung erst jeweils am Ende der Bedienung einer Forderung gesichert wird;
- die absolute Prioritätsdisziplin, bei der bei Ankunft einer höherrangigen Forderung eine gerade in Bedienung befindliche Forderung unterbrochen wird.

Eine andere Klassifizierung, mehr aus der Sicht der rechentechnischen Realisierung der oben angeführten Bedienungsdisziplinen, unterscheidet Bedienungsdisziplinen ohne und mit Unterbrechung der Bedienung der laufenden Forderung. Nach dieser Einteilung gehören die Disziplinen FIFO und relative Prioritätsdisziplin zu den nichtunterbrechenden Disziplinen und die Disziplinen PS und absolute Prioritätsdisziplinen zu den unterbrechenden Bedienungsdisziplinen.

Kendallsche Schreibweise

Von Kendall [KEN53] wurde eine Kurzsymbolik zur Kennzeichnung eines Einanlagenbedienungssystems eingeführt. Diese Kurzsymbolik enthält die Charakterisierung des Ankunftsprozesses, des Bedienungsprozesses und der Kanalzahl des Bedienungsknotens. Später wurde von anderen Autoren zur Kennzeichnung weiterer Eigenschaften des Bedienungssystems Ergänzungen eingeführt, die aber leider nicht einheitlich ist. Um Mißverständnisse zu vermeiden, werden hier nur die drei Kurzsymbole nach Kendall verwendet und die anderen Eigenschaften eines Bedienungssystems verbal beschrieben. Die drei Symbole von Kendall werden in der Form a/b/c geschrieben, wobei mit a der Ankunftsprozeß und b der Bedienungsprozeß und mit c die Kanalzahl des Bedienungsknotens gekennzeichnet wird.

Als Symbole für verschiedene Verteilungen der Ankunfts- und Bedienungsprozesse finden u. a. Verwendung:

M – exponentielle Verteilung
D – Dirac-Verteilung
E_k – Erlangsche Verteilung k-ter Ordnung
G – allgemeine Verteilung

von τ_a, τ_q bzw. τ_b.

Darstellung von Einanlagenbedienungssystemen mit Hilfe des Forderungslaufplanes

An dieser Stelle erscheint es zweckmäßig, eine Verbindung zum Forderungslaufplan herzustellen. Das kann am kürzesten dadurch geschehen, daß verschiedene Klassen von Einanlagenbedienungssystemen mit Hilfe des Forderungslaufplanes graphisch dargestellt werden. In Abb. 3.6 sind die drei verschiedenen Systemklassen Warte-, Verlust- und Warteverlustsystem eines offenen Bedienungssystems dargestellt. Dabei werden mit WR die Belegung und Freigabe des Warteraumes und BK die Belegung und Freigabe des Bedienungsknotens gekennzeichnet. Aus dieser Abb. 3.6 b wird noch

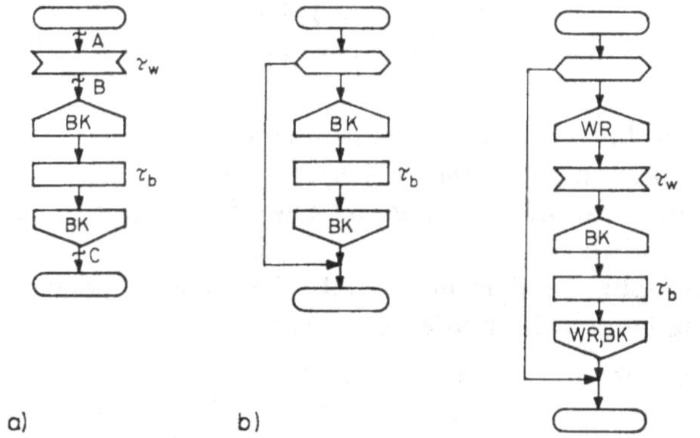

Abb. 3.6. Darstellung von offenen Einknotenbedienungssystemen mit Hilfe des Forderungslaufplanes (a — Wartesystem: $r = 0$, b — Verlustsystem: $r \to \infty$, c — Warteverlustsystem: $0 < r < \infty$)

deutlicher, daß im Warteverlustsystem der Warteraum den Charakter einer blockierenden Ressource hat. Die Verlust- und Warteverlustsysteme wurden hier nur der Abgrenzung halber angeführt. In allen weiteren Betrachtungen dieses Buches werden nur Wartesysteme vorausgesetzt.

Wir gehen jetzt zu anderen Klassen von Einanlagenbedienungssystemen über. In Abb. 3.7 wird eine spezielle Form eines offenen Bedienungssystems mit Blockierung dargestellt. Ein geschlossenes Bedienungssystem kann aus einem offenen Bedienungssystem mit Blockierung abgeleitet werden (s. Abb. 3.7). Dabei wird das geschlossene Bedienungssystem als das im Sättigungszustand befindliche offene Bedienungssystem mit Blockierung aufgefaßt werden. Als Blockierungsressource wird hier eine Mehrkanalressource B angenommen, deren Kanalzahl genau mit der im geschlossenen System befindlichen Forderungszahl übereinstimmt. Der Sättigungszustand bedeutet, daß am Eingang des Bedienungssystems mit Blockierung immer Forderungen anstehen. Dabei kann der Forderungseingangsstrom und -ausgangsstrom an der Blockierungsressource vernachlässigt werden (s. Abb. 3.7).

Mit den obigen Betrachtungen wird der Unterschied zwischen der Darstellungsform Forderungslaufplan und der in der Bedienungstheorie üblichen graphischen Darstellungsform deutlich. Es zeigt sich noch einmal, daß die graphische Darstellung im Forderungslaufplan die Arbeitsoperationen als Grundelemente hat, die über Forderungsströme verbunden sind. Demgegenüber sind in der in der Bedienungstheorie üblichen graphischen Darstellungsform die aktiven Ressourcen die Grundelemente, die ebenfalls über Forderungsströme verbunden sind. Damit ist der Forderungslaufplan stärker auf die Beschreibung der die Arbeitslast repräsentierenden Prozesse gerichtet, während die üblichen bedienungstheoretische graphische Darstellung stärker auf die Systemdarstellung gerichtet ist.

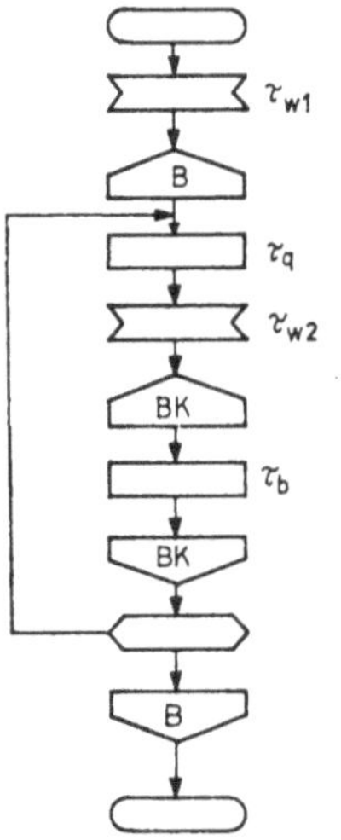

Abb. 3.7. Zur Darstellung eines geschlossenen Einknotenbedienungssystems mit Hilfe des Forderungslaufplanes

3.2.2. Bedienungsnetze

Im Abschnitt 3.2.1. wurden Bedienungssysteme mit nur einer Bedienungsanlage betrachtet. Jetzt gehen wir zur Betrachtung von Bedienungssystemen über, die mehrere Bedienungsanlagen enthalten. Solche Bedienungssysteme heißen Bedienungsnetze. Ein Bedienungsnetz enthält also eine Menge von Bedienungsanlagen, die mit einer entsprechenden Quelle und Senke (offenes Netz) oder nur mit einer Quelle bzw. ohne Quelle (geschlossenes Netz) über Forderungsströme verbunden sind. Zwischen den einzelnen Bedienungsanlagen bestehen Kopplungen über Forderungsströme. Nach den Formen der Kopplungen zwischen den einzelnen Bedienungsanlagen unterscheiden wir sequentielle und sequentiell-parallele Bedienungsnetze. In der Literatur über Bedienungsnetze beschränkt man sich gewöhnlich auf sequentielle Bedienungsnetze. Eine Ausnahme bilden hier die Arbeiten [BER75a], [RESA78] und die darauf aufbauenden Beiträge.
Abb. 3.6a wurde gezeigt, wie ein Einlagenbedienungssystem durch den Forderungslaufplan dargestellt werden kann. In der Abb. 2.6a wird zwischen den Schnittstellen A und B eine Operationskonstruktion des Forderungslaufplanes gezeigt, durch die jede Bedienungsanlage mit begrenzter Kanalzahl des Bedienungsknotens dargestellt werden kann. Bei unendlicher Kanalzahl des Bedienungsknotens fallen die Konstruktionen SPERRSYNCHRONISATION und FREIGEBEN weg. Allerdings kann bei der Benutzung der Ressource Bedienungsknoten an verschiedenen Stellen des Forderungslaufplanes die entsprechende Operationskonstruktion der Bedienungsanlage mehrere Male im Forderungslaufplan auftreten. In Abb. 3.8a ist ein Tandembedienungssystem, bestehend aus zwei Bedienungsanlagen, beschrieben. Dabei wird angenommen, daß die Bedienungsanlage G1 mit dem Bedienungsknoten BK1 zweimal und die Bedienungs-

anlage G2 mit dem Bedienungsknoten BK1 von jeder Forderung einmal durchlaufen werden. Der entsprechende Forderungslaufplan ist in Abb. 3.8b angegeben. Er verdeutlicht den zweimaligen Durchlauf der Bedienungsanlage G1. In diesem Fall wird die für die Darstellung der Bedienungsanlage verfügbare Operationskonstruktion (s. Abb. 2.6a) durch eine Forderung zweimal genutzt.

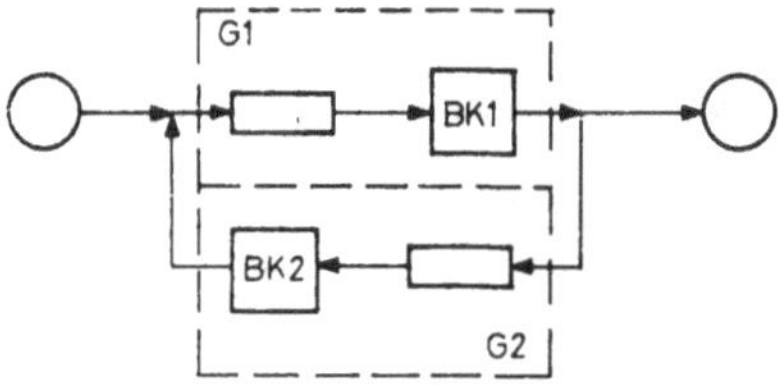

a)

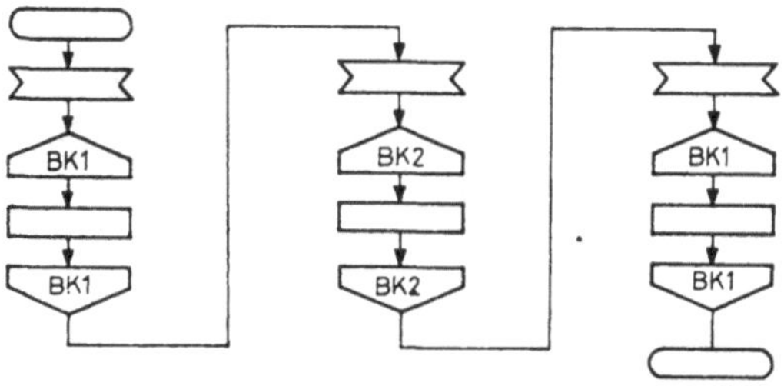

b)

Abb. 3.8. Zur Darstellung eines Tandembedienungssystems mit Hilfe des Forderungslaufplanes

Wenn man die Operationskonstruktion für die Darstellung einer Bedienungsanlage nutzt und entsprechend Abb. 2.6 die vier grundlegenden Kopplungsformen aufbaut, dann kann man durch weitere Kombination dieser Kopplungsformen sequentiell-parallele Bedienungsnetze aufbauen. Entscheidend für die Erweiterung der sequentiell-parallelen Bedienungsnetze ist die in Abb. 2.6d angegebene Parallelkopplung.

Sequentielle Bedienungsnetze

Ein sequentielles Bedienungsnetz besteht aus einer Menge von Bedienungsanlagen und im Bedarfsfall entsprechenden Quellen und Senken. Die Konstruktionen entsprechend Abb. 2.6a, b, c der Bedienungsanlagen sind über die sequentiellen Kopplungsformen Serienkopplung, Verzweigungskopplung und Schleifenkopplung verbunden. Parallelkopplungen kommen in sequentiellen Bedienungsnetzen nicht vor. Das in Abb. 3.8 dargestellte Tandemsystem stellt ein sequentielles Bedienungsnetz bei Nutzung der Serienkopplung dar. In Abb. 3.9 ist ein sequentielles Bedienungsnetz dargestellt, in der die Serienkopplung, Verzweigungskopplung und Schleifenkopplung zur Anwendung kommen.

Sequentiell-parallele Bedienungsnetze

Auch ein sequentiell-paralleles Bedienungsnetz enthält eine Menge von Bedienungsanlagen und je eine Quelle und Senke. Die sequentiellen Kopplungsformen können genauso wie bei sequentiellen Bedienungsnetzen zur Anwendung kommen. Außerdem

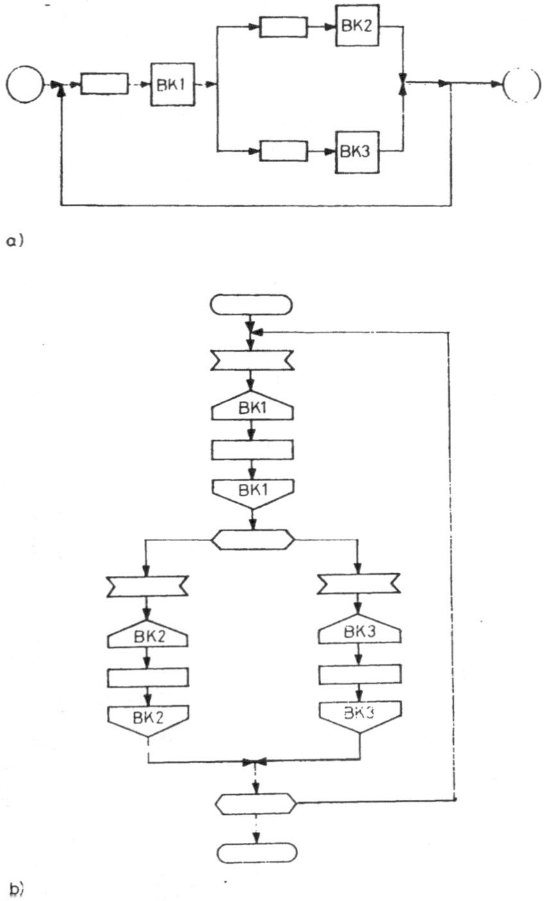

Abb. 3.9. Beispiel eines sequentiellen Bedienungsnetzes unter Nutzung aller drei sequentiellen Kopplungsformen

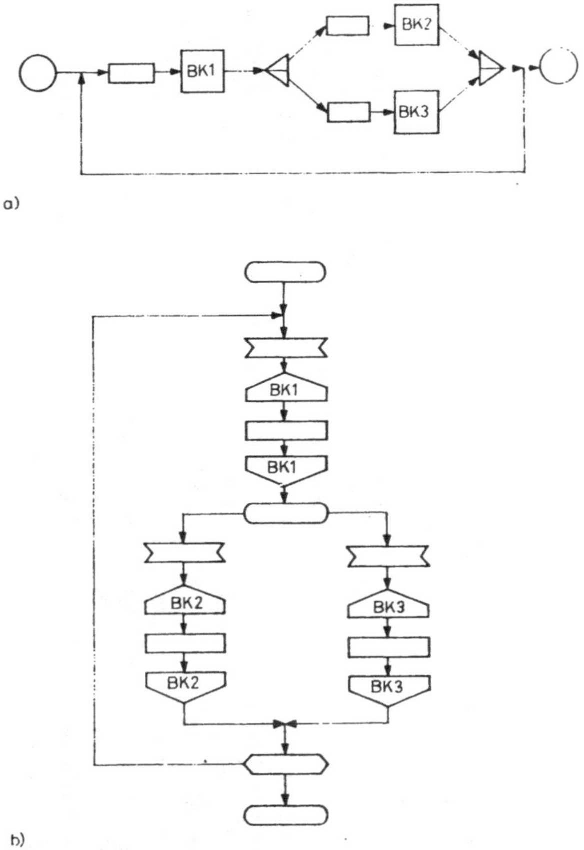

Abb. 3.10. Beispiel eines sequentiell-parallelen Bedienungsnetzes

kommt im entsprechenden Forderungslaufplan die Parallelkopplung noch zum Einsatz. In Abb. 3.10 wird der Forderungslaufplan für ein Beispiel eines sequentiell-parallelen Bedienungsnetzes angegeben.

Nichtautonome und autonome geschlossene Bedienungsnetze

Bei offenen Bedienungssystemen sind die Begriffe Forderungsquelle und -senke mit der Einbeziehung der Umgebung in das Bedienungsmodell verbunden. Das gilt auch für die bisherigen Betrachtungen von geschlossenen Bedienungssystemen. Für geschlossene Bedienungsnetze wollen wir jetzt eine Präzisierung durch die Unterscheidung von nichtautonomen und autonomen geschlossenen Bedienungsnetzen vornehmen. Wie die praktischen Anwendungen in Rechnersystemen zeigen, kommen hier auch geschlossene Bedienungsnetze vor, die gegenüber der Umgebung abgeschlossen sind. Wir nennen solche Netze geschlossene autonome Bedienungsnetze. In einem autonomen Bedienungsnetz gibt es keine Forderungsquelle in der Umgebung und auch die Quellverweilzeit τ_d als Umgebungsgröße tritt nicht in Erscheinung. Im Gegensatz dazu nennen wir geschlossene Bedienungsnetze mit Einbeziehung einer Forderungsquelle aus der Umgebung, die eine Quellverweilzeit τ_d besitzt, geschlossene nichtautonome Bedienungsnetze.

Die Unterscheidung von geschlossenen autonomen und nichtautonomen Bedienungsnetzen hat große Bedeutung bei der Interpretation der mathematischen Zusammenhänge, insbesondere bei der Festlegung der Bewertungsgrößen.

Wenn wir ein geschlossenes autonomes Bedienungsnetz, das eine Bedienungsanlage mit Unendlichkeitskanalressource enthält, betrachten, dann ergeben sich bei Gleichsetzung der Bedienungszeit $\tau_{\mathrm{b}i}$ der Unendlichkeitsressource mit der Quellverweilzeit τ_d eines strukturell gleich aufgebauten geschlossenen Bedienungsnetzes die gleichen mathematischen Beziehungen. Trotzdem sind die Ergebnisse in beiden Fällen unterschiedlich, da die Quellverweilzeit τ_d im Gegensatz zu allen Bedienungszeiten nicht der Arbeitslast zugeordnet werden darf (s. Abschnitt 4).

Bedienungsnetze mit Blockierung und geschlossene Bedienungsnetze

Blockierungen kommen in Rechnersystemen sehr häufig vor, besonders gilt das für Bedienungsnetze. In Abb. 3.11a ist das Bedienungsnetz aus Abb. 3.9 auf ein Bedienungsnetz mit Blockierung erweitert worden. Dabei ist B die blockierende Ressource, deren Kanalzahl der Zahl der Forderungen entspricht, die maximal im durch die Schnittstellen A und B abgegrenzten Abschnitt des Forderungslaufplanes vorhanden sein dürfen. Eine systemorientierte Darstellung dieses Bedienungsnetzes enthält Abb. 3.11b, in der die in [RESA78] eingeführten zusätzlichen Beschreibungsmittel genutzt wurden.

Der Sättigungszustand ist erreicht, wenn am Eingang der Blockierungsressource immer Forderungen anstehen. In diesem Fall erhalten wir ein geschlossenes autonomes Bedienungsnetz, das in Abb. 3.11c angegeben ist.

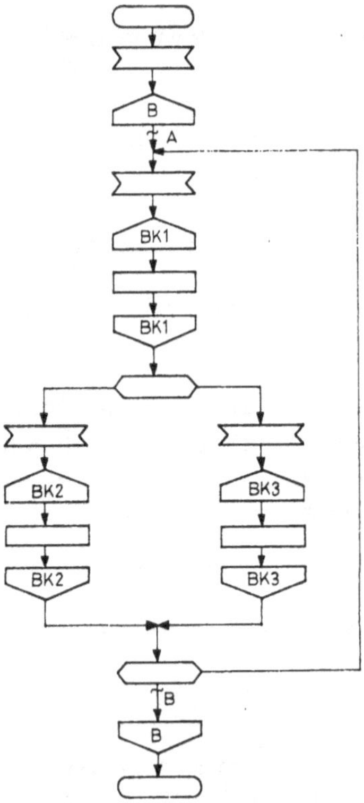

a)

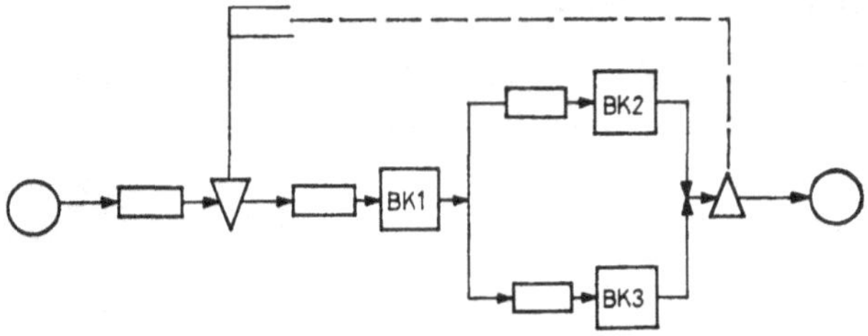

b)

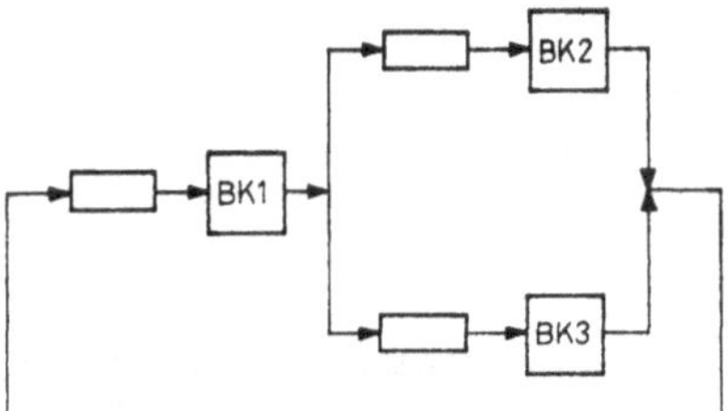

c)

Abb. 3.11. Beispiel eines Bedienungsnetzes mit Blockierung und eines geschlossenen Bedienungsnetzes

3.3. Statistische Modelle sequentiell-paralleler Bedienungsnetze

Im folgenden werden die beiden Modellarten mit statistischem Charakter, d. h., die empirischen Modelle und die Simulationsmodelle, kurz betrachtet.

3.3.1. Empirische Modelle sequentiell-paralleler Bedienungsnetze

Die Bildung von empirischen Modellen beruht auf der Durchführung und Auswertung von Beobachtungen am Original-Rechnersystem. Es handelt sich hier um eine statistische Untersuchungsmethode.
Ausgangspunkt für unsere Betrachtungen kann der entsprechende Forderungslaufplan der zu untersuchenden Rechnerinstallation sein. Dabei bilden die während einer bestimmten Beobachtungszeit T_B ausgeführten Realisierungen der Forderungsläufe eine Stichprobe für die statistische Analyse. Die statistische Analyse besteht dabei aus

— der Erfassung (Messung) der für die Berechnung der Schätzungen erforderlichen Realisierungen der betrachteten Zufallsgrößen und
— der statistischen Auswertung der Erfassungsergebnisse (Meßreihen).

Allgemein zu erfassende Größen

Wir fixieren jetzt die für die Berechnung der statistischen Kenngrößen zu erfassenden Größen des Forderungslaufplanes. Dazu betrachten wir als Beispiel den Forderungslaufplanabschnitt der zur Nachbildung einer Bedienungsanlage erforderlich ist (s. Abb. 3.12a). Zu erfassen sind in der Beobachtungszeit T_B

— die Anzahl der Ereignisse N_A und N_C, für die Ereignisströme Π_A und Π_C und
— die Zeitpunkte t_{Ai} $(i = 1, 2, ..., N_A)$, t_{Bi} $(i = 1, 2, ..., N_B)$ und t_{Ci} $(i = 1, 2, ..., N_C)$ (s. Abb. 3.12b).

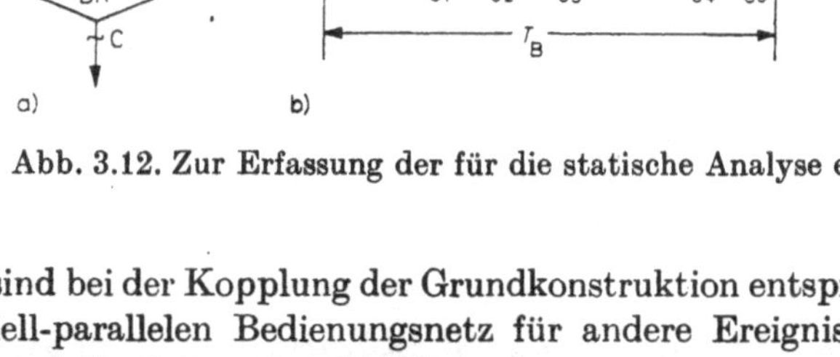

Abb. 3.12. Zur Erfassung der für die statische Analyse erforderlichen Größen

Analog sind bei der Kopplung der Grundkonstruktion entsprechend Abb. 3.12a zu einem sequentiell-parallelen Bedienungsnetz für andere Ereignisströme die Anzahl der Ereignisse und die Zeitpunkte der Ereignisse zu erfassen.

Schätzung von Verzweigungswahrscheinlichkeiten und Ereignisstromintensitäten

Wir schätzen jetzt sehr einfache wahrscheinlichkeitstheoretische Charakteristiken des Forderungslaufplanes.
Als erstes betrachten wir die Verzweigungswahrscheinlichkeiten eines Blockes VERZWEIGEN (s. Abb. 3.13). Es werden wieder die Ereignisströme Π_A, Π_B und Π_C in der Beobachtungszeit T_B (s. Abb. 3.13b) betrachtet, und die Zahl der Ereignisse N_A (für Π_A) und N_B (für Π_B) wird gezählt. Da

$$N_A = N_B + N_C \tag{3.9}$$

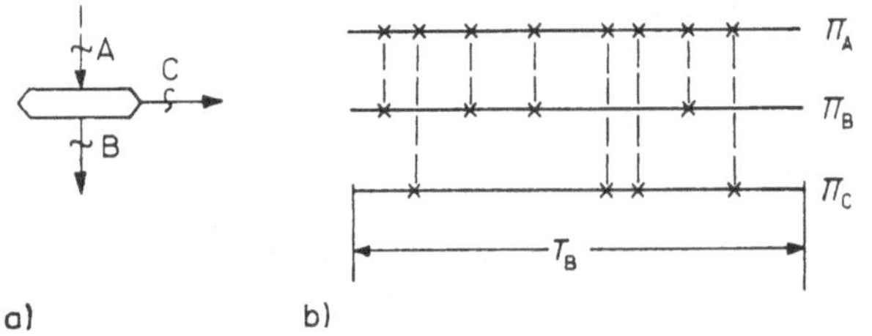

Abb. 3.13. Zur Schätzung der Verzweigungswahrscheinlichkeiten

gilt, kann N_C berechnet werden. Wenn es zweckmäßig ist, kann man auch N_C anstelle von N_A oder N_B erfassen.
Unter Nutzung von N_B und N_C und Formel (3.9) können jetzt die Verzweigungswahrscheinlichkeiten P_B (Zweig B) und P_C (Zweig C) durch die Formeln

$$P_B = \frac{N_B}{N_A} \tag{3.10}$$

$$P_C = \frac{N_C}{N_A} \tag{3.11}$$

statistisch geschätzt werden.
Als nächstes wird die Schätzung der Ereignisstromintensitäten (Ankunftszeiten) beschrieben. Wir betrachten z. B. in Abb. 3.13b den Ereignisstrom Π_A und erfassen die Ereignishäufigkeit N_A in der Betrachtungszeit T_B. Außerdem wird T_B gemessen. Dann kann die Ereignisstromintensität λ_A an der Schnittstelle A mit

$$\lambda_A = N_A/T_B \tag{3.12}$$

statistisch geschätzt werden.

Schätzung der Erwartungswerte der Ankunftszeitabstände, Bedienungszeiten, Wartezeiten und Verweilzeiten

Wir betrachten wieder den Forderungslaufplanabschnitt einer Bedienungsanlage (s. Abb. 3.12). Wir nehmen an, daß in der Beobachtungszeit T_B durch diesen Abschnitt N Forderungen gelaufen sind. Aus den Zeitpunkten $t_{A1}, t_{A2}, \ldots, t_{AN}$ und $t_{C1}, t_{C2}, \ldots, t_{CN}$

können die einzelnen Ereignisstromabstände am Eingang und Ausgang des Abschnittes

$$\left.\begin{aligned}\tau_{Ai} &= t_{Ai+1} - t_{Ai}\\ \tau_{Ci} &= t_{Ci+1} - t_{Ci}\end{aligned}\right\} \quad (i = 1, 2, \ldots, N-1) \tag{3.13}$$

berechnet werden. Unter Nutzung von $t_{B1}, t_{B2}, \ldots, t_{BN}$ und $t_{C1}, t_{C2}, \ldots, t_{CN}$ können die einzelnen Bedienungszeiten

$$\tau_{bi} = t_{Ci} - t_{Bi} \qquad (i = 1, 2, \ldots, N) \tag{3.14}$$

berechnet werden. Analog erhält man die einzelnen Wartezeiten

$$\tau_{wi} = t_{Bi} - t_{Ai} \qquad (i = 1, 2, \ldots, N) \tag{3.15}$$

und die einzelnen Verweilzeiten

$$\tau_{vi} = t_{Ci} - t_{Ai} \qquad (i = 1, 2, \ldots, N). \tag{3.16}$$

Damit wurden die Stichproben für die Schätzung der entsprechenden Erwartungswerte des Ankunftszeitabstandes

$$T_a = \frac{1}{N-1} \sum_{i=1}^{N-1} \tau_{Ai}, \tag{3.17}$$

der Bedienungszeit

$$\boldsymbol{T}_b = \frac{1}{N} \sum_{i=1}^{N} \tau_{bi}, \tag{3.18}$$

der Wartezeit

$$T_w = \frac{1}{N} \sum_{i=1}^{N} \tau_{wi} \tag{3.19}$$

und der Verweilzeit

$$T_v = \frac{1}{N} \sum_{i=1}^{N} \tau_{vi} \tag{3.20}$$

bereitgestellt. Der Ankunftszeitabstand an der Stelle A kann auch über die Formel (3.12) mit

$$T_a = 1/\lambda_A \tag{3.21}$$

geschätzt werden. Dazu sind nur der Umfang der Stichprobe N und die Beobachtungszeit T_B zu messen.

Schätzung der Zustandswahrscheinlichkeiten

Wir betrachten erneut den Forderungslaufplanabschnitt entsprechend Abb. 3.12a und messen die t_{Ai} und t_{Ci} in den Ereignisströmen Π_A und Π_C. In der Abb. 3.14 ist der zeitliche Verlauf des Zustandes ζ (d. h. die Zahl der Forderungen im durch die Schnitt-

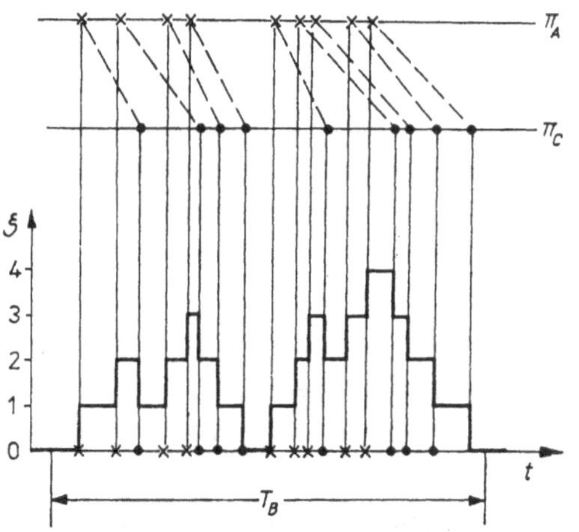

Abb. 3.14. Verlauf der Zustandsvariablen über der Zeit

stellen A und C abgegrenzten Abschnitt des Forderungslaufplanes) angegeben. Die den in der Beobachtungszeit T_B zugeordneten Zeiten T_k zu den Zuständen $k = 0, 1, 2, \ldots$ können aus den t_{Ai} und t_{Ci} berechnet werden und als Schätzungen für die einzelnen Zustandswahrscheinlichkeiten erhalten wir

$$p(k) = \frac{T_k}{T_B} \qquad (k = 0, 1, 2, \ldots). \tag{3.22}$$

Zur Schätzung empirischer Zusammenhänge des Leistungsverhaltens

Wir betrachten wieder den Forderungslaufplanabschnitt der Abb. 3.12a und schätzen die Erwartungswerte des Ankunftszeitabstandes T_a der Bedienzeit T_b und der Verweilzeit T_v. Wir führen die dimensionslosen Größen Verweilzeitfaktor

$$F = \frac{T_v}{T_b} \tag{3.23}$$

und Verkehrswert

$$\varrho = \frac{T_b}{T_a} \tag{3.24}$$

ein und bestimmen über Messungen für verschiedene Meßreihen systematische Wertekombinationen der Größen (F_l, ϱ_l). Damit kann der funktionelle Zusammenhang $F = F(\varrho)$ empirisch ermittelt und graphisch aufgetragen werden (s. Abb. 3.15). Mit diesem empirischen Modell wird das Reaktionsverhalten beschrieben.

Auch wenn in den obigen Betrachtungen vorwiegend das Einanlagenbedienungssystem als Beispiel betrachtet wurde, ist eine Erweiterung dieser Betrachtungen auf ein sequentiell-paralleles Bedienungsnetz leicht möglich, da die Messungen an den einzelnen Teilsystemen auch die Grundlage für die wahrscheinlichkeitstheoretischen Charakteristiken des Gesamtsystems sind.

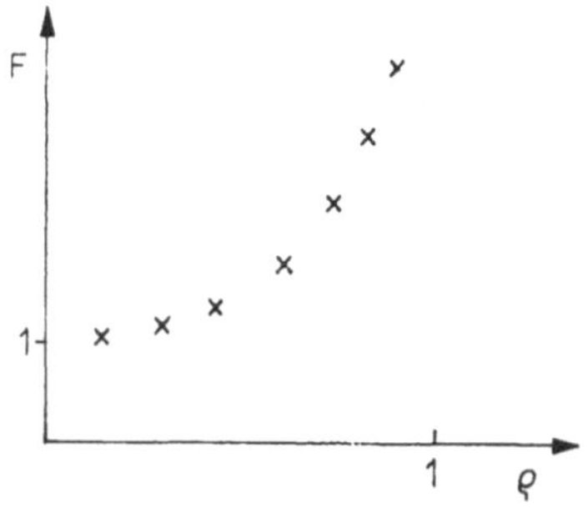

Abb. 3.15. Empirisches Leistungsverhaltensmodell in graphischer Form

3.3.2. Simulationsmodelle sequentiell-paralleler Bedienungsnetze

Auch die Simulation ist bei stochastischen Prozessen eine statistische Untersuchungsmethode. Während beim empirischen Modell der Original-Rechenprozeß als gegeben vorausgesetzt wird, muß bei der Simulation ein Modell der zeitlichen Realisierung des Originalprozesses rechnergestützt nachgebildet werden. Somit besteht die Simulation aus zwei Aufgaben:

- aus der Nachbildung der zeitlichen Realisierung eines Modells der Rechenprozesse und
- aus der Erfassung und statistischen Auswertung der Parameter des Modells der Rechenprozesse.

In der Literatur stehen geeignete Programmierhilfen für die Lösung dieser Aufgaben zur Verfügung.
Wir betrachten das an GPSS [GOR72] angelehnte Programmiersystem SIMDIS [SIM 74].
Für die Nachbildung der zeitlichen Realisierung eines Modells der Rechenprozesse kann vom Forderungslaufplan ausgegangen werden. In SIMDIS sind geeignete Operationsblöcke für die Zustandsänderungen in den Forderungen und Ressourcen und deren Wechselwirkung vorhanden, die eine zeitliche Nachbildung der sequentiell-parallelen Rechenprozesse auf einem Rechnersystem gestatten. Diese Operationsblöcke können entsprechenden Blöcken des Forderungslaufplanes zugeordnet werden. In Tab. 3.1 ist eine solche Zuordnung angegeben. Dabei ist allerdings zu beachten, daß die zugeordneten Operationsblöcke von SIMDIS nicht genau die gleichen Eigenschaften, wie die entsprechenden Operationsblöcke des Forderungslaufplanes besitzen. Bei Beachtung ihrer Besonderheiten, die man dem SIMDIS-Handbuch [SIM74] entnehmen kann, ist aber die oben angegebene Zuordnung möglich. Außerdem gibt es noch viele andere Möglichkeiten in SIMDIS zur Nachbildung sequentiell-paralleler Prozesse.
SIMDIS enthält auch geeignete Mittel zur Erfassung der Parameter der mit SIMDIS simulierten sequentiell-parallelen Prozesse. Standardmäßig wird in SIMDIS immer die Auslastung aller Ressourcen geschätzt.
Wir wollen hier die Erfassung und Auswertung der Ankunftszeitabstände und Verweilzeiten betrachten. In Abb. 3.16 ist der Forderungslaufplan eines Einanlagenbedienungssystems mit den entsprechenden SIMDIS-Blöcken für die Nachbildung des ent-

Tabelle 3.1. Zuordnung zwischen Operationsblöcken von SIMDIS und des Forderungslaufplanes

Forderungslaufplan	SIMDIS
ERZEUGEN	GENERATE
VERNICHTEN	TERMINATE
SPALTEN	SPLIT (oder LOGIC)
EREIGNIS-SYNCHRONISATION	GATE und ASSEMBLE
BEDIENEN	ADVANCE
SPERR-SYNCHRONISATION	SEIZE oder PREEMPT
FREIGEBEN	RELEASE oder RETURN
BELEGEN Warteraum	QUEUE
FREIGEBEN Warteraum	DEPART

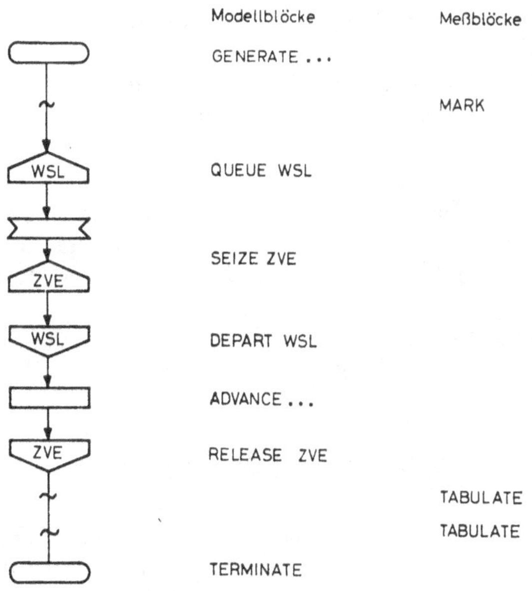

Abb. 3.16. Zur Simulation eines Einanlagenbedienungssystem mit Hilfe von SIMDIS

sprechenden Prozesses angegeben. Außerdem ist in dieser Abbildung der Einbau entsprechender Blöcke für die Erfassung und Verdichtung der entsprechenden Zeiten gegeben. In dieser Abbildung werden die Warteschlange WSL und der Bedienungsknoten ZVE genannt. Zwischen dem Block MARK an der Schnittstelle A und einem TABULATE-Block an der Schnittstelle C besteht ein solcher Zusammenhang, der bewirkt, daß die Verweilzeit zwischen A und C statistisch erfaßt und zu den wahrscheinlichkeitstheoretischen Charakteristiken geschätzt werden. Der andere Block TABULATE an der Schnittstelle C erfaßt die Zeitabstände der Forderungsabgänge und sorgt für die Berechnung der entsprechenden Schätzungen. In diesen Betrachtungen wird vorausgesetzt, daß die Eigenschaften der Ankunftszeitabstände und Bedienungszeiten in das Simulationsmodell über die SIMDIS-Blöcke GENERATE und ADVANCE durch entsprechende Parameterangaben eingegeben werden.

3.3.3. Eulersche und Lagrangesche Betrachtungsweise

In den vorangegangenen Untersuchungen sind wir davon ausgegangen, daß die Betrachtungen in einer vorgegebenen Beobachtungszeit T_B vorgenommen werden. Ein solches Herangehen bezeichnen wir als Eulersche Betrachtungsweise. (Die Bezeichnungen Eulersche und Lagrangesche Betrachtungsweise entsprechen analogen Betrachtungsweisen in der Strömungsmechanik.) In diesem Fall ist die Anzahl N der in der Beobachtungszeit T_B durch das System abgefertigten Forderungen abhängig.
Eine andere Möglichkeit des Herangehens, die sowohl bei der Gewinnung empirischer Modelle als auch bei der Simulation in der Praxis häufig zur Anwendung kommt, ist die Lagrangesche Betrachtungsweise. Letztere besteht darin, daß man von einer bestimmten Arbeitslast ausgeht, die durch eine vorgegebene Anzahl von Forderungsläufen N festgelegt ist. Die Beobachtungszeit ist in diesem Fall nicht mehr vorgegeben, sondern hängt davon ab, wann der erste der betrachteten Forderungsläufe beginnt und der letzte dieser Forderungsläufe endet.
Wenn die Abarbeitung aller zur Arbeitslast gehörenden Forderungen zeitlich lückenlos (dabei kann es zeitlich Überlappungen zwischen verschiedenen Forderungsläufen geben) erfolgt (s. Abb. 3.14), dann gibt es für diese Arbeitslast eine Beschäftigungszeit T_h in der ständig Forderungen aktiv sind. Wenn wir mit k die Anzahl der aktiven Forderungen bezeichnen, dann kann unter diesen Bedingungen k innerhalb der Zeit T_h nicht den Wert 0 annehmen. In Abb. 3.14 sind solche Arbeitslasten mit lückenloser Abarbeitung die Gesamtheit der Forderungen F1, F2, F3, F4 und die Gesamtheit der Forderungen F5, F6, F7, F8, F9.
Die Lagrangesche Betrachtungsweise hat in praktischen Untersuchungen des Leistungsverhaltens eine große Bedeutung, und es wird später darauf zurückgegriffen.

3.4. Analytische Teilmodelle sequentiell-paralleler Bedienungsnetze

Nachdem wir statistische Modelle sequentiell-paralleler Prozesse übersichtsmäßig eingeführt haben, wollen wir uns jetzt mit Modellen beschäftigen, in denen die wahrscheinlichkeitstheoretischen Charakteristika oder ihre Schätzungen, insbesondere der Einfluß- und Bewertungsgrößen, direkt analytisch verbunden sind und nicht über die Realisierungen der Zufallsprozesse und ihre statistische Verdichtung.
Bei der Aufstellung analytischer Modelle existieren zwei Möglichkeiten. Die eine wird auf der Grundlage der Wahrscheinlichkeitstheorie für einen unendlichen Beobachtungszeitraum bzw. für eine unendliche Zahl von Realisierungen bei endlichem Beobachtungszeitraum vorgenommen. Die andere erfolgt auf der Grundlage der Statistik für

einen endlichen Beobachtungszeitraum mit einer realen (d. h. endlichen) Zahl von Realisierungen.

Der Ingenieur ist gewöhnt, die wahrscheinlichkeitstheoretischen Charakteristika und ihre Schätzungen gleichzusetzen. Mathematisch ist dieses Vorgehen sicher umstritten, weil dadurch unter Umständen erhebliche Fehler entstehen können. Bei den in diesem Buch vorgenommenen Anwendungen der Wahrscheinlichkeitstheorie und mathematischen Statistik auf die Leistungsmodellierung von Rechnersystemen haben wir es praktisch fast immer mit sehr großen Stichproben zu tun, für die eine solche Gleichsetzung gerechtfertigt ist.

Durch seine enge Verbindung mit der Praxis besitzt der Ingenieur zusätzliche nichtmathematische Kontrollmöglichkeiten, die eventuelle Fehlermöglichkeiten erheblich einschränken. Da sich dieses Buch an den Ingenieur wendet, wird von dieser Gleichsetzung der wahrscheinlichkeitstheoretischen Charakteristika und ihrer Schätzungen Gebrauch gemacht. Eine solche Betrachtungsweise ist auch bei der Validierung wahrscheinlichkeitstheoretischer Modelle mit Hilfe von empirisch oder durch Simulation gewonnenen Meßreihen erforderlich.

Außerdem geht es uns um die Gewinnung analytischer Zusammenhänge für Schätzungen von wahrscheinlichkeitstheoretischen Charakteristiken mit Hilfe von Gedankenexperimenten. In diese Betrachtungsweise ordnen sich die Operationale Analyse [BUDE80] und Mittelwertanalyse [RELA80]) ein.

In diesem Abschnitt führen wir Teilmodelle der sequentiell-parallelen Prozesse ein, die als Grundlage für die Bedienungsmodelle genutzt werden. Im einzelnen wird dabei betrachtet:

- Markowsche Eigenschaften der Ankunfts- und Bedienungsprozesse
- Zustandsgleichungen sequentieller Markowscher Prozesse mit Zustandsflußgleichgewicht
- der Zusammenhang zwischen Verweilzeitfaktor, Verkehrswert und mittlerer Zahl der im System befindlichen Forderungen (Little's Theorem)
- die Intensitätsanalyse von sequentiell-parallelen Prozessen mit Operationsflußgleichgewicht und
- die Bedienungszeit- und Verkehrswertanalyse in sequentiell-parallelen Prozessen.

3.4.1. Markowsche Eigenschaften der Ankunfts- und Bedienungsprozesse

Bevor wir uns näher mit Bedienungssystemen als Ganzes beschäftigen können, müssen wir die Ankunfts- und Bedienungsprozesse untersuchen, deren inneren Ablauf wir als unabhängig betrachten. Dabei beschränken wir uns auf rein wahrscheinlichkeitstheoretische Betrachtungen.

Poissonscher Ankunftsstrom

In der Bedienungstheorie geht man in vielen Fällen von Poissonschen Ankunftsströmen aus, weil einerseits in der Praxis häufig derartige Prozesse vorkommen und andererseits durch die Annahme eines Poissonschen Ankunftsstromes die Bedienungstheorie relativ einfache mathematische Zusammenhänge liefert.

Ein Poissonscher Strom besitzt die Eigenschaften der Ordinarität, der Nachwischungsfreiheit und der Stationarität. Der Poissonsche Strom erhielt seine Bezeichnung, weil er mit einer Poisson-Verteilung verbunden ist. Wir betrachten jetzt die Zahl der Ereignisse N des Ankunftsstromes Π, die in einem bestimmten Zeitintervall t auftritt (s. Abb. 3.17). Dabei wird die Wahrscheinlichkeit, daß sich $N = n$ Ereignisse in diesem Intervall befinden, mit

$$p_n(t) = P\{N = n\} \tag{3.25}$$

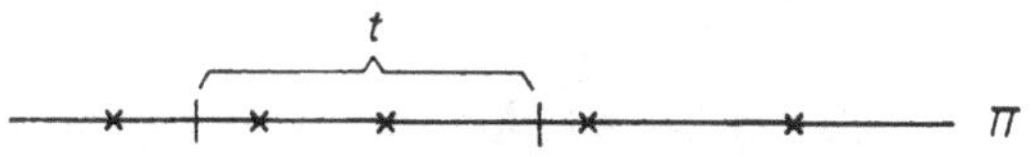

Abb. 3.17. Zahl der Ereignisse in einem Intervall t

bezeichnet.
Bei einem Poissonschen Strom gilt die Poisson-Verteilung

$$p_n(t) = e^{-\lambda t} \cdot \frac{(\lambda t)^n}{n!}, \qquad (n = 0, 1, 2, \ldots). \tag{3.26}$$

Dabei ist λ die Intensität des Ankunftsstromes, für dessen Schätzung gilt

$$\lambda = \frac{N}{T_{\mathrm{B}}}, \tag{3.27}$$

wenn wir diesen Strom in der Beobachtungszeit T_{B} betrachten und in dieser Zeit N Forderungen eingetroffen sind.

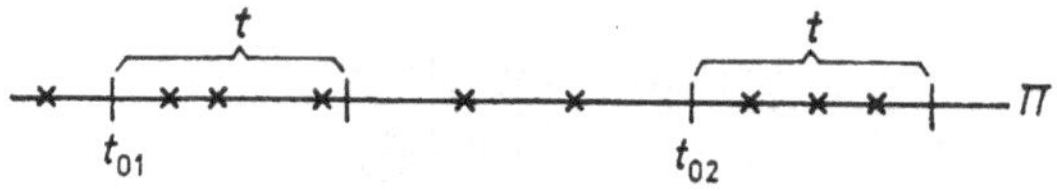

Abb. 3.18. Zur Stationarität eines Ankunftsstromes

Wir erläutern jetzt die Eigenschaften des Poissonschen Stromes. Als erstes beschreiben wir die Stationarität. Dazu betrachten wir zwei sich nicht überschneidende Zeitintervalle mit der gleichen Länge t (s. Abb. 3.18). Bei Stationarität des Stromes sind für beide Zeitintervalle die Wahrscheinlichkeiten $p_n(t)$ gleich. Allgemein hängt somit bei Stationarität des Ankunftsstromes die Wahrscheinlichkeit $p_n(t)$ nur von der Größe t und nicht von der Lage des Zeitintervalls t auf der Zeitachse ab.
Als nächstes erläutern wir die Nachwirkungsfreiheit. Die Nachwirkungsfreiheit besteht in der Eigenschaft, daß für beliebige sich nicht überschneidende Zeitabschnitte t_1 und t_2 die Zahl der Ereignisse m_1 und m_2 in diesen Zeitabschnitten nicht voneinander abhängen (s. Abb. 3.19).

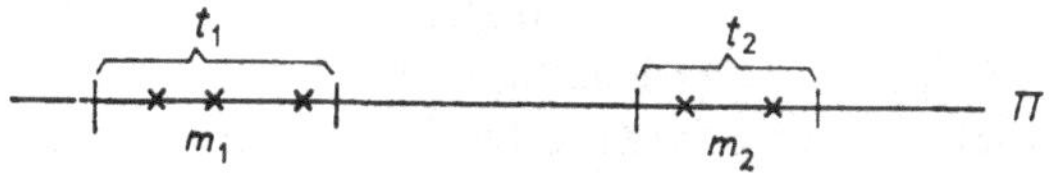

Abb. 3.19. Zur Nachwirkungsfreiheit eines Ankunftsstromes

Bei der Betrachtung der Ordinarität gehen wir von einem elementaren beliebig kleinen Zeitabschnitt $\mathrm{d}t$ aus (s. Abb. 3.20). Dabei wird postuliert, daß die Wahrscheinlichkeit für das Auftreten von zwei oder mehr Ereignissen in diesem Abschnitt $\mathrm{d}t$ im Vergleich zum Auftreten eines Ereignisses in diesem Abschnitt vernachlässigbar klein ist, was

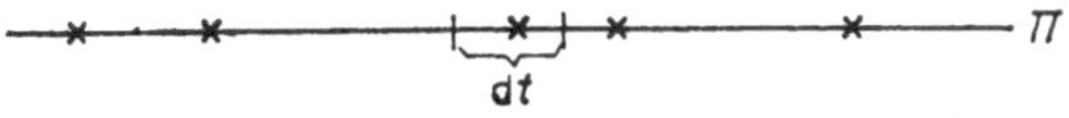

Abb. 3.20. Zur Ordinarität eines Ankunftsstromes

durch die Beziehung

$$P_1(t, \mathrm{d}t) \gg P_{>1}(t, \mathrm{d}t), \tag{3.28}$$

zum Ausdruck kommt, wobei $P_1(t, \mathrm{d}t)$ die Wahrscheinlichkeit des Auftretens eines Ereignisses und $P_{>1}(t, \mathrm{d}t)$ die Wahrscheinlichkeit des Auftretens von zwei und mehr Ereignissen in $\mathrm{d}t$ sind.

Wir beschreiben noch eine weitere Eigenschaft des Poissonschen Ankunftsstromes, die zu einer anderen Verteilungsfunktion führt. Bisher haben wir die Zahl der Ereignisse in einem vorgegebenen Zeitabschnitt betrachtet. Jetzt gehen wir für den Poissonschen Strom mit der Ankunftsstromintensität λ zur Analyse des Zeitabstandes zwischen zwei benachbarten Ereignissen τ_a über und interpretieren τ_a als stetige Zufallsgröße, deren Verteilungsfunktion mit

$$A(t) = P\{\tau_a \leqq t\} \tag{3.29}$$

definiert ist. Es erhebt sich jetzt die Frage, welche Form die Verteilungsfunktion $A(t)$ für den Poissonschen Strom hat. Die rechte Seite von (3.28) zeigt, daß auf einem Abschnitt t beginnend, mit einem betrachteten Ereignis zum Zeitpunkt t_0 (s. Abb. 3.21), mindestens ein Ereignis fällt. Dementsprechend bedeutet die Wahrscheinlichkeit $P\{\tau_a > t\}$, daß kein Ereignis auf den Abschnitt t fällt, d. h., es gilt

$$P\{\tau_a > 1\} = p_0(t), \tag{3.30}$$

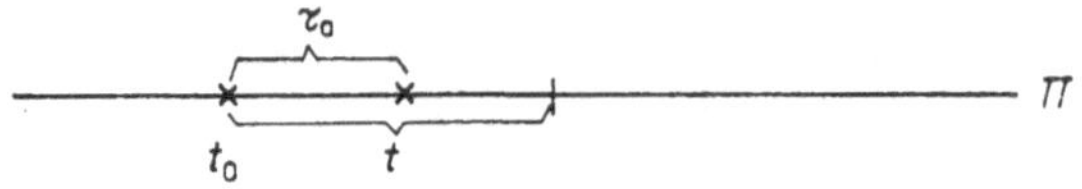

Abb. 3.21. Zur Bestimmung der Verteilungsfunktion des Abstandes zwischen zwei benachbarten Ereignissen

wobei sich $p_0(t)$ aus (3.26) berechnen läßt. Es gilt

$$p_0(t) = \mathrm{e}^{-\lambda t}. \tag{3.31}$$

Aus der Wahrscheinlichkeitstheorie ergibt sich

$$P\{\tau_a \leqq t\} + P\{\tau_a > 1\} = 1. \tag{3.32}$$

Somit ist

$$A(t) = 1 - \mathrm{e}^{-\lambda t}. \tag{3.33}$$

Die Verteilungsfunktion des Zeitabstandes zwischen zwei benachbarten Ereignissen τ_a eines Poissonschen Stromes ist folglich eine Exponentialverteilung. Die entsprechende Verteilungsdichtfunktion ist

$$a(t) = \frac{\mathrm{d}A(t)}{\mathrm{d}t} = \lambda \mathrm{e}^{-\lambda t}, \tag{3.34}$$

und Erwartungswert und Standardabweichung ergeben sich zu

$$E(\tau_a) = \sigma(\tau_a) = 1/\lambda. \tag{3.35}$$

Die Gleichheit von Erwartungswert und Standardabweichung ist eine wichtige Eigenschaft der Exponentialverteilung. Wenn man von den Zeitabständen der benachbarten Ereignisse τ_a ausgeht, kann man beim Poissonschen Ankunftsstrom von einem exponentiell verteilten Ankunftsprozeß sprechen.

Exponentiell verteilte Bedienungsprozesse

Bedienungsprozesse werden immer durch den Abstand zwischen zwei Ereignissen (s. (3.7)), der Bedienungszeit τ_b heißt, beschrieben. In Anlehnung an die Betrachtungen des Poissonschen Ankunftsstromes, der bezüglich der Zeitabstände τ_a exponentiell verteilt ist, kann man für die Bedienungszeit τ_b eine exponentielle Verteilungsfunktion

$$B(t) = 1 - \mathrm{e}^{-\mu t} \tag{3.36}$$

mit der Verteilungsdichtefunktion

$$b(t) = \mu \mathrm{e}^{-\mu t} \tag{3.37}$$

und dem Erwartungswert und der Standardabweichung

$$E(\tau_b) = \sigma(\tau_b) = 1/\mu \tag{3.38}$$

annehmen. Hierbei wird μ Bedienungsintensität genannt.

3.4.2. Zustandsgleichungen Markowscher Prozesse mit Zustandsflußgleichgewicht

Für die weiteren Modellbetrachtungen ist eine, wenn auch kurzgefaßte, theoretische Untermauerung nötig, die in der Untersuchung von diskreten Markowschen Zufallsprozessen besteht.

Diskrete Markowsche Zufallsprozesse

Prozeß:

Unter einem Prozeß verstehen wir die Zustandsänderung eines Systems S in Abhängigkeit von der Zeit. Die Darstellung eines Prozesses kann durch $\{Z(t), t\}$ mit $t \in T$, erfolgen. Dabei sind T die Menge der betrachteten Zeitpunkte, Z die Menge der Zustandswerte und $Z(t)$ (eine Funktion der Zeit) der Zustand des Systems. Dieser Prozeßbegriff ist allgemeiner als der Begriff des sequentiellen Prozesses (s. [DIJ68]) aus der Theorie der Betriebssysteme.

Zufallsprozeß:

Ein Prozeß, dessen Ablauf während eines Versuchs (Realisierung) vor der Versuchsdurchführung nicht bekannt ist, heißt Zufallsprozeß. Das Versuchsergebnis ist eine Realisierung des Zufallsprozesses.

Diskreter Zufallsprozeß (auch Zufallsprozeß mit diskretem Zustand genannt): Ein diskreter Zufallsprozeß besitzt eine in jedem Intervall endliche oder abzählbare Zahl von Zustandswerten. Die Bezeichnung der einzelnen Zustandswerte kann im endlichen Fall z. B. durch ganze Zahlenwerte 1, 2, 3, ..., n erfolgen. Der Übergang von einem Zustandswert zum zeitlich nächstfolgenden erfolgt sprungförmig (s. Abb. 3.22).

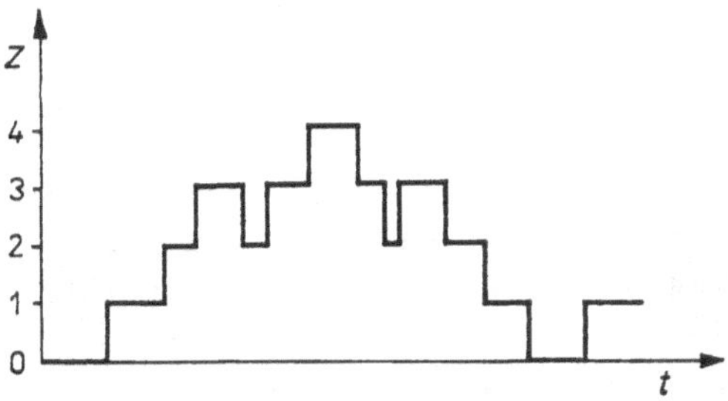

Abb. 3.22. Zeitlicher Verlauf der Zustandswerte einer Realisierung eines diskreten Zufallsprozesses

Markowscher Zufallsprozeß:

Ein Zufallsprozeß in einem System S heißt Markowscher Zufallsprozeß (oder Prozeß ohne Nachwirkung), wenn folgende Eigenschaft erfüllt ist: Für jeden Zeitpunkt t_0 hängt die Wahrscheinlichkeit jedes zukünftigen Zustandes ($t > t_0$) nur von dessen gegenwärtigem Zustand ($t = t_0$) und nicht davon ab, wie das System in diesen Zustand gelangt ist. Wir betrachten im folgenden nur noch Markowsche Zufallsprozesse.

Zustandsgraph

Ein diskreter Markowscher Zufallsprozeß ist mit Hilfe eines Zustandsgraphen beschreibbar. Dabei ist ein Zustandsgraph die geometrische Abbildung aller möglichen Zustandswerte und der möglichen Übergänge von einem Zustandswert in einen anderen. Die Zustandswerte bilden dabei die Knoten (Kreise) und die Übergänge die Kanten (Pfeile) des Zustandsgraphen. Es handelt sich hier um einen gerichteten Graphen. In Abb. 3.23 ist ein Beispiel des Zustandsgraphen eines Markowschen Zufallsprozesses dargestellt. Hierbei ist zu beachten, daß durch die Pfeile nur die unmittelbaren Über-

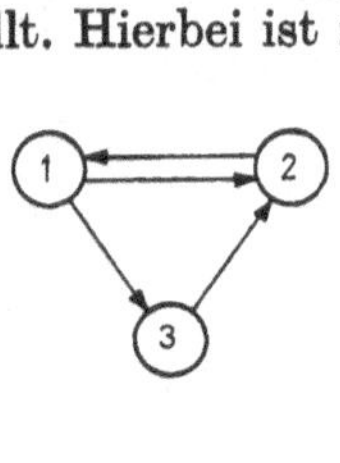

Abb. 3.23. Beispiel des Zustandsgraphen eines Markowschen Zufallsprozesses

gänge gekennzeichnet werden. Das System S kann z. B. aus dem Zustand 1 in den Zustand 3 gelangen, ohne daß ein Pfeil von 1 nach 3 existiert. Aber das ist nur über den Zustand 2 möglich.

Diskontinuierliche und kontinuierliche Zufallsprozesse

Oben wurden nur anhand des Charakters der Zustandsvariablen die Einteilung vorgenommen. Jetzt soll anhand der zeitlichen Eigenschaften eine Klassifizierung in kontinuierlich und diskontinuierlich erfolgen.

Diskontinuierlicher Zufallsprozeß:

Ein diskreter Zufallsprozeß heißt diskontinuierlich, wenn der Übergang aus einem diskreten Zustandswert in einen anderen Wert nur zu bestimmten Zeitpunkten $t_0, t_1, \ldots$ möglich ist.

Kontinuierlicher Zufallsprozeß:

Ein diskreter Zufallsprozeß heißt kontinuierlich, wenn der Übergang aus einem Zustandswert zu einem anderen Wert zu einem beliebigen vorher nicht bekannten Zeitpunkt t erfolgen kann.
In Abb. 3.24 ist der Vergleich von diskontinuierlichen und kontinuierlichen Zufallsprozessen dargestellt. In den weiteren Betrachtungen werden entsprechend dem Charakter der Rechenprozesse, nur diskrete kontinuierliche Zufallsprozesse angewendet.

Kontinuierliche Markowsche Zufallsprozesse mit diskretem Zustand

Wir gehen jetzt zur Betrachtung eines kontinuierlichen Markowschen Zufallsprozesses mit diskretem Zustand über. Wir haben es also mit einem beliebigen Zeitpunkt t für den Übergang von einem Zustand zu einem anderen und mit diskreten Zustandswerten

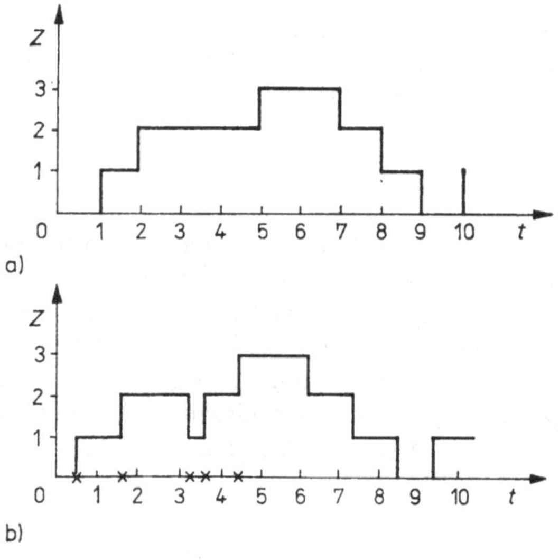

Abb. 3.24. Vergleich zwischen diskontinuierlichem (a) und kontinuierlichem (b) diskreten Zufallsprozeß

0, 1, 2, ... zu tun (s. Abb. 3.20b). Dabei setzen wir Markowsches Verhalten voraus. Ausgangspunkt für unsere Betrachtungen ist der Zustandsgraph, indem wir die Zustandswahrscheinlichkeiten

$$p(i) = P\{z = i\} \tag{3.39}$$

der Zustandswerte i und die Übergangsintensitäten λ_{ij} für den Übergang vom Zustand i zum Zustand j betrachten.
Statistisch kann die Übergangsintensität λ_{ij} durch Messung der absoluten Übergangshäufigkeit H_{ij} (Zahl der Übergänge in der Beobachtungszeit T_{B}) und Messung der Zeit T_i, in der sich das System in der Beobachtungszeit T_{B} im Zustand i befindet, durch

$$\lambda_{ij} = H_{ij}/T_i \qquad \begin{pmatrix} i = 0, 1, 2, \ldots, m \\ j = 0, 1, 2, \ldots, m \end{pmatrix} \tag{3.40}$$

statistisch geschätzt werden. Ebenso läßt sich die Zustandswahrscheinlichkeit aus Messungen mit Hilfe der Formel

$$p(i) = T_i/T_{\mathrm{B}} \qquad (i = 0, 1, \ldots, m) \tag{3.41}$$

statistisch schätzen. Hierbei gilt

$$T_{\mathrm{B}} = \sum_{i=0}^{m} T_i. \tag{3.42}$$

Unter Nutzung der Wahrscheinlichkeitstheorie können für kontinuierliche Markowsche Zufallsprozesse mit diskretem Zustand entsprechende Gleichungen für die Berechnung der Zustandswahrscheinlichkeiten $p(i)$ aus den Übergangsintensitäten λ_{ij} aufgestellt werden (s. [WEN72]). Für den stationären Fall, den wir hier voraussetzen wollen, haben diese die Form

$$p(i) \left(\sum_{\substack{j=0 \\ j \neq i}}^{m} \lambda_{ij} \right) = \sum_{k=0}^{m} p(k) \cdot \lambda_{ki}, \qquad (i = 0, 1, \ldots, m). \tag{3.43}$$

Außerdem gilt noch die Normalisierungsbedienung

$$\sum_{i=0}^{m} p(i) = 1. \tag{3.44}$$

Aus Gründen der größeren Anschaulichkeit wollen wir diese Gleichungen mit Hilfe der operationalen Analyse (s. [BUDE80]) gewinnen. Wir beobachten einen kontinuierlichen Markowschen Zufallsprozeß mit diskretem Zustand über eine Beobachtungszeit T_{B}. Die Häufigkeiten der Zustandsübergänge H_{ij} ($i = 0, 1, \ldots, n$, $j = 0, 1, \ldots, m$, $j \neq i$) in dieser Beobachtungszeit werden gemessen. Ebenso werden die Zeiten T_i, in denen sich das System insgesamt in den Zuständen i befindet, gemessen. Wir können daraus entsprechend (3.40) und (3.41) die Größen λ_{ij} und $p(i)$ bilden. Wir nehmen an, daß für die einzelnen Zustände i ein Gleichgewicht der Zustandsübergänge vorhanden ist, d. h., es sollen die Gleichungen

$$\sum_{\substack{j=0\\ i\neq j}}^{m} H_{ij} = \sum_{\substack{k=0\\ k\neq i}}^{m} H_{ki} \qquad (i = 0, 1, \ldots, m) \tag{3.45}$$

gelten.
Unter Nutzung von (3.39) und (3.40) erhalten wir

$$H_{ij} = \lambda_{ij} p(i) \cdot T_{\mathrm{B}} \qquad (i = 0, 1, \ldots, m; j = 0, 1, \ldots, m; i \neq j). \tag{3.46}$$

Wenn wir die rechten Seiten dieser Formeln in (3.45) einsetzen, erhalten wir die Zustandsgleichungen (3.43). Außerdem ergibt sich aus (3.41) und (3.42) die Normalisierungsbedingung (3.44). Interessant ist hier, daß bei Annahme des Gleichgewichtes der Zustandsübergänge (3.45), die Gleichungen (3.43) und (3.44) auch exakt gelten, wenn für $p(i)$ und λ_{ij} ihre Schätzungen, die aus den Realisierungen gewonnen werden, eingesetzt werden. Dabei ist es nicht erforderlich, zusätzlich zum Gleichgewicht der Zustandsübergänge noch Stationarität vorauszusetzen. Da (3.43) und (3.44) im Rahmen der Wahrscheinlichkeitstheorie, die unendliche Beobachtungszeiten voraussetzt, für stationäre Prozesse gelten, kann daraus geschlußfolgert werden, daß für die Schätzungen der $p(i)$ und λ_{ij} bei endlicher Beobachtungszeit die Bedingung (3.45) die Stationaritätsbedingung voll ersetzt.
Unter Beachtung der Gleichgewichtsgleichungen (3.45) und der Beziehungen (3.46) können anhand des Zustandsgraphen leicht die entsprechenden Gleichungen (3.43) für die Bestimmung der Zustandswahrscheinlichkeiten gewonnen werden.

Beispiel: Wir betrachten jetzt das Zustandsübergangsgleichgewicht an einem Beispiel Dazu nutzen wir einen Zustandsgraphen entsprechend Abb. 3.25. Die Häufigkeiten der Zustandsübergänge sind H_{01}, H_{10}, H_{02}, H_{20}, H_{12}, H_{21} und die Zeiten, in denen sich das System in den Zuständen 0, 1, 2 befindet T_0, T_1, T_2 mit

$$T_{\mathrm{B}} = T_0 + T_1 + T_2 .$$

Das Gleichgewicht der Zustandsübergänge folgt aus (3.45) mit

$$\begin{aligned} H_{01} + H_{02} &= H_{10} + H_{20}, \\ H_{10} + H_{12} &= H_{01} + H_{21}, \\ H_{20} + H_{21} &= H_{02} + H_{12}. \end{aligned}$$

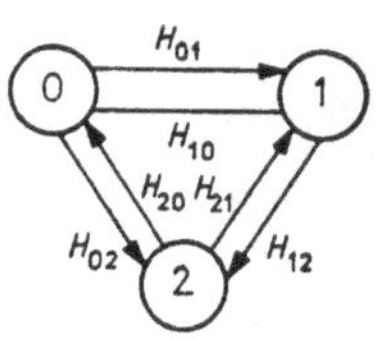

Abb. 3.25. Zur Betrachtung des Zustandsübergangsgleichgewichts

Anhand Abb. 3.25 ist die Bedeutung dieses Gleichgewichts erkennbar. Wenn wir jetzt λ_{ij} und $p(i)$ entsprechend (3.40) und (3.41) einführen, ergeben sich die Gleichungen für die Schätzung der Zustandswahrscheinlichkeiten

$$(\lambda_{01} + \lambda_{02})\, p(0) = \lambda_{10} p(1) + \lambda_{20} p(2)$$
$$(\lambda_{10} + \lambda_{12})\, p(1) = \lambda_{01} p(0) + \lambda_{21} p(2)$$
$$(\lambda_{20} + \lambda_{21})\, p(2) = \lambda_{02} p(0) + \lambda_{12} p(1)$$

und die Normalisierungsbedingung

$$p(0) + p(1) + p(2) = 1 .$$

3.4.3. Zusammenhang zwischen Verweilzeitfaktor, Verkehrswert und mittlerer Zahl der in einem Bedienungssystem befindlichen Forderungen

Wir betrachten ein beliebig strukturiertes Bedienungssystem. Wir können uns dieses Bedienungssystem durch eine entsprechende Grobstruktur dargestellt vorstellen, wobei die innere Struktur vernachlässigt wird (s. Abb. 3.26). Dabei unterscheiden wir offene (Abb. 3.26a) und geschlossene Bedienungssysteme (Abb. 3.26a). In diesem System können die Verweilzeiten im Abschnitt AC beobachtet werden.

Abb. 3.26. Allgemeines Bedienungssystem ohne Berücksichtigung der inneren Struktur

Für dieses System treffen wir folgende Annahmen, die in der Beobachtungszeit T_B gelten sollen. Als erstes wird die Flußbilanz mit

$$N_A = N_C = N \tag{3.47}$$

angenommen, wobei N_A die Anzahl der in der Beobachtungszeit T_B am Eingang der allgemeinen Bedienungsanlage BA eintreffenden und N_C die Anzahl der in der Beobachtungszeit T_B die allgemeine Bedienungsanlage verlassenden Forderungen sind. Falls in der Bedienungsanlage BA durch SPALTEN und SYNCHRONISIEREN Parallelitäten vorhanden sind und somit in BA Forderungen erzeugt und vernichtet werden, muß die Anzahl der im Inneren während T_B erzeugten Forderungen in N_A und die Anzahl der während T_B im Inneren vernichteten Forderungen in N_C mit aufgenommen werden. Die zweite Annahme, die wir für das allgemeine Bedienungssystem vornehmen, lautet

$$\sum_{k=0}^{\infty} T_k \cdot k = T_{v\Sigma} . \tag{3.48}$$

Dabei sind $T_{v\Sigma}$ die Summenverweilzeit aller während der Beobachtungszeit in BA verweilenden Forderungen und T_k die Zeiten, in denen sich in BA k Forderungen befinden.

In Abb. 3.27 wird der Fall des Durchlaufs von sechs Forderungen betrachtet, wobei in 3.27a das Balkendiagramm und in 3.27b der zeitliche Verlauf der Zahl ξ der in BA befindlichen Forderungen dargestellt sind. Für dieses Beispiel gilt die Flußbilanz und darüber hinaus, daß alle in der Beobachtungszeit in BA verweilenden Forderungen innerhalb des Zeitabschnittes T_B erzeugt und vernichtet werden. In diesem Fall ist die Beziehung (3.48), die wir Verweilzeitbilanz nennen wollen, trivial. Wenn zu Beginn und am Ende der Beobachtungszeit Forderungen in BA vorhanden sind und die Flußbilanz gilt, ist (3.48) auch richtig. Das kann in Abb. 3.27 für die neu festgelegte Beob-

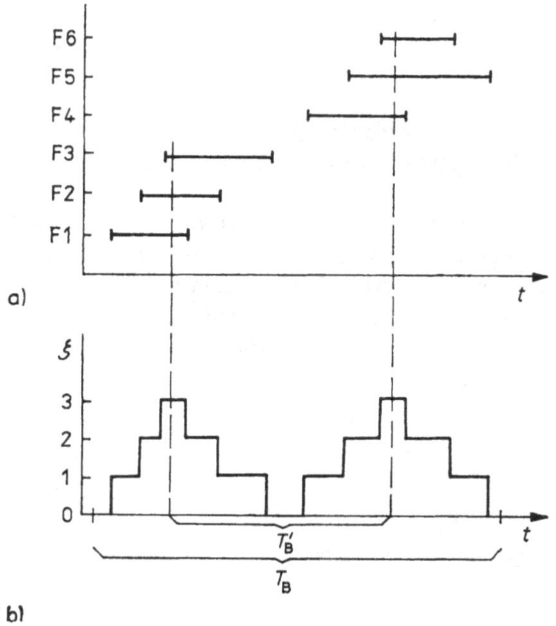

Abb. 3.27. Zur Betrachtung der Verweilzeitbilanz

achtungszeit T'_B verdeutlicht werden. Auf der Grundlage der Annahmen (3.47) und (3..48) kann jetzt Littles Theorem, das den Zusammenhang zwischen mittlerer Verweilzeit T_v, Ankunftsstromintensität λ und mittlerer Zahl der Forderungen Z angibt, erhalten werden. Wir setzen die Schätzungen von λ mit

$$\lambda = \frac{N_C}{T_B} = \frac{N_A}{T_B} = \frac{N}{T_B}, \tag{3.49}$$

die Schätzung von T_v mit

$$T_v = \frac{T_{v\Sigma}}{N} \tag{3.50}$$

und die Schätzung der Wahrscheinlichkeit, daß sich k Forderungen in BA befinden mit

$$p(k) = \frac{T_k}{T_B} \tag{3.51}$$

an.

Für die mittlere Zahl Z der in BA befindlichen Forderungen gilt allgemein

$$Z = \frac{\sum_{k=0}^{\infty} T_k \cdot k}{T_B} = \sum_{k=0}^{\infty} p(k) \cdot k. \tag{3.52}$$

Wenn wir jetzt (3.48) bei der Umformung von (3.52) nutzen, ergibt sich

$$Z = \frac{T_{v\Sigma}}{T_B}. \tag{3.53}$$

Nach Einsetzen von $T_{v\Sigma}$ aus (3.50) folgt

$$Z = \frac{T_v \cdot N}{T_B}, \tag{3.54}$$

und unter Verwendung von (3.49) für (N/T_B) erhalten wir Littles Theorem mit

$$Z/\lambda = T_v. \tag{3.55}$$

Wenn wir den Verweilzeitfaktor F mit

$$F = T_v/T_b \tag{3.56}$$

und den Verkehrswert ϱ mit

$$\varrho = \lambda/\mu \tag{3.57}$$

einführen, wobei $T_b = 1/\mu$ die mittlere Bedienungszeit ist, dann erhalten wir die dimensionslose Form von Littles Theorem

$$Z/\varrho = F. \tag{3.58}$$

Damit haben wir den Zusammenhang zwischen der mittleren Forderungszahl Z in BA, dem Verkehrswert ϱ und dem Verweilzeitfaktor F in BA hergestellt. Dieses allgemeine Gesetz wird in den weiteren Betrachtungen häufig genutzt. Für die Mittelwertanalyse ist Littles Theorem eine der dabei getroffenen Annahmen.

3.4.4. Intensitätsanalyse von sequentiell-parallelen Prozessen mit Operationsflußgleichgewicht

Ausgangspunkt unserer Betrachtungen bildet ein durch einen Forderungslaufplan beschriebener sequentiell-paralleler Prozeß. Als Beispiel nehmen wir den Forderungslaufplan in Abb. 3.28. In diesem Prozeß interessieren uns die Ereignisstromintensitäten $\lambda_0, \lambda_1, \ldots, \lambda_n$ an den Schnittstellen zwischen den Operationsblöcken des Forderungslaufplanes. In Abb. 3.28 sind nur für 12 solcher Schnittstellen die λ_i angegeben.
Die Aufgabe der Intensitätsanalyse besteht darin, bei Berücksichtigung der Struktur des Forderungslaufplanes, die Abhängigkeit der einzelnen Ereignisstromintensitäten λ_i von der Eingangsstromintensität $\lambda = \lambda_0$ zu bestimmen.
Für diese Abhängigkeit kann allgemein angesetzt (s. [BER80a])

$$\lambda_i = \varepsilon_i \lambda \tag{3.59}$$

werden. Dabei wird ε_i als Intensitätsübertragungskoeffizient des Ereignisstromes an der Schnittstelle i bezüglich des Einganges bezeichnet.
Die Lösung der Aufgabe der Intensitätsanalyse erfolgt in 2 Schritten

- Betrachtung der Intensitätsübertragung in den einzelnen Operationsblöcken und
- Aufstellung der Gleichungen für die Intensitätsübertragungskoeffizienten ε_i und ihre Lösung.

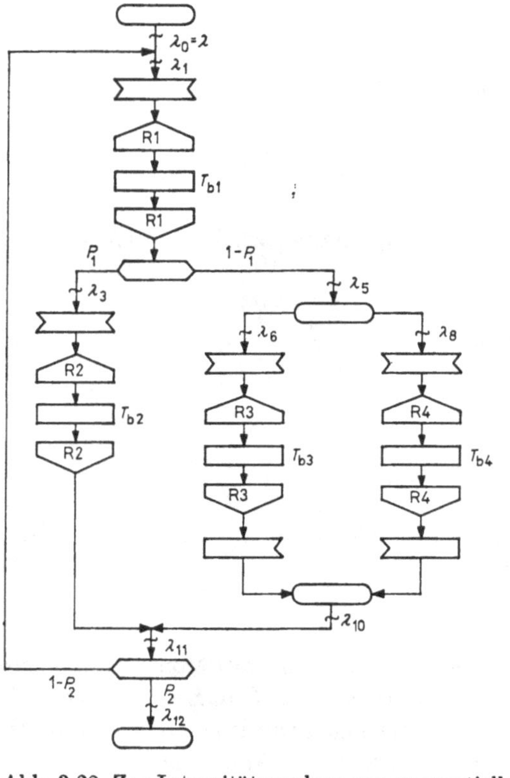

Abb. 3.28. Zur Intensitätsanalyse von sequentiell-parallelen Prozessen

Intensitätsübertragung in Einzeloperationen bzw. Operationskonstruktionen

Wir betrachten alle Operationsblöcke bzw. Operationskonstruktionen, wie sie für den Forderungslaufplan in den Tabellen 2.4, 2.5, 2.6 und 2.7 angegeben sind. Für diese Operationsblöcke bzw. Operationskonstruktionen nehmen wir an, daß Operationsflußgleichgewicht herrscht. Dabei bedeutet Operationsflußgleichgewicht, daß die Intensitäten der Ereignisströme entsprechend den Operationsbilanzgleichungen in Tab. 3.2 sich im Gleichgewicht befinden.
Wir führen jetzt für die Zusammenhänge zwischen den Ereignisstromintensitäten λ_i und λ_j vor und hinter einem Operationsblock bzw. einer Operationskonstruktion die Bezeichnung α_{ij} ein. Dabei heißt α_{ij} Intensitätsübertragungskoeffizient des Operations-

Tabelle 3.2. Operationsflußgleichgewicht

Name	Symbol	Flußbilanz	Intensitäts-übertragung
BEDIENEN	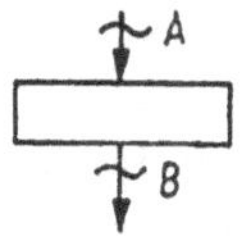	$\lambda_A = \lambda_B$	$\alpha_{AB} = 1$
VERZWEIGEN	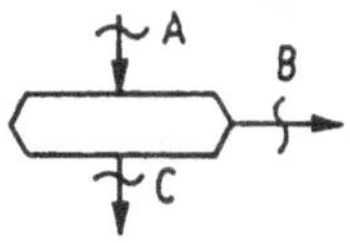	$\lambda_B = P\lambda_A$ $\lambda_C = (1 - P)\,\lambda_A$	$\alpha_{AB} = P$ $\alpha_{AC} = (1 - \mathrm{P})$
MISCHEN	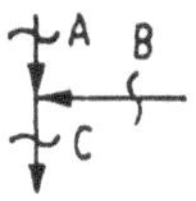	$\lambda_C = \lambda_A + \lambda_B$	—
SPALTEN	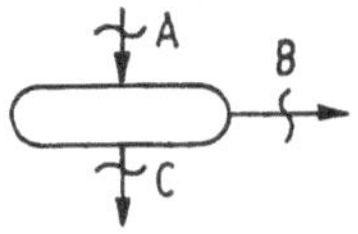	$\lambda_A = \lambda_B = \lambda_C$	$\alpha_{AB} = \alpha_{AC} = 1$
EREIGNIS-SYNCHRONISATION	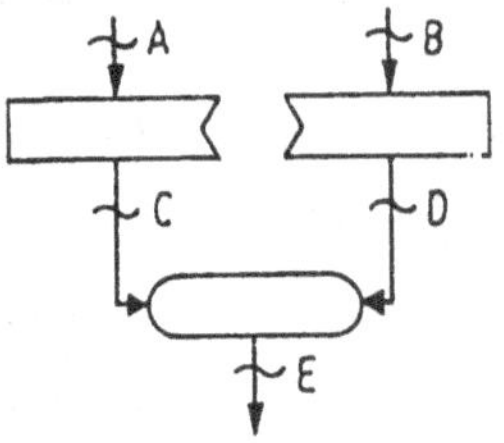	$\lambda_A = \lambda_B$ $= \lambda_C = \lambda_D = \lambda_E$	$\alpha_{AC} = \alpha_{AE} = 1$ $\alpha_{BD} = \alpha_{BE} = 1$
SPERR-SYNCHRONISATION	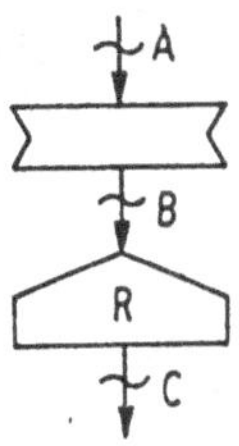	$\lambda_A = \lambda_B = \lambda_C$	$\alpha_A = \alpha_{AC} = 1$
FREIGEBEN	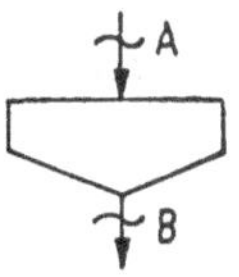	$\lambda_A = \lambda_B$	$\alpha_{AB} = 1$

blocks bzw. der Operationskonstruktion für die Ausgangsschnittstelle j bezüglich der Eingangsstelle i. In Tab. 3.2 sind auch die entsprechenden Intensitätsübertragungskoeffizienten α_{ij} für die einzelnen Operationsblöcke bzw. Operationskonstruktionen angegeben.

Intensitätsübertragungsgleichungen für das Gesamtsystem

Wir können jetzt allgemein ansetzen

$$\lambda_j = \sum_{i=0}^{n} \alpha_{ij}\lambda_i \qquad (j = 1, 2, \dots, n), \tag{3.60}$$

wobei n die Anzahl der betrachteten Schnittstellen für die Ereignisstromintensitäten ist. Wenn wir jetzt (3.59) in Gl. (3.60) einsetzen, erhalten wir unter Berücksichtigung von $\varepsilon_0 = 1$, die Intensitätsübertragungsgleichungen

$$\varepsilon_j = \alpha_{0j} + \sum_{i=1}^{n} \alpha_{ij}\varepsilon_i \qquad (j = 1, 2, \dots, n). \tag{3.61}$$

Die Lösung dieses Gleichungssystems ist für praktisch vorkommende Forderungslaufpläne meist sehr einfach. Eine große Zahl von α_{ij} besitzt nämlich den Wert 0, da meist nur wenige Operationsblöcke bzw. Operationskonstruktionen über Forderungen direkt verbunden sind.

Tabelle 3.3. Zur Intensitätsübertragung in einem sequentiell-parallelen Prozeß (für das Beispiel nach Abb. 3.1)

j	Intensitätsübertragungsgleichungen	Wert von ε_j
1	$\varepsilon_1 = 1 + \varepsilon_{13}$	$1/P_2$
2	$\varepsilon_2 = \varepsilon_1$	$1/P_2$
3	$\varepsilon_3 = P_1\varepsilon_2$	P_1/P_2
4	$\varepsilon_4 = \varepsilon_3$	P_1/P_2
5	$\varepsilon_5 = (1 - P_1)\,\varepsilon_2$	$(1 - P_1)/P_2$
6	$\varepsilon_6 = \varepsilon_5$	$(1 - P_1)/P_2$
7	$\varepsilon_7 = \varepsilon_6$	$(1 - P_1)/P_2$
8	$\varepsilon^8 = \varepsilon_5$	$(1 - P_1)/P_2$
9	$\varepsilon_9 = \varepsilon_8$	$(1 - P_1)/P_2$
10	$\varepsilon_{10} = \varepsilon_7 = \varepsilon_9$	$(1 - P_1)/P_2$
11	$\varepsilon_{11} = \varepsilon_4 + \varepsilon_{10}$	$1/P_2$
12	$\varepsilon_{12} = P_2\varepsilon_{11}$	1
13	$\varepsilon_{13} = (1 - P_2)\,\varepsilon_{11}$	$(1 - P_2)/P_2$

Für das Beispiel in Abb. 3.28 erhalten wir die Übertragungskoeffizienten

$$\alpha_{01} = 1,\ \alpha_{12} = 1,\ \alpha_{23} = P_1,\ \alpha_{25} = (1 - P_1),\ \alpha_{34} = 1,\ \alpha_{56} = 1,\ \alpha_{58} = 1,$$

$$\alpha_{67} = 1,\ \alpha_{85} = 1,\ \alpha_{710} = 1,\ \alpha_{910} = 1,\ \alpha_{411} = 1,\ \alpha_{1011} = 1,\ \alpha_{1112} = P_2,$$

$$\alpha_{1113} = (1 - P_2),\ \alpha_{113} = 1.$$

Auf dieser Grundlage ergeben sich die Gleichungen in Tab. 3.3, Spalte 2 und die entsprechenden Lösungen für ε_i in Spalte 3.

Die hier dargelegte und in den Arbeiten des Autors [BER75a], [BER75b] erstmals veröffentlichte Intensitätsanalyse in sequentiell-parallelen Prozessen ähnelt in starkem Maße entsprechenden Betrachtungen in der Operationalen Analyse [BUDE80]. Die Intensitätsübertragungslgleichungen stimmen der Form nach mit den Jobflußbilanzgleichungen der operationalen Analyse überein. Inhaltlich besteht hier aber der Unterschied, daß die Intensitätsanalyse für eine breitere Klasse von Netzen gilt. Das bezieht besonders darauf, daß wird hier sequentiell-parallele Netze betrachtet haben, während die operationale Analyse nur für sequentielle Netze ausgearbeitet wurde.

3.4.5. Bedienungszeit- und Verkehrswertanalyse von sequentiell-parallelen Prozessen

Bedienungszeitanalyse

Wir betrachten jetzt die Erwartungswerte T_{bi} der Bedienungszeiten für die Arbeitsoperationsblöcke in einem sequentiell-parallelen Prozeß, z. B. im Forderungslaufplan der Abb. 3.28 und bestimmen daraus den Erwartungswert der Bedienungszeitsumme T_b

Tabelle 3.4. Zur Bedienungszeitanalyse von sequentiell-parallelen Bedienungsnetzen

Name	Symbol	Bedienungszeitsumme
Serienkopplung	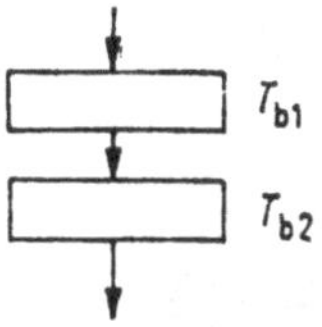	$T_b = T_{b1} + T_{b2}$
Verzweigungs-kopplung	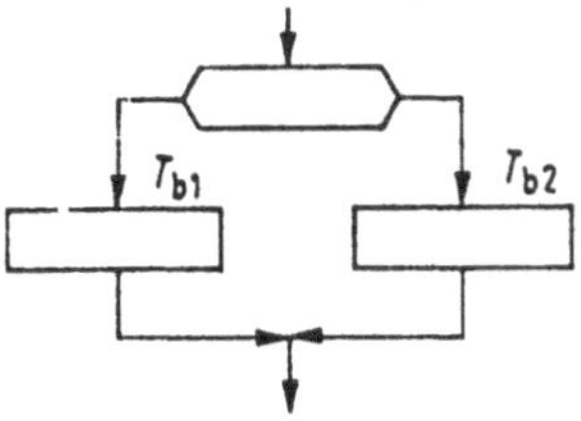	$T_b = PT_{b1} + (1 - P)\, T_{b2}$
Schleifen-kopplung	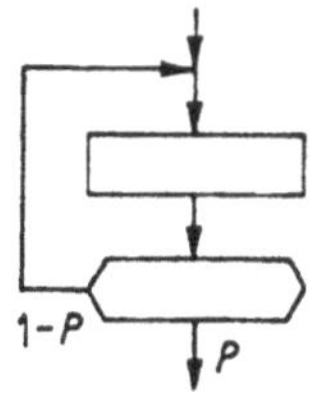	$T_b = (1/P)\, T_{b1}$
Parallel-kopplung	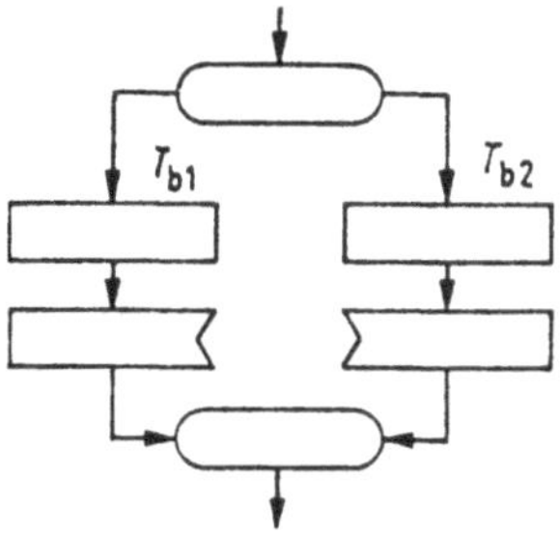	$T_b = T_{b1} + T_{b2}$

des Gesamtsystems. Für die im Abschnitt 2 eingeführten grundlegenden Kopplungsformen Serienkopplung, Verzweigungskopplung, Schleifenkopplung und Parallelkopplung nehmen wir die in Tab. 3.4 angegebenen Formeln für die Berechnung der Bedienungszeitnummern dieser Kopplungsformen an. Unter Nutzung der Intensitätsübertragungskoeffizienten ε_i aus der Intensitätsanalyse erhält man die Bedienungszeitsumme eines sequentiell-parallelen Netzes mit

$$T_b = \sum_{i=1}^{n} \varepsilon_i T_{bi}, \tag{3.62}$$

wenn man für die ε_i die Eingänge oder die Ausgänge der Operationsblöcke oder Forderungslaufplanabschnitte entsprechend Abb. 3.12a für Bedienungsanlagen als Schnittstellen benutzt. Ein Vergleich mit den in Tab. 3.4 angegebenen Formeln für die 4 grundlegenden Kopplungsformen des Forderungslaufplanes bestätigt die Beziehung (3.62).

Verkehrswertanalyse

Es ist häufig zweckmäßig, von dimensionsbehafteten Größen (in unserem Falle meist Zeiten) zu dimensionslosen Größen überzugehen. Wir führen jetzt den Verkehrswert anstelle der Ankunftsstromintensitäten λ und der Bedienungsintensitäten

$$\mu = 1/T_b \tag{3.63}$$

ein.

Wir betrachten wieder einen Forderungslaufplan und setzen für das Gesamtsystem den Verkehrswert

$$\varrho = \lambda/\mu = \lambda T_b \tag{3.64}$$

und für die einzelnen Arbeitsoperationsblöcke i die Verkehrswerte

$$\varrho_i = \lambda_i/\mu_i = \lambda_i T_{bi} \tag{3.65}$$

per Definition an.

Aus der Intensitätsanalyse können wir die Beziehung (3.59) nutzen und die rechte Seite in (3.65) anstelle von λ_i einsetzen

$$\varrho_i = \varepsilon_i T_{bi} \lambda. \tag{3.66}$$

Wenn wir jetzt die Summe

$$\varrho' = \sum_{i=1}^{n} \varrho_i \tag{3.67}$$

bilden, ergibt sich

$$\varrho' = \lambda \cdot \sum_{i=1}^{n} \varepsilon_i T_{bi}, \tag{3.68}$$

woraus unter Berücksichtigung von (3.64) und (3.62) folgt $\varrho' = \varrho$ und

$$\varrho = \sum_{i=1}^{n} \varrho_i. \tag{3.69}$$

Wir führen für spätere Betrachtungen die Beschäftigungskoeffizienten x_i ein, mit

$$x_i = \varrho_i/\varrho\,, \tag{3.70}$$

wobei gilt

$$\sum_{i=1}^{n} x_i = 1\,.$$

Daraus ergibt sich unter Nutzung von (3.64) und (3.66)

$$x_i = \frac{\varepsilon_i T_{bi}}{T_b}\,. \tag{3.71}$$

Die Beschäftigungskoeffizienten der einzelnen Arbeitsoperationsblöcke eines Forderungslaufplanes können also aus dem Intensitätsübertragungskoeffizienten ε_i und den Bedienungszeiten T_{bi} dieser Arbeitsoperationsblöcke berechnet werden.

4. Ausgewählte Bedienungssysteme der Leistungsmodellierung

Nachdem wir bereits im Kapitel 3. erste Schritte der stochastischen Modellierung gegangen sind, soll dies nachfolgend fortgesetzt werden. Die bisherigen Ausführungen auf diesem Gebiet bilden zwar eine wichtige Voraussetzung für die Leistungsmodellierung eines Rechnersystems, sie reichen aber nicht aus. Es ist z. B. notwendig, die Zustandswahrscheinlichkeiten und die Erwartungswerte der Zahl der verweilenden Forderungen und der Verweilzeiten bzw. ihre Schätzungen für konkrete Bedienungsmodellstrukturen zu bestimmen. Hierfür eignet sich die Bedienungstheorie gut.
In der Literatur wird die Bedienungstheorie in breitem Umfang behandelt. Hier sei nur auf die Arbeiten [KÖST76], [GNKÖ83], [KKR74], [WEN72] und [GNK74] verwiesen. Besonders muß das Handbuch der Bedienungstheorie [GNKÖ83] als internationales Standardwerk hervorgehoben werden, welches die umfassendste Übersicht über die Bedienungstheorie enthält.
Bei der Entwicklung der Leistungsmodellierung von Rechnersystemen als Forschungsgebiet wurde die Bedienungstheorie als mathematischer Apparat von Anfang an verwendet (s. [SCHE67]). Inzwischen gibt es eine sehr große Anzahl von Arbeiten auf diesem Gebiet, die sich ständig weiter vergrößert. Wir möchten an dieser Stelle nur auf folgende ausgewählte Beiträge verweisen: [KLE72], [CODE73], [BUZ73], [BCMP75], [MAJ78], [KOB78], [RESA80], [BER80a], [AGK82], [LEH83], [BAL82], [GEL85], [LAW84], [HTT86], [LHG84], [POT85], [ABU86], [GRU83] und [IRM85].
Dieses Buch stellt sich nicht die Aufgabe, eine Einführung in die Bedienungstheorie oder eine Übersicht zur Anwendung dieser Theorie im Rahmen der Leistungsmodellierung zu geben, d. h., es möchte die oben angeführten Arbeiten nicht ersetzen. Es versucht vielmehr auf der Grundlage ausgewählter Bedienungssysteme eine relativ geschlossene Darstellung der Leistungsmodellierung von Rechnersystemen zu erreichen. Die dazu benötigten Bedienungsmodelle werden in den Abschnitten dieses Kapitels behandelt.
Die folgende Darstellung ist in zweierlei Hinsicht abweichend von der in den Standardwerken über die Grundlagen der Bedienungstheorie. Es werden vor allem neuere zum Teil unveröffentlichte Modellvorstellungen erläutert. Das ergibt sich aus den Anforderungen der Leistungsmodellierung von Rechnersystemen in diesem Buch. Außerdem wird fast ausschließlich mit geeigneten dimensionslosen Einfluß- und Bewertungsgrößen gearbeitet. Das erhöht, wie aus der Physik bekannt ist, den Allgemeinheitsgrad grundsätzlicher theoretischer Ergebnisse.
Für die einzelnen Bedienungsmodelle dieses Kapitels wird bezüglich der Bezeichnungen und des Umfangs der Betrachtungen von der Nutzung der Modelle bei der Leistungsmodellierung in den folgenden Kapiteln ausgegangen.

4.1. Einanlagenbedienungssysteme ohne Blockierung

Im Gegensatz zu den in der Literatur meist üblichen Modellansätzen für Einanlagenbedienungssysteme führen wir hier eine allgemeinere Modellklasse von Mehrkanalbedienungssystemen mit zustandsabhängiger Kanalbedienungsintensität ein. Der Grund für dieses Vorgehen besteht darin, daß in den weiteren Kapiteln nur solche Bedienungsmodelle genutzt werden. Im einzelnen betrachten wir

- Modell eines offenen Einanlagenbedienungssystems mit deterministischer Kanalzahl
- Modell eines offenen Einanlagenbedienungssystems mit stochastischer Kanalzahl und
- Modell eines geschlossenen Einanlagenbedienungssystems mit stochastischer Kanalzahl.

4.1.1. Modell eines offenen Einanlagenbedienungssystems mit deterministischer Kanalzahl

Wir behandeln Bedienungssysteme, die nach der Kendallschen Notierung als M/M/m-Bedienungssysteme bezeichnet werden können. In der Abb. 3.2 ist die Struktur eines solchen Systems als Blockstruktur der Systemelemente und in der Abb. 3.6a als Forderungslaufplan angegeben.
In diesem Abschnitt beschränken wir uns auf eine deterministische Kanalzahl m.

Zustandsbetrachtungen

Als erstes führen wir die Zustandsuntersuchungen für ein solches Bedienungsmodell durch. Gesucht sind hier die stationären Zustandswahrscheinlichkeiten $p(r)$ des Bedienungssystems, wobei r die Anzahl der im System (Abschnitt A—C) befindlichen Forderungen ist (s. Abb. 3.2). Damit bezeichnet $p(r)$ die Wahrscheinlichkeit, daß sich genau r Forderungen im System befinden. Man kann die Gleichungen der stationären Zustandswahrscheinlichkeiten für diesen Fall mit Hilfe der im Abschnitt 3. dargestellten Zustandsgleichungen (3.43), (3.44) gewinnen. Dabei muß zunächst der Zustandsgraph analysiert werden. Bei Einanlagenbedienungssystemen haben wir es mit einem eindimensionalen Zustandsgraphen für Geburts- und Todesprozesse zu tun. Für das offene Bedienungssystem gilt dabei der Zustandsgraph in Abb. 4.1 mit unendlich vielen Zuständen. Wir wollen für die Gewinnung der Zustandsgleichungen wieder wie im Abschnitt 3. die operationale Analyse nutzen. Deshalb wurden in der Abb. 4.1 auch den Pfeilen die entsprechenden Übergangshäufigkeiten H_{rr+1} und H_{rr-1} $(r = 0, 1, 2, \ldots)$ zugeordnet. In der Abb. 3.14 ist der Zeitablauf einer Realisierung des Systemzustandes angegeben. In dieses Bild wurde auch eine mögliche Beobachtungszeit T_B eingetragen,

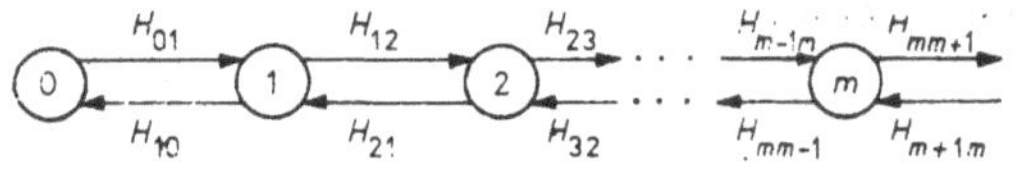

Abb. 4.1. Zustandsgraph eines offenen Einanlagenbedienungssystems

für welche die Flußbilanz

$$\lambda_A = \lambda_C \tag{4.1}$$

erfüllt ist. Mit T_r $(r = 0, 1, 2, \ldots)$ bezeichnen wir die Zeit, in der sich das System im Zustand $\xi = r$ befindet (s. Abb. 4.1). Daraus ergeben sich die Schätzungen (s. Formeln 3.40)

$$\lambda_{rr+1} = \frac{H_{rr+1}}{T_r} \quad (r = 0, 1, 2, \ldots) \tag{4.2}$$

und

$$\lambda_{rr-1} = \frac{H_{rr-1}}{T_r} \quad (r = 1, 2, 3, \ldots). \tag{4.3}$$

Die Gleichgewichtsbeziehungen (3.45) für die Zustandsübergänge gehen hier in

$$\left.\begin{aligned} &H_{01} = H_{10} \\ \text{und} \qquad & \qquad\qquad\qquad\qquad (r = 1, 2, \ldots) \\ &H_{rr-1} + H_{rr+1} = H_{r-1r} + H_{r+1r} \end{aligned}\right\} \tag{4.4}$$

über.

Als nächstes werden Annahmen für die Homogenität in Abhängigkeit vom konkreten Charakter des Systems getroffen. Bei einem M/M/1-Bedienungssystem, d. h., wenn $m = 1$ gilt, wird angesetzt

$$\lambda_{rr+1} = \frac{H_{rr+1}}{T_r} = \lambda \qquad (r = 0, 1, 2, \ldots) \tag{4.5}$$

und

$$\lambda_{rr-1} = \frac{H_{rr-1}}{T_r} = \mu \qquad (r = 1, 2, 3, \ldots). \tag{4.6}$$

Auf der Grundlage dieser Homogenitätsannahmen erhält man unter Benutzung der Gleichgewichtsbeziehungen für die Zustandsübergänge (4.4) und des Ansatzes für die Schätzung der Zustandswahrscheinlichkeit

$$p(r) = \frac{T_r}{T_B} \tag{4.7}$$

die Zustandsgleichungen

$$\left.\begin{aligned} &\lambda p(0) = \mu p(1) && (r = 0), \\ &(\lambda + \mu)\, p(r) = \lambda p(r - 1) + \mu p(r + 1) && (r = 1, 2, 3, \ldots). \end{aligned}\right. \tag{4.8}$$

Außerdem gilt die Normalisierungsbeziehung

$$\sum_{r=0}^{\infty} p(r) = 1. \tag{4.9}$$

Bei einem einfachen M/M/m-Bedienungssystem, d. h., wenn wir $m \geqq 1$ voraussetzen, wird (4.5) und

$$\lambda_{rr-1} = \frac{H_{rr-1}}{T_r} = \begin{cases} r\mu & \text{für } r < m, \\ m\mu & \text{für } r \geqq m \end{cases} \tag{4.10}$$

angenommen.

Unter Nutzung der Gleichgewichtsbeziehungen (4.4) und des Ansatzes für die Schätzungen der Zustandswahrscheinlichkeiten (4.7) ergeben sich aus (4.10) die Zustandsgleichungen

$$\left.\begin{aligned} \lambda p(0) &= \mu p(1) \\ (r\mu + \lambda)\, p(r) &= \lambda p(r-1) + (r+1)\,\mu p(r+1) \qquad (r = 1, 2, \ldots, m+1) \\ &\text{und} \\ (s\mu + \lambda)\, p(r) &= \lambda p(r-1) + s\mu p(r+1) \qquad (r = m, m+1, \ldots), \end{aligned}\right\} \tag{4.11}$$

wobei wieder die Normalisierungsbedingung (4.9) gilt.

Bei einem M/M/m-Bedienungssystem mit zustandsabhängiger Bedienungsintensität pro Kanal können wir die Homogenitätsannahmen (4.5) und

$$\lambda_{rr-1} = \frac{H_{rr-1}}{T_r} = \begin{cases} \mu B''(r) & \text{für } r < m, \\ \mu B''(m) & \text{für } r \geqq m \end{cases} \tag{4.12}$$

treffen. Dabei werden die $B''(r)$ bzw. $B''(m)$ später auf der Grundlage zusätzlicher Untersuchungen fixiert. Auch hier können unter Verwendung der Gleichgewichtsbeziehungen (4.4) und des Ansatzes für die Schätzungen der Zustandswahrscheinlichkeiten (4.7) anhand von (4.12) die Zustandsgleichungen

$$\left.\begin{aligned} \lambda p(0) &= \mu p(1) \\ [\mu B''(r) + \lambda]\, p(r) &= \lambda p(r-1) + \mu B''(r+1)\, p(r+1) \qquad (r = 1, 2, \ldots, m+1) \\ &\text{und} \\ (\mu B''(m) + \lambda]\, p(r) &= \lambda p(r-1) + \mu B''(m)\, p(r+1) \qquad (r = m, m+1, \ldots). \end{aligned}\right\} \tag{4.13}$$

aufgestellt werden.

Ein Vergleich der Zustandsgleichungen (4.8), (4.11) und (4.13) zeigt, daß im allgemeinen Fall mit den Zustandsgleichungen (4.13) für $B''(r)$

$$B''(r) = \begin{cases} 1 & \text{bei einem M/M/1-System,} \\ r & \text{bei einem einfachen M/M/}m\text{-System} \end{cases} \tag{4.14}$$

gesetzt werden müßte, um zu den Zustandsgleichungen (4.8) bzw. (4.11) zu gelangen. Das M/M/1- und das einfache M/M/m-Bedienungssystem sind also Spezialfälle des M/M/m-Bedienungssystems mit zustandsabhängiger Bedienungsintensität. Eine Unterscheidung wurde in den obigen Betrachtungen nur getroffen, um die Homogenitätsansätze (4.5), (4.6), (4.10) und (4.12) zu veranschaulichen.

Nachfolgend beschränken wir uns auf die Behandlung der Gleichungen (4.13) mit der

Normalisierungsbedingung (4.9). Die Lösung dieses Gleichungssystems führt bei Nutzung des Verkehrswertes

$$\varrho = \lambda/\mu \tag{4.15}$$

zu

$$p(0) = \left[1 + \sum_{r=1}^{m-1} \left(\varrho^r \Big/ \prod_{\nu=1}^{r} B''(\nu)\right) + \frac{\varrho^m}{\prod_{\nu=1}^{m} B''(\nu)\left(1 - \varrho/B''(m)\right)}\right]^{-1} \tag{4.16}$$

und

$$p(r) = \begin{cases} \left(\varrho^r \Big/ \prod_{\nu=1}^{r} B''(\nu)\right) p(0) & \text{für} \quad 0 < r < m, \\ \dfrac{\varrho^r}{B''^{r-m}(m) \prod_{\nu=1}^{m} B''(\nu)}\, p(0) & \text{für} \quad r \geqq m. \end{cases} \tag{4.17}$$

Beim M/M/1-Bedienungssystem ($m = 1$) ergibt sich daraus

$$p(r) = \varrho^r(1 - \varrho) \qquad (r = 0, 1, 2, \ldots). \tag{4.18}$$

Wir bezeichnen jetzt mit $p_N(q)$ die Wahrscheinlichkeiten, daß q Forderungen aktiv sind, d. h. sich im Abschnitt B—C befinden (s. Abb. 3.6a). Hierfür gilt der Ansatz

$$p_N(q) = \begin{cases} p(q) & \text{für} \quad q < m, \\ \sum_{r=m}^{\infty} p(r) & \text{für} \quad q = m. \end{cases} \tag{4.19}$$

Dieser Ansatz zeigt, daß $p_N(q)$ nur für q im Bereich $0 \leqq q \leqq m$ gültige Werte besitzt. Dabei ergibt sich insgesamt

$$p_N(q) = \begin{cases} \left(\varrho^q \Big/ \prod_{\nu=1}^{q} B''(\nu)\right) p(0) & \text{für} \quad q < m, \\ \dfrac{\varrho^q p(0)}{\prod_{\nu=1}^{m} B''(\nu)\,[1 - \varrho/B''(m)]} & \text{für} \quad q = m. \end{cases} \tag{4.20}$$

Beim M/M/1-Bedienungssystem ($m = 1$) erhalten wir daraus

$$p_N(q) = \begin{cases} 1 - \varrho & \text{für} \quad q = 0, \\ \varrho & \text{für} \quad q = 1. \end{cases} \tag{4.21}$$

Damit wurden für die Zustandswahrscheinlichkeiten der verweilenden Forderungszahl $p(r)$ und für die Zustandswahrscheinlichkeiten der aktiven Forderungszahl $p_N(q)$ die entsprechenden Formeln aufgestellt. Diese werden nachfolgend bei der Analyse des Leistungsverhaltens genutzt.

Leistungsverhalten

Wir betrachten jetzt die Erwartungswerte der aktiven Forderungszahl N, die obere Grenze des Verkehrswertes ϱ^*, den Auslastungsgrad η des Bedienungsknotens und den Verweilzeitfaktor F_N.
Für den Erwartungswert der aktiven Forderungszahl können wir ansetzen

$$N = \sum_{q=0}^{m} p_N(q) \cdot q. \tag{4.22}$$

Auf der Grundlage dieses Ansatzes ergibt sich unter Nutzung von (4.16) und (4.20)

$$N = \frac{\sum\limits_{k=1}^{m-1} \frac{\varrho^q \cdot q}{\prod\limits_{\nu=1}^{q} B''(\nu)} + \frac{m\varrho^m}{\prod\limits_{\nu=1}^{m} B''(\nu)\left(1 - \varrho/B''(m)\right)}}{1 + \sum\limits_{q=1}^{m-1} \frac{\varrho^q}{\prod\limits_{\nu=1}^{q} B''(\nu)} + \frac{\varrho^m}{\prod\limits_{\nu=1}^{m} B''(\nu)\,(1 - \varrho/B''(m)}}. \tag{4.23}$$

Beim M/M/1-Bedienungssystem erhalten wir daraus

$$N = \varrho. \tag{4.24}$$

Wir behandeln jetzt das Durchsatzverhalten des offenen Einanlagenbedienungssystems. Eine Analyse der Formel (4.23) zeigt, daß bei $\varrho \to B''(m)$ der Erwartungswert der aktiven Forderungszahl einen endlichen Grenzwert

$$\lim_{\varrho \Rightarrow B''(m)} N = m \tag{4.25}$$

besitzt. Somit gilt für ϱ^* in der Stationaritätsbedingung

$$\varrho < \varrho^* \tag{4.26}$$

die Beziehung

$$\varrho^* = B''(m). \tag{4.27}$$

Dabei wird ϱ^* als obere Grenze des Verkehrswertes bezeichnet, obwohl ϱ diesen Wert wegen der Stationaritätsbedingung (4.26) nicht erreichen darf. Mit der oberen Grenze ϱ^* des Verkehrswertes wird das Durchsatzverhalten charakterisiert. Für das M/M/1-System gilt dabei $\varrho^* = 1$, und für das einfache M/M/m-System ist $\varrho^* = m$ richtig. In diesen beiden Fällen wird das Durchsatzverhalten unmittelbar durch die Kanalzahl m bestimmt.
Der Auslastungsgrad η des Bedienungsknotens erhält den Ansatz

$$\eta = \varrho/\varrho^*. \tag{4.28}$$

Wir charakterisieren also mit diesem Auslastungsgrad, in welchem Maße der Verkehrswert ϱ noch unterhalb der Grenze ϱ^* des Verkehrswertes liegt. Aus (4.27) können wir sofort für das Auslastungsverhalten folgende Formeln angeben

$$\eta = \varrho / B''(m) . \tag{4.29}$$

Hier ergibt sich für die M/M/1- bzw. M/M/m-Systeme eine volle Auslastung ($\eta = 1$) bei $\varrho = 1$ bzw. $\varrho = m$, was bedeutet, daß alle Kanäle voll ausgelastet sind.
Wir gehen jetzt zur Untersuchung des Reaktionsverhaltens für das offene M/M/m-Bedienungssystem mit zustandsabhängiger Kanalbedienungsintensität über. Hierbei ist die Verweilzeit $T_{\mathrm{v/BC}}$ im Abschnitt B—C zu betrachten. Auf dieser Grundlage kann der entsprechende Verweilzeitfaktor der aktiven Forderungen F_{N} mit

$$F_{\mathrm{N}} = \frac{T_{\mathrm{v/BC}}}{T_{\mathrm{b}}} \tag{4.30}$$

angesetzt werden. Wir können für den Abschnitt B—C Littles Theorem wie folgt angeben

$$F_{\mathrm{N}} = \frac{N}{\varrho} . \tag{4.31}$$

Durch Einsetzen der rechten Seiten von (4.23) in (4.31) erhalten wir

$$F_{\mathrm{N}} = \frac{\sum\limits_{q=1}^{m-1} \dfrac{\varrho^q \cdot q}{\prod\limits_{\nu=1}^{k} B''(\nu)} + \dfrac{\varrho^m \cdot m}{\prod\limits_{\nu=1}^{m} B''(\nu) \left(1 - \varrho/B''(m)\right)}}{\varrho \left(1 + \sum\limits_{q=1}^{m-1} \dfrac{\varrho^q}{\prod\limits_{\nu=1}^{q} B''(\nu)} + \dfrac{\varrho^m}{\prod\limits_{\nu=1}^{m} B''(\nu) \left(1 - \varrho/B''(m)\right)}\right)} . \tag{4.32}$$

4.1.2. Modell eines offenen Einanlagenbedienungssystems mit zufälliger Kanalzahl

Wir gehen jetzt zu einem offenen Einanlagenbedienungssystem mit zufälliger Kanalzahl über.
Wie die Untersuchungen in den nachfolgenden Abschnitten noch zeigen werden, ist es zweckmäßig, offene und geschlossene Mehrkanalbedienungssysteme mit zufälliger Kanalzahl zu nutzen. Hier wird im Gegensatz zum üblichen M/M/m-Bedienungssystem davon ausgegangen, daß die Kanalzahl $\varkappa$ nicht einen festen Wert m besitzt, sondern zufälligen Charakter hat, mit einer Kanalzahlverteilungsfunktion $\Pi_s^*(k)$ ($k = 1, 2, \ldots, s$). Dabei ist s die obere Grenze der Kanalzahl. Als Normalisierungsbedingung gilt

$$\sum_{k=1}^{s} \Pi_s^*(k) = 1 \tag{4.33}$$

und $\Pi_s^*(k)$ gibt die Wahrscheinlichkeit dafür an, daß k Kanäle zu einem beliebigen Zeitpunkt der Beobachtungszeit zur Abfertigung von Forderungen bereitstehen.

Zustandsbetrachtungen

Wir führen als nächstes die Zustandsbetrachtungen für das Modell mit zufälliger Kanalzahl durch. Gesucht werden die stationären Zustandswahrscheinlichkeiten $p(p)$ des Bedienungssystems, wobei p die Zahl der Forderungen im System ist (s. Abschnitt A–C in Abb. 3.2). Es werden auch hier die Zustandsgleichungen (3.43) und (3.44) genutzt. Dabei kann vom Zustandsgraphen in Abb. 4.1 ausgegangen werden, wenn anstelle von m die Größe s verwendet wird. Es gilt auch hier das Flußgleichgewicht (4.1). In Anlehnung an (4.2) kann für die Übergangsintensitäten λ_{pp+1} die Beziehung

$$\lambda_{pp+1} = \frac{H_{pp+1}}{T_p} \tag{4.34}$$

eingeführt werden. Dementsprechend kann in Anlehnung an (4.12) angesetzt werden

$$\lambda_{pp-1} = \begin{cases} \mu B'(p) & \text{für } p < s \\ \mu B'(s) & \text{für } d \geqq s. \end{cases} \tag{4.35}$$

Die $B'(p)$ haben hier eine andere Bedeutung als die $B''(r)$ in (4.12). In der Formel (4.12) bedeuten die $[B''(r)/r]$ die zustandsabhängigen Kanalbedienungsintensitäten. Demgegenüber enthalten die $B'(p)$ neben dem Einfluß der zustandsabhängigen Kanalbedienungsintensität $[B(k)/k]$ noch den Einfluß der Verteilungsfunktion $\Pi_s^*(k)$ der Kanalzahl. Wir stellen jetzt eine Berechnungsformel für die Bestimmung von $B'(l)$ bereit. Dazu nehmen wir an, daß sich zu einem beliebigen betrachteten Zeitpunkt p Forderungen im System befinden. Damit diese p Forderungen durch den Bedienungsknoten ohne Wartezeit bedient werden können, müssen l Kanäle unter der Bedingung $p \leqq B(l) \leqq s$ zur Verfügung stehen. Die Wahrscheinlichkeit dafür ist

$$\sum_{l=k}^{s} \Pi_s^*(k).$$

Falls $B(k) < p$ gilt, können nur k der p zur Bedienung anstehenden Forderungen ohne Wartezeit bedient werden. Die Wahrscheinlichkeit dafür ist $\Pi_s^*(k)$. Im Ergebnis dieser Analyse erhalten wir für $B'(l)$ die Berechnungsformel

$$B'(l) = \sum_{k=1}^{l-1} \Pi_s^*(k)\, B(k) + B(l) \sum_{k=l}^{s} \Pi_s^*(k). \qquad (1 \leqq l \leqq s). \tag{4.36}$$

Damit $B'(l)$ wirklich bestimmt werden kann, muß die Verteilungsfunktion der Kanalzahl $\Pi_s^*(k)$ mit $k = 1, 2, \ldots, s$ bekannt sein. In manchen Fällen wird eine Verteilungsfunktion genutzt, bei der $s \to \infty$ gilt. Eine wichtige verdichtete Kenngröße für das Modell mit zufälliger Kanalzahl ist der Erwartungswert der Kanalzahl K, die auch mittlere Kanalzahl genannt wird, da wir hier keinen Unterschied zwischen den wahrscheinlichkeitstheoretischen Charakteristika und ihren Schätzungen machen. Es gilt der bekannte Ausdruck

$$K = \sum_{k=1}^{s} \Pi_s^*(k)\, k. \tag{4.37}$$

Analog zu (4.13) erhalten wir das Gleichungssystem

$$\begin{aligned}
&\lambda p(0) = \mu p(1) && (p = 0) \\
&[\mu B'(p) + \lambda]\, p(p) = \lambda p(p-1) + \mu B'(p+1)\, p(p+1) && (p = 1, 2, \ldots, s-1) \\
&[\mu B'(s) + \lambda]\, p(p) = \lambda p(p-1) + \mu B'(s)\, p(p+1) && (p = s, s+1, \ldots),
\end{aligned} \tag{4.38}$$

mit der Normalisierungsbedingung

$$\sum_{p=0}^{\infty} p(p) = 1. \tag{4.39}$$

Die Lösung dieses Gleichungssystems führt zu

$$p(0) = \left[1 + \sum_{\nu=1}^{s-1} \left(\varrho^\nu \Big/ \prod_{l=1}^{\nu} B'(l)\right) + \frac{\varrho^s}{\prod_{l=1}^{s} B'(l)\,\big(1 - \varrho/B'(s)\big)}\right]^{-1} \tag{4.40}$$

und

$$p(p) = \begin{cases} \left(\varrho^p \Big/ \prod_{l=1}^{p} B'(l)\right) p(0) & \text{für } 0 < p < s \\ \dfrac{\varrho^p}{B'^{p-s}(s) \prod_{l=1}^{s} B'(l)}\, p(0) & \text{für } p \geqq s. \end{cases} \tag{4.41}$$

Bei einem Bedienungssystem mit zufälliger Kanalzahl müssen wir zwischen der Zahl der wirksamen Forderungen und der Zahl der aktiven Forderungen, im Gegensatz zum Bedienungssystem mit deterministischer Kanalzahl, unterscheiden. Dabei nehmen wir an, daß bei $0 < p < s$ gleich $l = p$ Forderungen und bei $s \leq p < \infty$ gleich $l = s$ Forderungen wirksam sind. Demgegenüber ist die Zahl der aktiven Forderungen k kleiner oder gleich l, weil wirksame Forderungen u. U. wegen des Fehlens eines freien Kanals warten müssen.

Wir bezeichnen mit $A(l)$ die mittlere Zahl der aktiven Forderungen unter der Bedingung, daß l Forderungen wirksam sind. In diesem Fall können wir in Anlehnung an (4.36) ansetzen

$$A(l) = \sum_{k=1}^{l-1} \Pi_s^*(k) \cdot k + k \sum_{k=l}^{s} \Pi_s^*(k). \tag{4.42}$$

Dabei ergibt sich

$$A(s) = K. \tag{4.43}$$

Außerdem gilt

$$A(0) = 0. \tag{4.44}$$

Für die Wahrscheinlichkeit, daß l Forderungen wirksam sind, gilt der Ansatz

$$p_A(l) = \begin{cases} p(l) & \text{für } 0 \leqq l \leqq s-1 \\ \sum_{p=s}^{\infty} p(p) & \text{für } l = s. \end{cases} \tag{4.45}$$

Leistungsverhalten

Wir betrachten jetzt die Erwartungswerte der verweilenden Forderungszahl Z und der aktiven Forderungszahl A, die obere Grenze ϱ^* des Verkehrswertes, den Auslastungsgrad η und die Verweilzeitfaktoren der verweilenden Forderungen F_Z und der aktiven Forderungen F_A.
Für den Erwartungswert Z der im Abschnitt A—C verweilenden Forderungszahl gilt der Ansatz

$$Z = \sum_{p=1}^{\infty} p(p) \cdot p. \tag{4.46}$$

Durch Einsetzen von (4.40) und (4.41) erhalten wir daraus

$$Z = \frac{\sum\limits_{k-1}^{s-1} \frac{\varrho^k \cdot k}{\prod\limits_{l=1}^{k} B'(l)} + \frac{\varrho^s}{\prod\limits_{l=1}^{s} B'(l)\left(1 - \varrho/B'(s)\right)} \left[s + \frac{\varrho}{B'(s)\left(1 - \varrho/B'(s)\right)}\right]}{1 + \sum\limits_{k=1}^{s-1} \frac{\varrho^k}{\prod\limits_{l=1}^{k} B'(l)} + \frac{\varrho^s}{\prod\limits_{l=1}^{s} B(l)\left(1 - \varrho/B'(s)\right)}}. \tag{4.47}$$

Für den Erwartungswert A der im Abschnitt B—C aktiven Forderungszahl gilt der Ansatz

$$A = \sum_{l=1}^{s} p_A(l)\, A(l). \tag{4.48}$$

Durch Einsetzen von (4.45), (4.40) und (4.41) in diesen Ansatz erhalten wir

$$A = \frac{\sum\limits_{\nu=1}^{s-1} \frac{\varrho^\nu A(\nu)}{\prod\limits_{l=1}^{\nu} B'(l)} + \frac{A(s)\varrho^s}{\prod\limits_{l=1}^{s} B'(l)\left(1 - \varrho/B'(s)\right)}}{1 + \sum\limits_{\nu=1}^{s-1} \frac{\varrho^\nu}{\prod\limits_{l=1}^{\nu} B'(l)} + \frac{\varrho^s}{\prod\limits_{l=1}^{s} B'(l)\left(1 - \varrho/B'(s)\right)}}. \tag{4.49}$$

Eine Analyse der Formeln (4.47) und (4.49) zeigt, daß bei $\varrho \to B'(s)$ der Erwartungswert Z der verweilenden Forderungszahl einen unendlichen Grenzwert und der Erwartungswert A der aktiven Forderungszahl einen endlichen Grenzwert

$$\lim_{\varrho \to B'(s)} = K \tag{4.50}$$

besitzen. Somit gilt für die volle Auslastung

$$\varrho^* = B'(s). \tag{4.51}$$

Dabei ist allerdings die Stationaritätsbedingung

$$\varrho < \varrho^*, \tag{4.52}$$

die aus dem unendlichen Grenzwert von Z folgt, verletzt.

Der Auslastungsgrad η kann auch hier mit (4.28) angesetzt werden, und es ergibt sich

$$\eta = \varrho / B'(s) . \tag{4.53}$$

Wir gehen nunmehr zur Betrachtung des Reaktionsverhaltens über. Als erstes wird der Verweilzeitfaktor F_Z der im Abschnitt A–C verweilenden Forderungen mit dem Ansatz

$$F_Z = T_v|_{AC} / T_b \tag{4.54}$$

betrachtet. Es gilt für den Abschnitt A–C Littles Theorem in der Form

$$F_Z = Z/\varrho , \tag{4.55}$$

und unter Nutzung von (4.47) kann F_Z berechnet werden.
Der Verweilzeitfaktor F_A der im Abschnitt B–C aktiven Forderungen wird angesetzt

$$F_A = T_v|_{BC} / T_b . \tag{4.56}$$

Auch hier gilt Littles Theorem, und zwar in der Form

$$F_A = A/\varrho . \tag{4.57}$$

Unter Nutzung von (4.49) ist daraus F_A bestimmbar.

4.1.3. Modell eines geschlossenen Einanlagenbedienungssystems mit zufälliger Kanalzahl

Wir behandeln jetzt ein geschlossenes M/M/s-Bedienungssystem mit zufälliger Kanalzahl und zustandsabhängiger Kanalbedienungsintensität ohne Blockierung. Da die Autonomieeigenschaft bei geschlossenen Bedienungssystemen nur für Bedienungsnetze (d. h. bei mehr als einer Bedienungsanlage) praktische Bedeutung hat, handelt es sich hier um ein nichtautonomes geschlossenes Bedienungssystem. In der Abb. 3.4 ist die Struktur eines solchen Systems als Blockstruktur der Systemelemente und in der Abb. 3.7 als Forderungslaufplan angegeben. Dabei entspricht der Forderungslaufplan einem offenen Einanlagenbedienungssystem. Durch die Annahme des Sättigungszustandes, d. h., daß im Blockierungsabschnitt der Blockierungsressource B sich ständig q Forderungen befinden, beschreibt dieser Forderungslaufplan auch das geschlossene Bedienungssystem. Für das geschlossene M/M/s-Bedienungssystem gibt es zwei Modellvarianten, die durch die Ungleichungen

$$\begin{aligned} s &\geqq q \\ s &< q \end{aligned} \tag{4.58}$$

bestimmt sind.

Zustandsbetrachtungen

Wir gehen wieder genau wie beim offenen M/M/s-Bedienungssystem zur Zustandsbetrachtung über. Als erstes wird dabei die Variante $s \geqq q$ analysiert. In der Abb. 4.2 ist der Zustandsgraph der stationären Zustandswahrscheinlichkeiten $p(p)$ für diese Variante angegeben. Hierbei gibt p an, wieviel Forderungen sich im Abschnitt A—C (s. Abb. 3.4) befinden. Im Gegensatz zum offenen M/M/s-Bedienungssystem besitzt dieser eine endliche Zahl von q Zuständen. Auch hier wird wieder die operationale Analyse angewendet. Dabei gehen wir wieder vom möglichen Zeitablauf einer Realisierung des Systemzustandes (s. Abb. 4.2) in einer vorgegebenen Beobachtungszeit T_B aus. Hier können wir die Beziehung der Flußbilanz (4.1) auch für die Ankunftsraten λ_A und λ_C am Eingang und Ausgang des geschlossenen Bedienungssystems übernehmen.

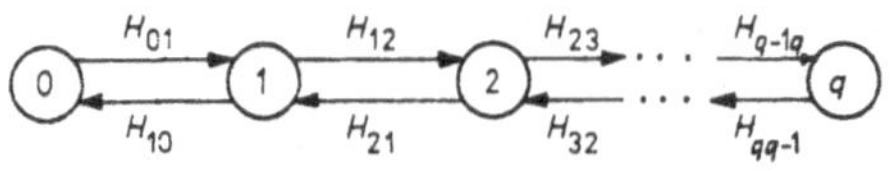

Abb. 4.2. Zustandsgraph eines geschlossenen Einanlagenbedienungssystems ($s \geqq k$)

Für die Übergangsintensitäten λ_{pp-1} kann wieder (4.35) genutzt werden. Demgegenüber ergibt sich ein Unterschied bei den Übergangsintensitäten λ_{pp+1} wegen des geschlossenen Charakters des Bedienungssystems. Es gilt der Ausdruck

$$\lambda_{pp+1} = H_p/T_p = (q - p)\,\gamma\,. \tag{4.59}$$

Dabei wurde davon ausgegangen, daß die Übergangsintensität λ_{pp+1} proportional der Zahl $(q - p)$ der sich in der Forderungsquelle befindlichen Forderungen und dem Reziprokwert der Quellverweilzeit

$$T_d = 1/\gamma \tag{4.60}$$

ist.

Unter Nutzung der Gleichgewichtsbeziehungen (4.4), der Ausdrücke (4.35) und (4.59) für die Schätzungen der Übergangsintensitäten $\lambda_{p,p+1}$, $\lambda_{p,p-1}$ und des Ausdruckes (4.7) für die Schätzungen der Zustandswahrscheinlichkeiten $p(p)$ erhalten wir folgende Zustandsgleichungen

$$\begin{aligned} q\gamma p(q, 0) &= \mu B(1)\, p(q-1, p) \qquad (p = 0) \\ [(q-p)\,\gamma + \mu B'(p)]\, p(q-p, p) &= (q-p+1)\,\gamma p(q-p+1, p-1) \\ &\quad + \mu B'(p+1)\, p(q-p-1, p+1) \\ &\qquad (p = 1, 2, \ldots, q-1) \\ \mu B'(q)\, p(0, q) &= \gamma p(1, q-1) \qquad (p = q)\,. \end{aligned} \tag{4.61}$$

Dabei gilt die Normalisierungsbedingung

$$\sum_{p=0}^{q} p(q-p, p) = 1\,. \tag{4.62}$$

Als Lösung des Gleichungssystems (4.61) und (4.62) ergibt sich

$$p(q, 0) = \left[1 + \sum_{p=1}^{q} \left(\frac{u}{1-u}\right)^p \prod_{l=1}^{p} \frac{(q+1-l)}{B'(l)}\right]^{-1} \tag{4.63}$$

und

$$p(q-p,p)=\left(\frac{u}{1-u}\right)^p\left(\prod_{l=1}^{p}\frac{q+1-l}{B'(l)}\right)p(q,0),\quad (p=1,2,\ldots,q). \tag{4.64}$$

Hier wurde die Bezeichnung

$$u=\frac{\gamma}{\gamma+\mu} \tag{4.65}$$

eingeführt, wobei u als Beschäftigungskoeffizient des Bedienungsknotens bezeichnet wird.

Wir gehen jetzt zur Modellvariante mit $s < q$ über. Der Zustandsgraph der Abb. 4.2 läßt sich hier weiter verwenden. Die Homogenitätsannahmen (4.35) und (4.59) können hier direkt genutzt werden. Der Unterschied zur Variante mit $s \geqq q$ besteht also darin, daß in (4.35) nicht $s = q$ zu setzen ist.

Ausgehend von den Gleichgewichtsbeziehungen (4.4), den Ausdrücken (4.35) und (4.59) für die Schätzungen der Übergangsintensitäten $\lambda_{p,p+1}$, $\lambda_{p,p-1}$ und dem Ausdruck (4.7) für die Schätzungen der Zustandswahrscheinlichkeiten $p(p)$, erhalten wir die Zustandsgleichungen

$$\begin{aligned}
&q\gamma p(q,0)=\mu B'(1)\,p(q-1,1) && (p=0)\\
&[(q-p)\,\gamma+\mu B'(p)]\,p(q-p,p)=(q-p+1)\,\gamma p(q-p+1,p-1)\\
&\qquad\qquad+\mu B'(p+1)\,p(q-p-1,p+1)\\
&\qquad\qquad\qquad (p=1,\ldots,s-1)\\
&[(k-l)\,\gamma+\mu B'(s)]\,p(q-p,p)=(q-p+1)\,\gamma p(q-p+1,p-1)\\
&\qquad\qquad+\mu B'(s)\,p(q-p-1,p+1)\\
&\qquad\qquad\qquad (p=s,\ldots,q-1)\\
&\mu B'(s)\,p(0,q)=\gamma p(1,q-1) && (p=q).
\end{aligned} \tag{4.66}$$

Die Normalisierungsbedingung (4.62) bleibt erhalten.

Die Lösung des Gleichungssystems (4.66) und (4.62) führt zu folgendem Ergebnis

$$p(q-p,p)=\begin{cases}\left(\dfrac{u}{1-u}\right)^p\displaystyle\prod_{l=1}^{p}\left(\frac{q+1-l}{B'(l)}\right)p(q,0) & \text{für}\quad 0\leqq p\leqq s-1\\[2ex]
\left(\dfrac{u}{1-u}\right)^p\dfrac{\prod_{l=1}^{p}(q+1-l)}{B'^{p-s}(s)\prod_{l=1}^{s}B'(l)}\,p(q,0) & \text{für}\quad s\leqq p\leqq q,\end{cases} \tag{4.67}$$

mit

$$p(q,0)=\left[1+\sum_{p=1}^{s-1}\left(\frac{u}{1-u}\right)^p\prod_{l=1}^{p}\left(\frac{q+1-l}{B'(l)}\right)+\sum_{p=s}^{q}\left(\frac{u}{1-u}\right)^q\frac{\prod_{l=1}^{p}(q+1-l)}{B'^{p-s}(s)\prod_{l=1}^{s}B'(l)}\right]^{-1}. \tag{4.68}$$

Beim M/M/1-Bedienungssystem ($s = 1$) ergibt sich

$$p(q-p,p) = \begin{cases} \left[1 + \sum\limits_{l=1}^{q} \left(\dfrac{u}{1-u}\right)^{p} \left(\prod\limits_{l=1}^{p} (q+1-l)\right)\right]^{-1}, & \text{für } p = 0, \\ \left(\dfrac{u}{1-u}\right)^{p} \left(\prod\limits_{l=1}^{p} (q+1-l)\right) p(q,0), & \text{für } 1 \leqq p \leqq q. \end{cases} \tag{4.69}$$

Leistungsverhalten

Wir betrachten jetzt die Erwartungswerte der verweilenden und aktiven Forderungszahl $Z''(q)$, den Leistungsfaktor $R''(q)$ und den Verweilzeitfaktor $F_Z(q)$. Bei der Gewinnung der entsprechenden Formeln sind die Unterschiede der beiden Varianten entsprechend der Ungleichungen (4.58) zu beachten.

Für die Bestimmung des Erwartungswertes $Z''(q)$ der verweilenden Forderungszahl gilt der Ansatz

$$Z''(q) = \sum_{p=1}^{q} p(q-p,p) \cdot p. \tag{4.70}$$

Unter Berücksichtigung der Formeln (4.63), (4.64), (4.67) und (4.68) erhalten wir daraus

$$Z''(q) = \begin{cases} \dfrac{\sum\limits_{p=1}^{s-1} \left(\dfrac{u}{1-u}\right)^{p} p \prod\limits_{l=1}^{p} \dfrac{(q+1-l)}{B'(l)} + \sum\limits_{p=s}^{q} \left(\dfrac{u}{1-u}\right)^{p} \cdot p \dfrac{\prod\limits_{l=1}^{p} (q+1-l)}{B'^{p-s}(s) \prod\limits_{l=1}^{s} B'(l)}}{1 + \sum\limits_{p=1}^{s-1} \left(\dfrac{u}{1-u}\right)^{p} \prod\limits_{l=1}^{p} \left(\dfrac{k+1-l}{B'(l)}\right) + \sum\limits_{p=s}^{q} \left(\dfrac{u}{1-u}\right)^{p} \dfrac{\prod\limits_{l=1}^{p} (q+1-l)}{B'^{p-s}(s) \prod\limits_{l=1}^{s} B'(l)}} \\ \qquad \text{für} \quad 1 \leqq s \leqq q-1, \\ \dfrac{\sum\limits_{p=1}^{q} \left(\dfrac{u}{1-u}\right)^{p} \cdot p \prod\limits_{l=1}^{p} \left(\dfrac{q+1-l}{B'(l)}\right)}{1 + \sum\limits_{p=1}^{q} \left(\dfrac{u}{1-u}\right)^{p} \prod\limits_{l=1}^{p} \left(\dfrac{q+1-l}{B'(l)}\right)} \qquad \text{für} \quad s \geqq q. \end{cases} \tag{4.71}$$

Wir behandeln als nächstes das Durchsatzverhalten des geschlossenen M/M/s-Bedienungssystems. Dabei müssen wir anders vorgehen als beim offenen M/M/s-Bedienungssystem, weil beim geschlossenen System sowohl $A(q)$ als auch $Z(q)$ endlich sind. Da wir entsprechend dem Forderungslaufplan in Abb. 3.7 für das geschlossene Bedienungssystem annehmen, daß sich das durch den Forderungslaufplan beschriebene System im Sättigungszustand befindet — wobei die Blockierungsressource B mit q Kanälen immer voll ausgelastet wird —, ist beim geschlossenen Bedienungssystem die Durchsatzgrenze immer erreicht. Das bedeutet aber andererseits, daß der Bedienungsknoten BK

(s. Abb. 3.7) nicht voll ausgelastet werden kann, wenn wir den Grenzfall mit $q \to \infty$, bei dem das System in ein offenes Bedienungssystem übergeht, ausschließen.
Wir können auch für das geschlossene System den Verkehrswert ϱ mit dem Ansatz (4.15) einführen. Der Unterschied zum offenen Bedienungssystem besteht hier darin, daß λ keine unabhängige Variable ist.
Damit würde auch der so eingeführte Verkehrswert zu einer abhängigen Größe. Aus diesem Grunde führen wir hier den Begriff Leistungsfaktor $R''(q)$ mit

$$R''(q) = \lambda(q)/\mu \tag{4.72}$$

beim geschlossenen Bedienungssystem ein, wobei $R''(q)$ eine Bewertungsgröße des Durchsatzverhaltens ist. Aber auch für ein geschlossenes Bedienungssystem gilt Littles Theorem für den Abschnitt einschließlich der Quellverweilzeit

$$T_v'(q) = q/\lambda(q) \tag{4.73}$$

mit

$$T_v'(q) = F_Z''(q) \cdot T_b + T_d, \tag{4.74}$$

wobei $F_Z(q)$ durch den Ansatz (4.54) definiert ist und

$$T_b = 1/\mu, \tag{4.75}$$

$$T_d = 1/\gamma \tag{4.76}$$

gilt.
Aus diesen Formeln erhält man für $\lambda(q)$ die Abhängigkeit

$$\lambda(q) = \frac{q \cdot \gamma \cdot \mu}{F_Z''(q) \cdot \gamma + \mu}. \tag{4.77}$$

Zur Bestimmung des Verkehrswertes muß auch Littles Theorem für den Abschnitt A–C (s. Abb. 3.4) mit

$$T_v(q) = Z''(q)/\lambda(q) \tag{4.78}$$

berücksichtigt werden. In dimensionsloser Form ergibt sich für Littles Theorem

$$F_Z''(q) = Z''(q)/R''(q). \tag{4.79}$$

Aus (4.78) folgt

$$R''(q) = \frac{q \cdot \gamma}{F_Z''(q) \cdot \gamma + \mu} = \frac{qu}{F_Z''(q) \cdot u + (1-u)}, \tag{4.80}$$

und durch Einsetzen von $E_Z(k)$ nach (4.79) in (4.80) erhalten wir schließlich unter Berücksichtigung des Definitionsansatzes (4.65) für den Beschäftigungskoeffizienten u

$$R''(q) = (q - Z''(q)) \left(\frac{u}{1-u}\right). \tag{4.81}$$

Beim geschlossenen M/M/s-Bedienungssystem ist mit $R''(q)$ bei vorgegebenen u auch seine obere Grenze gegeben.

Als letztes wird wieder der Verweilzeitfaktor $F_Z''(q)$ entsprechend dem Ansatz (4.54) betrachtet. Um eine geeignete Berechnungsformel für $F_Z''(q)$ zu gewinnen, wird Littles Theorem zweimal angewendet. Für das Gesamtsystem einschließlich der Forderungsquelle ist

$$T_v(q) + T_d = \frac{q}{\lambda(q)} \tag{4.82}$$

gültig und für den Abschnitt A—C (s. Abb. 3.4) gilt (4.78).
Durch Ausschließen von $\lambda(q)$ erhalten wir

$$\lambda(q) = \frac{q}{T_v(q) + T_d} = \frac{Z''(q)}{T_v(q)}. \tag{4.83}$$

Unter Berücksichtigung von (4.79) und (4.81) ergibt sich

$$F_Z''(q) = \frac{Z''(q)}{q - Z''(q)} \left(\frac{1-u}{u}\right). \tag{4.84}$$

Wenn wir $Z''(q)$ aus (4.71) in diese Formel einsetzen, erhalten wir eine vollständige Berechnungsformel für den Verweilzeitfaktor $F_Z''(q)$ des geschlossenen Bedienungssystems.

4.2. Sequentielle Bedienungsnetze ohne Blockierung

Wir beschränken uns jetzt auf ein sequentielles Bedienungsnetz ohne Blockierung. Für ein solches Modell liegen schon seit längerer Zeit bei Annahme Markowscher Eigenschaften und unter der Voraussetzung der Stationarität geeignete Modellgleichungen vor ([KAU61], [CON67], [MAJ78]).
Durch das Fehlen der Parallelitäten gehen die Intensitätsübertragungskoeffizienten α_{ij} in den Gleichungen (3.60) und (3.61) in die Übergangswahrscheinlichkeiten p_{ij} mit der Eigenschaft

$$p_{ij} \leqq 1 \tag{4.85}$$

über. Somit gilt in unserem Fall für die Intensitätsübertragung

$$\varepsilon_j = p_{0j} + \sum_{i=1}^{n} p_{ij}\varepsilon_i \qquad (j = 1, 2, \ldots, n). \tag{4.86}$$

In Abb. 4.3 ist der allgemeine Aufbau eines sequentiellen Bedienungsnetzes ohne Blokkierung dargestellt. Dieses Modell enthält gegenüber dem allgemeinen Bedienungsmodell die beiden Einschränkungen, daß parallele und Blockierungsabschnitte im Forderungslaufplan fehlen. Wir betrachten dabei die Bedienungsanlagen Gi (i = 0, 1, ..., n). Dementsprechend sind die λ_i ($i = 0, 1, \ldots, n$) die Ankunftsstromintensitäten am Ausgang dieser Bedienungsanlagen.
Wir nehmen Flußbilanz für das Bedienungsnetz an und gehen davon aus, daß in der Beobachtungszeit T_B insgesamt N Forderungen bedient werden. Wir gehen vom

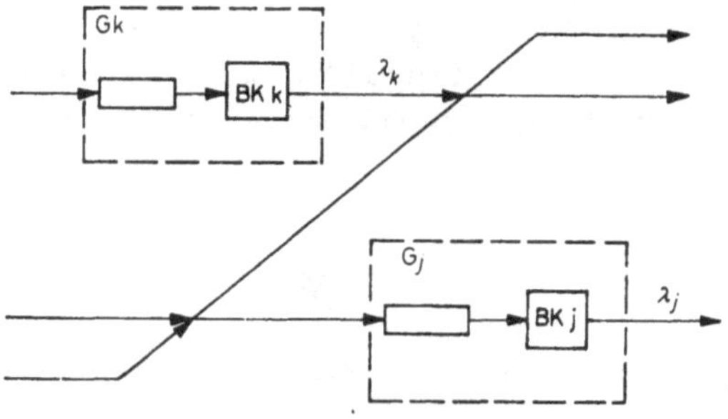

Abb. 4.3. Sequentielles Bedienungsnetz ohne Blockierung

sequentiellen Charakter des Bedienungsnetzes aus und können unter dieser Bedingung die offensichtliche Annahme

$$T_{v\Sigma} = \sum_{i=0}^{n} T_{v\Sigma i} \tag{4.87}$$

treffen, wobei $T_{v\Sigma}$ die Summenverweilzeit aller N Forderungen in der Beobachtungszeit T_B und $T_{v\Sigma i}$ die Summenverweilzeiten aller N Forderungen während der Beobachtungszeit T_B in den Bedienungsanlagen i ($i = 0, 1, \ldots, n$) sind. Die mittlere Zahl der Forderungen im Gesamtnetz Z kann aus

$$Z = \frac{T_{v\Sigma}}{T_B} \tag{4.88}$$

und die mittlere Zahl der Forderungen Z_i in den einzelnen Bedienungsanlagen i kann aus den Formeln

$$Z_i = \frac{T_{v\Sigma i}}{T_B} \quad (i = 0, 1, \ldots, n) \tag{4.89}$$

gewonnen werden. Durch Division der linken und rechten Seite in der Gleichung (4.87) durch T_B und Berücksichtigung von (4.88) und (4.89) ergibt sich die folgende wichtige Formel für offene und geschlossene Bedienungsnetze ohne Blockierung

$$Z = \sum_{i=0}^{n} Z_i . \tag{4.90}$$

Als nächstes wollen wir für ein sequentielles Bedienungsnetz ohne Blockierung den Zusammenhang zwischen den Verweilzeitfaktoren des Gesamtsystems F_Z und den einzelnen Bedienungsanlagen F_i herstellen, wobei die Ansätze

$$F_Z = T_v/T_b \tag{4.91}$$

und

$$F_i = T_{vi}/T_{bi} \tag{4.92}$$

gelten.

Wir gehen wieder von der Bilanz der Verweilzeiten (4.87) aus und berücksichtigen, daß die Mittelwerte der Verweilzeiten der Forderungen durch

$$T_{\mathrm{v}} = \frac{T_{\mathrm{v}\Sigma}}{N} \tag{4.93}$$

und

$$T_{\mathrm{v}i} = \frac{T_{\mathrm{v}\Sigma i}}{N_i} \tag{4.94}$$

bestimmt sind. Durch Einsetzen dieser Ausdrücke und nach entsprechender Erweiterung ergibt sich

$$\frac{T_{\mathrm{v}}}{T_{\mathrm{b}}} \frac{N}{T_{\mathrm{B}}} = \sum_{i=0}^{n} \frac{T_{\mathrm{v}i}}{T_{\mathrm{b}i}} \frac{T_{\mathrm{b}i}}{T_{\mathrm{b}}} \frac{N_i}{N}. \tag{4.95}$$

Wenn wir jetzt die Ansätze

$$\lambda = N/T_{\mathrm{B}} \tag{4.96}$$

und

$$\lambda_i = N_i/T_{\mathrm{B}} \tag{4.97}$$

für die Ankunftsstromintensitäten und die Ausdrücke (4.91) und (4.92) für die Verweilzeitfaktoren berücksichtigen, dann erhalten wir

$$F_{\mathrm{Z}} = \sum_{i=1}^{n} \frac{\lambda_i}{\lambda} \frac{T_{\mathrm{b}i}}{T_{\mathrm{b}}} F_i. \tag{4.98}$$

Unter Beachtung der Tatsache, daß

$$\varepsilon_i = \lambda_i/\lambda \tag{4.99}$$

und

$$x_i = \frac{\varepsilon_i T_{\mathrm{b}i}}{T_{\mathrm{b}}} \tag{4.100}$$

sind, folgt schließlich daraus das allgemeine Gesetz für die Verweilzeitfaktoren

$$F_{\mathrm{Z}} = \sum_{i=0}^{n} x_i F_i. \tag{4.101}$$

Auch dieses Gesetz gilt allgemein für offene und geschlossene sequentielle Bedienungsnetze.

In den obigen Ausführungen über sequentielle Bedienungsnetze wurden die Zustandswahrscheinlichkeiten noch nicht in die Betrachtungen einbezogen. Bei den meisten in der Literatur veröffentlichten Betrachtungen zu sequentiellen Bedienungsnetzen werden diese gewöhnlich als Grundlage für die weiteren Untersuchungen genutzt. Betrachtet wird die Zustandswahrscheinlichkeit $p(k_0, k_1, \ldots, k_n)$, die angibt, wie groß die Wahrscheinlichkeit dafür ist, daß sich in den einzelnen Bedienungsanlagen Gi ($i = 0, 1, \ldots, n$) des Bedienungsnetzes genau $k_0, k_1, \ldots, k_n$ Forderungen befinden. Die Betrachtung der Zustandswahrscheinlichkeit $p(k_0, k_1, \ldots, k_n)$ wird jeweils an den Anfang der Ausführungen über das offene und geschlossene sequentielle Bedienungsnetz gestellt.

4.2.1. Offenes sequentielles Bedienungsnetz ohne Blockierung

Für offene sequentielle exponentielle Bedienungsnetze gilt die bekannte Produktformlösung ([MAJ78])

$$p(k_0, k_1, \ldots, k_n) = \prod_{i=0}^{n} p_i(k_i), \tag{4.102}$$

wobei $p_i(k_i)$ die Zustandswahrscheinlichkeiten der einzelnen Bedienungsanlagen des Bedienungsnetzes sind (siehe Abschnitt 4.1.1.). In Übereinstimmung mit (4.16) und (4.17) erhalten wir durch einfache Umbezeichnung

$$p_i(0) = \left[1 + \sum_{k_i=1}^{s_i-1} \left(\varrho_i^{k_i} \Big/ \prod_{l_i=1}^{k_i} B_i(l_i)\right) + \frac{\varrho_i^{s_i}}{\prod\limits_{l_i=1}^{s_i} B_i(l_i)\left(1 - \varrho_i/B_i(s_i)\right)}\right]^{-1} \tag{4.103}$$

und

$$p_i(k_i) = \begin{cases} \left(\varrho_i^{k_i} \Big/ \prod\limits_{l=1}^{k_i=1} B_i(l_i)\right) p_i(0) & \text{für } 1 \leqq k_i \leqq s_i - 1, \\ \dfrac{\varrho_i^{k_i}}{B_i^{k_i-s_i}(s_i) \prod\limits_{l_i=1}^{s_i} B_i(l_i)}\, p_i(0) & \text{für } s_i \leqq k_i < \infty. \end{cases} \tag{4.104}$$

Wenn man in diese Beziehungen die ϱ_i entsprechend (3.70) durch ϱ und x_i ersetzt, kann der Einfluß des Verkehrswertes ϱ des Bedienungsnetzes und der Beschäftigungskoeffizienten x_i der einzelnen Bedienungsanlagen G*i* auf die Zustandwahrscheinlichkeit $p(k_0, k_1, \ldots, k_n)$ berücksichtigt werden. Mit Hilfe von $p(k_0, k_1, \ldots, k_n)$ können dann die entsprechenden Leistungsbewertungsgrößen durch geeignete Ansätze bestimmt werden. Dieser Weg ist im Vergleich zur nachfolgenden Betrachtung umständlicher und wird deshalb hier nicht gegangen.

Nachfolgend gehen wir vom Dekompositionssatz von Jackson ([BER80a], [JAC63]) aus, der für exponentielle Bedienungsnetze gilt. Danach können die einzelnen Bedienungsanlagen als völlig unabhängig voneinander angesehen werden. Man kann also direkt die Formeln für die Leistungsbewertungsgrößen der einzelnen Bedienungsanlagen des Netzes benutzen. Konkret bedeutet das folgendes: Wir benutzen die Berechnungsformel (4.23), wobei wir für jede der einzelnen Bedienungsanlagen durch Umbezeichnung für die mittlere Anzahl Z_i der in den einzelnen Bedienungsanlagen verweilenden Forderungen erhalten

$$Z_i = \frac{\sum\limits_{k_i=1}^{s_i-1} \dfrac{\varrho^{k_i} x_i^{k_i} \cdot k_i}{\prod\limits_{l_i=1}^{k_i} B_i(l_i)} + \dfrac{\varrho^{k_i} x_i^{k_i}}{\prod\limits_{l_i=1}^{s_i} B_i(l_i)\left(1 - \dfrac{\varrho x_i}{B_i(s_i)}\right)}\left[s_i + \dfrac{\varrho x_i}{B_i(s_i)\left(1 - \dfrac{\varrho x_i}{B_i(s_i)}\right)}\right]}{1 + \sum\limits_{k_i=1}^{s_i-1} \dfrac{\varrho^{k_i} x_i^{k_i}}{\prod\limits_{l_i=1}^{k_i} B_i(l_i)} + \dfrac{\varrho^{k_i} x_i^{k_i}}{\prod\limits_{l_i=1}^{s_i} B_i(l_i)\left(1 - \dfrac{\varrho x_i}{B_i(s_i)}\right)}}. \tag{4.105}$$

Durch Einsetzen in (4.90) kann daraus die mittlere Zahl Z der im Bedienungsnetz verweilenden Forderungen bestimmt werden. Unter Nutzung von Littles Theorem für das Bedienungsnetz

$$F_Z = Z/\varrho \tag{4.106}$$

kann nun auch der Verweilzeitfaktor F_Z des offenen Bedienungsnetzes bestimmt werden. Auf analoge Weise kann man die entsprechenden Formeln für die Bestimmung des Verweilzeitfaktors F_Z durch Nutzung von (4.32), Umbenennung der entsprechenden Größen der einzelnen Bedienungsanlagen und Einsetzen in (4.101) gewinnen.
Wenn wir das Durchsatzverhalten untersuchen, müssen wir die obere Grenze des Verkehrswertes ϱ^* bestimmen, der sich bei Nutzung des im Abschnitt 4.1.1. betrachteten Modells für die einzelnen Bedienungsanlagen mit

$$\varrho^* = \text{Min.}\left\{\frac{B_i(s_i)}{x_i}\,\middle|\, i = 0, 1, \ldots, n-1\right\} \tag{4.107}$$

ergibt. Dabei sind s_i die Kanalzahlen der einzelnen Mehrkanalbedienungsanlage und $B_i(s_i)$ die entsprechenden Größen zur Berücksichtigung der Zustandsabhängigkeit der Bedienungszeiten. Für den Auslastungsgrad des Bedienungsnetzes erhält man unter Nutzung des Definitionsansatzes

$$\eta = \varrho/\varrho^* \tag{4.108}$$

die Formel

$$\eta = \frac{\varrho}{\text{Min.}\left\{\frac{B_i(s_i)}{x_i}\,\middle|\, i = 0, 1, \ldots, n\right\}}. \tag{4.109}$$

Die Beziehungen (4.107) und (4.109) erlauben eine Schwachstellenanalyse des Bedienungsnetzes. Das heißt, man kann mit ihrer Hilfe die Bedienungsknoten herausfinden, die den Durchsatz bei voller Auslastung des Systems beschränken. Das sind die Bedienungsknoten, die den kleinsten Wert aller $B_i(s_i)/x_i$ $(i = 1, 2, \ldots, n)$ besitzen.

4.2.2. Geschlossene sequentielle Bedienungsnetze ohne Blockierung

Autonome geschlossene sequentielle Bedienungsnetze

Wir beschränken uns zunächst auf autonome geschlossene sequentielle Bedienungsnetze mit Einkanal- und Unendlichkeitsbedienungsanlagen. Für diese Klasse von Bedienungsnetzen wurde eine umfangreiche Theorie entwickelt. Dabei konnten im Laufe der Bearbeitung in der Literatur die Beziehungen zur Berechnung der entsprechenden Bewertungsgrößen immer mehr vereinfacht werden. Als erstes wollen wir wieder genau wie beim offenen Bedienungsnetz die Zustandswahrscheinlichkeit $p(k_0, k_1, \ldots, k_n)$ untersuchen. Auch hier kann auf eine Produktformlösung (s. [MAJ78]) zurückgegriffen werden. Diese besitzt die allgemeine Form

$$p(k_0, k_1, \ldots, k_n) = \frac{\prod\limits_{i=1}^{n} p_i(k_i)}{\sum\limits_{M(k,n)} \prod\limits_{i=0}^{n} p_i(k_i)}. \tag{4.110}$$

Unter Berücksichtigung der von uns bereits weiter vorn eingeführten Begriffe, insbesondere der Beschäftigungskoeffizienten x_i $(i = 0, 1, \ldots, n)$ und der Annahme von n Einkanalressourcen $(i = 0, 1, \ldots, n-1)$ und einer Unendlichkeitskanalressource $(i = n)$, erhalten wir

$$p(k_0, k_1, \ldots, k_n) = \frac{\frac{1}{k_n!} \prod\limits_{i=0}^{n} x_i^{k_i}}{\sum\limits_{M(k,n)} \frac{1}{k_n!} \prod\limits_{i=0}^{n} x_i^{k_i}}. \tag{4.111}$$

Hierbei ist $M(k, n)$ die Gesamtheit aller Zustände für die bei vorgegebenem n

$$k = \sum_{i=0}^{n} k_i \tag{4.112}$$

gilt. Dabei ist k die Zahl der im geschlossenen Bedienungsnetz befindlichen Forderungen.

Als Leistungsbewertungsgrößen betrachten wir hier nur den Leistungsfaktor $R(k)$ (s. (4.54)) und den Verweilzeitfaktor $F(k)$. Unter Verwendung von Littles Theorem und bei Berücksichtigung, daß im System immer k Forderungen aktiv sind, erhalten wir die dimensionslose Form

$$F(k) = \frac{k}{R(k)}. \tag{4.113}$$

Wenn wir die Normalisierungskonstante

$$G(k, n) = \sum_{M(k,n)} \frac{1}{k_n!} \prod_{i=0}^{n} x_i^{k_i} \tag{4.114}$$

einführen, kann für die Berechnung des Leistungsfaktors

$$R(k) = \frac{G(k-1, n)}{G(k, n)} \tag{4.115}$$

gewonnen werden. Für die Berechnung der Normalisierungskonstanten gibt es sehr effektive Algorithmen (s. [BUZ73], [LEH83]), die wir hier nicht näher betrachten können. Wir wollen jetzt ein einfaches anschauliches Verfahren für die Berechnung von $F(k)$ und $R(k)$ darstellen, das sich aus der Mittelwertanalyse ([RELA80], [HEI81], [IRM85]) ergibt. Die Grundbeziehung der Mittelwertanalyse für die rekursive Berechnung des Verweilzeitfaktors einer M/M/1-Bedienungsanlage innerhalb eines geschlossenen Bedienungsnetzes ist

$$F_i(k) = 1 + Z_i(k-1) \qquad (i = 0, 1, \ldots, n). \tag{4.116}$$

Dabei soll k die Zahl der im Netz befindlichen Forderungen bezeichnen. Die Beziehung (4.116) gibt somit an, wie für ein geschlossenes Bedienungsnetz mit k Forderungen der Verweilzeitfaktor der Bedienungsanlage i aus der Zahl der in der gleichen Bedienungsanlage verweilenden Forderungen für ein Bedienungsnetz mit $k-1$ Forderungen erhalten werden kann.
Wir führen auch für die einzelnen Bedienungsanlagen den Leistungsfaktor $R_i(k)$ mit

$$R_i(k) = \lambda_i(k)/\mu, \qquad (i = 0, 1, \ldots, n) \tag{4.117}$$

ein. Dabei gilt

$$R_i(k) = x_i R(k), \qquad (i = 0, 1, \ldots, n). \tag{4.118}$$

Wenn wir in (4.116) Littles Theorem nach (4.113) und für die einzelnen Bedienungsanlagen Littles Theorem nach

$$F_i(k) = \frac{Z_i(k)}{R_i(k)} \tag{4.119}$$

unter Berücksichtigung von (4.118) nutzen, dann erhalten wir

$$F_i(k) = 1 + x_i \frac{F_i(k-1)}{F(k-1)} \cdot (k-1), \qquad (i = 0, 1, \ldots, n-1). \tag{4.120}$$

Durch Einbeziehung des (4.101) entsprechenden allgemeinen Gesetzes für sequentielle Bedienungsnetze

$$F(k) = \sum_{i=0}^{n} x_i F_i(k) \tag{4.121}$$

kann jetzt auch der Verweilzeitfaktor des gesamten Netzes und unter Nutzung von Littles Theorem nach (4.113) auch der Leistungsfaktor $R(k)$ berechnet werden.
Wir betrachten jetzt den Fall, daß im geschlossenen Bedienungsnetz n Einkanal- und eine Unendlichkeitskanalbedienungsanlagen vorhanden sind. Ohne Beschränkung der Allgemeinheit nehmen wir an, daß die Unendlichkeitskanalbedienungsanlage die Nummer n hat. In diesem Fall gilt

$$F_n(k) = 1. \tag{4.122}$$

Außerdem wird für $i = 1, 2, \ldots, n-1$ die Beziehung (4.120) genutzt, und für das Gesamtsystem gilt wieder (4.121).
Während beim offenen Bedienungsnetz der Verkehrswert eine unabhängige Größe ist, hängt beim geschlossenen Bedienungsnetz der Leistungsfaktor $R(k)$ von den unabhängigen Einflußgrößen k und x_i ab. Er besitzt den Charakter einer durchsatzcharakterisierenden Größe und wird deshalb Leistungsfaktor $R(k)$ genannt. Die obere Grenze

des Leistungsfaktors R^* ergibt sich mit

$$R^* = \lim_{k \to \infty} R(k) = \text{Min.} \left\{ \frac{1}{x_i} \middle| i = 0, 1, \ldots, n \right\} \tag{4.123}$$

und der Auslastungsgrad $\eta(k)$ das geschlossenen Bedienungsnetzes mit

$$\dot{\eta}(k) = \frac{R(k)}{\text{Min.} \left\{ \frac{1}{x_i} \middle| i = 0, 1, \ldots, n \right\}}. \tag{4.124}$$

Nichtautonome geschlossene Bedienungsnetze

In einem nichtautonomen geschlossenen Bedienungsnetz tritt neben den Bedienungszeiten T_{bi} der einzelnen Bedienungsanlagen noch die Quellverweilzeit T_d außerhalb des Rechnersystems auf. In Abb. 4.4 ist ein Beispiel eines geschlossenen nichtautonomen Bedienungsnetzes angegeben, das später noch verwendet wird. Wir führen den Gesamtbeschäftigungskoeffizienten u der Gesamtheit der n Einkanalressourcen ein

$$u = \frac{T_b}{T_d + T_b} \tag{4.125}$$

mit

$$T_b = T_{b0} + \sum_{i=0}^{n-1} P_i T_{bi}. \tag{4.126}$$

Im Vergleich zum vorangehenden Abschnitt kommt hier noch die Quellverweilzeit T_d dazu. Durch einfache Umformungen erhält man anstelle der Formeln (4.120) und (4.121) die Beziehungen

$$F_i(k) = 1 + x_i \frac{F_i(k-1) \cdot (k-1)}{F_Z(k-1) + \frac{1-u}{u}} \quad (i = 0, 1, \ldots, n-1) \tag{4.127}$$

und

$$F_Z(k) = \sum_{i=0}^{n-1} x_i F_i(k). \tag{4.128}$$

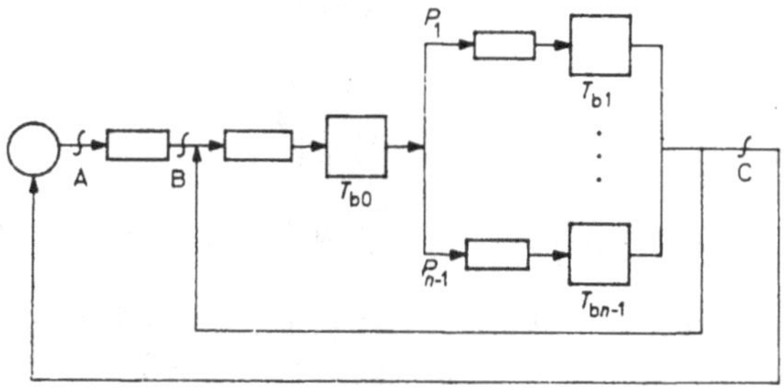

Abb. 4.4. Beispiel eines geschlossenen nichtautonomen Bedienungsnetzes

Dabei gilt

$$F_Z(k) = \frac{T_v(k)}{T_b} \tag{4.129}$$

mit

$$T_v(k) = T_{v0}(k) + \sum_{i=0}^{n-1} p_i T_{vi}(k) \tag{4.130}$$

und T_b nach (4.126). Für die Bestimmung des Leistungsfaktors kann auch hier Littles für den Abschnitt B–C (s. Abb. 4.4) mit

$$F_N(k) = k/R''(k) \tag{4.131}$$

herangezogen werden. Dabei gilt gemäß Definition für den Verweilzeitfaktor $F_N(k)$ und für den modifizierten Verweilzeitfaktor $F_N'(k)$ des Abschnittes B–C

$$F_N(k) = \frac{T_v(k) + T_q}{T_b + T_d}, \tag{4.132}$$

$$F_N'(k) = \frac{T_v(k) + T_d}{T_b} = \frac{F_N(k)}{u}. \tag{4.133}$$

Wir können jetzt das Gesetz der Verweilzeitfaktoren (4.101) anwenden. Dabei werden die Forderungsquelle als Teilsystem G0 mit dem Verweilzeitfaktor $F_0(k) = 1$ und die Gesamtheit der geteilt zugeordneten Ressourcen mit den zugehörigen Warteräumen als Teilsystem G1 mit dem Verweilzeitfaktoren $F_1(k) = F_Z(k)$ angesehen. Es gilt außerdem $x_0 = (1 - u)$ und $x_1 = u$. Somit ergibt sich

$$F_N(k) = (1 - u) + u \cdot F_Z(k) \tag{4.134}$$

$$F_N'(k) = \frac{(1 - u)}{u} + F_Z(k). \tag{4.135}$$

Aus (4.118) folgt unter Nutzung dieser Beziehungen

$$R''(k) = \frac{u \cdot k}{u \cdot F_Z(k) + (1 - u)} = \frac{u \cdot k}{F_N(k)}. \tag{4.136}$$

4.3. Bedienungssysteme mit Blockierung

In Rechnersystemen kommen häufig Bedienungssystemstrukturen mit Blockierung vor. Für derartige Bedienungssysteme ist es nicht möglich, die in den vorangegangenen Abschnitten 4.1. und 4.2. dargelegten Lösungen direkt zu nutzen. Aus diesem Grunde muß eine anderer Lösungsweg über eine geeignete Approximation gegangen werden. Hierbei werden die Grundideen der näherungsweisen vollständigen Dekomposition (s. [COU75], [KOTU76], [AGK82]) genutzt.

Dieser Abschnitt beschäftigt sich mit Näherungsmodellen für folgende drei Grundstrukturen mit Blockierung:

- offenes Bedienungssystem mit einer Bedienungsanlage mit zufälliger Kanalzahl innerhalb des Blockierungsabschnittes
- offenes Bedienungssystem mit zufälliger Kanalzahl der Blockierungsressource und Bedienungsnetz innerhalb des Blockierungsabschnittes und
- geschlossenes Bedienungssystem mit zufälliger Forderungszahl und einem Bedienungsnetz im Blockierungsabschnitt.

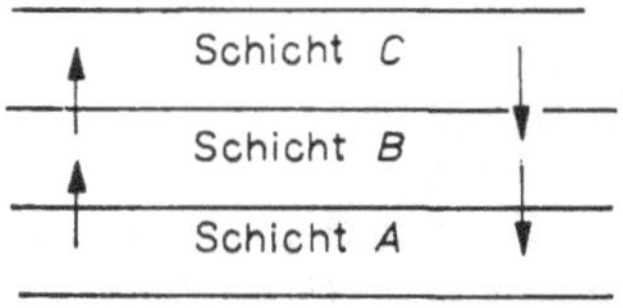

Abb. 4.5. Schichtförmiger Aufbau der Modellstruktur

In allen drei Fällen wird die Verbindung zwischen den Modellschichten über die Bedienungsintensität der jeweils höheren Schicht hergestellt. Dieses Vorgehen wurde erstmals in [BER86] veröffentlicht. Die nachfolgenden Ausführungen stellen eine wesentliche Erweiterung der darin vorgestellten Ergebnisse dar.
Bei der näherungsweisen vollständigen Dekomposition wird von einer schichtförmigen Modellstruktur (s. Abb. 4.5) ausgegangen. Die Abgrenzung der einzelnen Modellschichten wird später für die oben genannten drei Grundstrukturen mit Blockierung erläutert. Bei exakter Betrachtung gibt es zwischen den benachbarten Modellschichten eine Wechselwirkung und ihre Dekomposition bereitet Schwierigkeiten. Wenn wir nur die einseitigen Wirkungen von unten nach oben A $\rightarrow$ B und B $\rightarrow$ C berücksichtigen, ist eine schrittweise Berechnung der einzelnen Modellschichten möglich. Genau das wird in der näherungsweisen vollständigen Dekomposition umgesetzt. Bedingung für dieses Vorgehen ist, daß die Zustandsänderungen innerhalb der niederen Schicht wesentlich höherfrequent sind, als die Wechselwirkung mit der benachbarten höheren Schicht. Diese Bedingung ist in den Modellen von Rechnersystemen mit Blockierung, die wir nachfolgend betrachten, erfüllt.

4.3.1. Offenes Bedienungssystem mit einer Bedienungsanlage mit zufälliger Kanalzahl innerhalb des Blockierungsabschnittes

Als erstes betrachten wir ein offenes Bedienungssystem mit einer M/M/s-Bedienungsanlage innerhalb des Blockierungsabschnittes. In der Abb. 4.6 ist der entsprechende Forderungslaufplan dargestellt. Hierbei ist BK der Bedienungsknoten der M/M/s-Bedienungsanlage und B die Blockierungsressource mit m Kanälen. Wir bezeichnen mit T_d die mittlere Quellverweilzeit (d. h. diese Zeit leistet keinen Beitrag zur Summenbedienungszeit) und mit T_b die mittlere Bedienungszeit der M/M/s-Bedienungsanlage. Dabei nehmen wir an, daß T_b vom Zustand der M/M/s-Bedienungsanlage abhängt. In der Abb. 4.6 sind die Schnittstellen A, B und C für das eingebettete M/M/s-Bedienungssystem und die Schnittstellen A′, B′ und C′ für das Gesamtbedienungssystem mit

Blockierung eingetragen. Wir bezeichnen mit r die Zahl der Forderungen im Gesamtsystem, mit q die Zahl der Forderungen innerhalb des Blockierungsabschnittes B′—C′ und mit p die Zahl der Forderungen, die im M/M/s-Bedienungssystem (Abschnitt A—C) verweilen. Es werden jetzt die beiden Teilsysteme G0 und G1 hervorgehoben. Das System G0 befindet sich zwischen den Eingangsschnittstellen A′, C und der Ausgangsschnittstelle A und das System G1 zwischen der Eingangsschnittstelle A und der Ausgangsschnittstelle C. Dabei charakterisieren die Zahl der Forderungen in diesen beiden Systemen $r - p$ und p den Zustand des Gesamtsystems. Dementsprechend können die (stationären) Zustandswahrscheinlichkeiten des Gesamtsystems mit $q(r - p, p)$ eingeführt werden. Es gilt für das System G0

$$r = r_0 + q, \tag{4.137}$$

wobei r_0 die Zahl der Forderungen im Warteraum vor der Schleife und $q - p$ die Zahl der Forderungen im Denkabschnitt mit der mittleren Quellverweilzeit T_d sind.

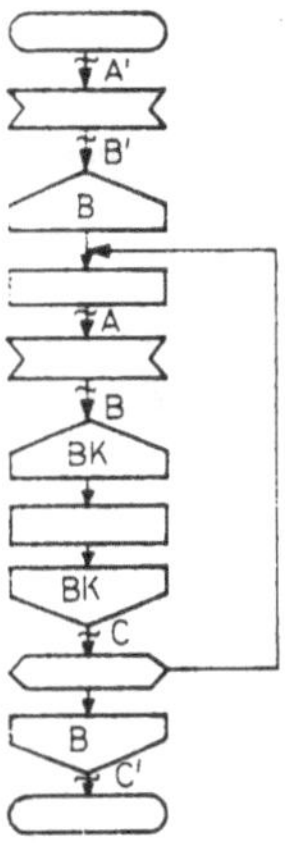

Abb. 4.6. Forderungslaufplan für ein offenes Bedienungssystem mit einer M/M/s-Bedienungsanlage innerhalb des Blockierungsabschnittes

Es gilt

$$r_0 = \begin{cases} 0 \text{ für } r < m, \\ r - m \quad \text{für} \quad r \geqq m. \end{cases} \tag{4.138}$$

Für die Zustandswahrscheinlichkeiten $q(r - p, p)$ kann die Normalisierungsbedingung

$$\sum_S q(r - p, p) = 1 \tag{4.139}$$

aufgestellt werden, wobei S die Menge aller Zustände ist, die das Gesamtsystem einnehmen kann. Die Blockierungsbedingung, die angibt, wieviel Forderungen sich im Blockierungsabschnitt (der zwischen den Blöcken BELEGEN B und FREIGEBEN B liegt) maximal befinden können, lautet

$$q \leqq m. \tag{4.140}$$

Der Zustandsgraph des Gesamtsystems besitzt die in Abb. 4.7 angegebene Form. Wir bezeichnen mit λ' die Ankunftsstromintensität am Eingang des Gesamtsystems mit μ', die Bedienungsintensität des Gesamtsystems, mit μ_1 die Bedienungsintensität des M/M/s-Systems, wobei $\mu_1 = 1/T_b$ gilt, mit λ die Ankunftsstromintensität am Eingang (Schnittstelle A) des M/M/s-Bedienungssystems und mit γ die Quellintensität

$$\gamma = 1/T_d. \tag{4.141}$$

Dabei gilt

$$\begin{aligned} \lambda' &= \frac{1}{N_A}\lambda, \\ \mu' &= \frac{1}{N_A}\mu_1, \\ \mu_1' &= \frac{N_A - 1}{N_A}\mu_1, \\ \mu' + \mu_1' &= \mu_1, \end{aligned} \tag{4.142}$$

wobei N_A die mittlere Zahl der Zyklen des zyklischen Abschnittes im Forderungslaufplan ist.

Im Zustandsgraphen des Gesamtbedienungssystems (s. Abb. 4.7) sind folgende Übergangsintensitäten gültig: λ' für die Übergänge vom Zustand $(r - p, p)$ zum Zustand $(r - p + 1, p)$, μ' für die Übergänge vom Zustand $(r - p, p)$ zum Zustand $(r - p,$

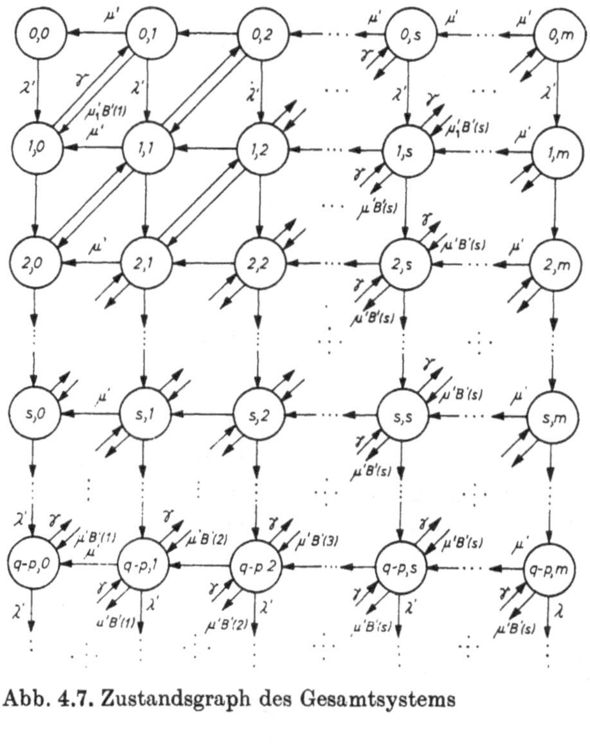

Abb. 4.7. Zustandsgraph des Gesamtsystems

$p + 1)$, $(q - p)\gamma$ für die Übergänge vom Zustand $(r - p, p)$ zum Zustand $(r - p - 1, p + 1)$ und $\mu_1 B(p)$ für die Übergänge vom Zustand $(r - p, p)$ zum Zustand $(r - p + 1, p - 1)$.

Das oben beschriebene Bedienungssystem kann in zwei Modellschichten zerlegt werden. Wir fassen alle Zustandswahrscheinlichkeiten mit konstanter Forderungszahl (d. h., die Zustandswahrscheinlichkeiten der Diagonalen von links unten nach rechts oben) zu $p(r)$ zusammen

$$p(r) = \sum_{M(r)} q(r - p, p) \qquad (q = 0, 1, 2, \ldots). \tag{4.143}$$

Für unser Gesamtsystem wird folgender Lösungsansatz gemacht

$$q(r - p, p) = p(q - p, p)\, p(r). \tag{4.144}$$

Dabei repräsentieren die Zustandswahrscheinlichkeiten $p(q - p, p)$ die untere und die Zustandswahrscheinlichkeiten $p(r)$ die obere Modellschicht.

Wir betrachten jetzt die untere Modellschicht und nehmen dazu $N_\Lambda \to \infty$ an. Aus dieser Annahme folgt $\lambda' = \mu' = 0$ und $\mu_1' = \mu_1$. Damit verschwinden für diese Modellschicht

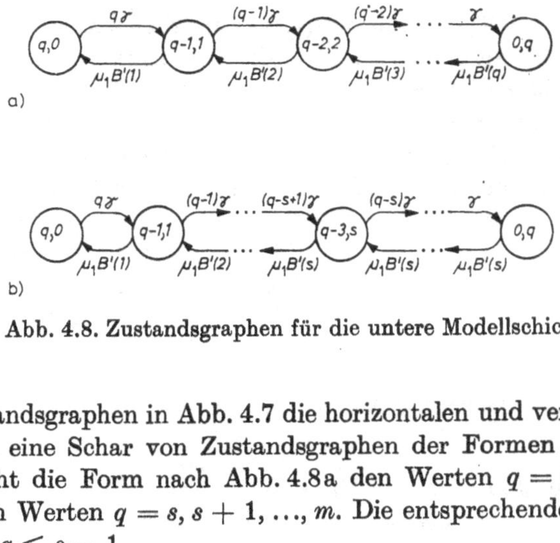

Abb. 4.8. Zustandsgraphen für die untere Modellschicht

im Zustandsgraphen in Abb. 4.7 die horizontalen und vertikalen Verbindungen und wir erhalten eine Schar von Zustandsgraphen der Formen entsprechend Abb. 4.8. Dabei entspricht die Form nach Abb. 4.8a den Werten $q = 0, 1, \ldots, s - 1$ und nach Abb. 4.8b den Werten $q = s, s + 1, \ldots, m$. Die entsprechenden Zustandsgleichungen lauten bei $0 \leqq q \leqq s - 1$

$$q\gamma \cdot p(q, 0) = \mu_1 B'(1) \cdot p(q - 1, 1) \qquad \text{für } p = 0$$

$$\begin{aligned}
&[(q - p)\gamma + \mu_1 \cdot B'(p)] \cdot p(q - p, p) \\
&= (q - p + 1) \cdot \gamma \cdot p(q - p + 1, p - 1) \\
&\quad + \mu_1 B'(p + 1)\, p(q - p - 1, p + 1) \qquad \text{für } p = 1, 2, \ldots, q - 1
\end{aligned} \tag{4.145}$$

$$\mu_1 B'(q) \cdot p(0, q) = \gamma p(1, q - 1) \qquad \text{für } p = q$$

und bei $s \leqq k \leqq m$

$$
\begin{aligned}
&q \cdot \gamma \cdot p(q, 0) = \mu_1 B'(1) \cdot p(q-1, 1) \qquad \text{für } p = 0 \\
&[(q-p)\,\gamma + \mu_1 \cdot B'(p)] \cdot p(q-p, p) \\
&= (q-p+1) \cdot \gamma p(q-p+1, p-1) \\
&\quad + \mu_1 B'(p+1) \cdot p(q-p-1, p+1) \qquad \text{für } p = 1, 2, \ldots, s-1 \\
&[(q-p)\,\gamma + \mu_1 B'(s)] \cdot p(q-p, p) \\
&= (q-p+1) \cdot \gamma p(q-p+1, p-1) \\
&\quad + \mu_1 B'(s)\, p(q-p-1, p+1) \qquad \text{für } p = s, s+1, \ldots, q-1 \\
&\mu_1 B'(s)\, p(0, q) = \gamma p(1, q-1).
\end{aligned}
\tag{4.146}
$$

Außerdem gilt die Normalisierungsbedingung

$$\sum_{p=0}^{q} p(q-p, p) = 1 \qquad (q = 0, 1, \ldots, m). \tag{4.147}$$

Ein Vergleich der Beziehungen (4.145) (4.146) und (4.147) mit den Beziehungen (4.61), (4.66) und (4.62) zeigt, daß wir es mit einer Schar geschlossener Einanlagenbedienungssystemen (s. Abb. 3.4) zu tun haben, deren Lösung im Abschnitt 4.1.3. vorliegt. Für jedes System dieser Schar geschlossener Bedienungssysteme kann das Leistungsverhalten mit Hilfe der Beziehungen (4.71), (4.81) und (4.84) ermittelt werden. In diesen Formeln ist bei einem Bedienungsknoten mit zufälliger Kanalzahl für die untere Modellschicht die Beziehung (4.36) zu nutzen.

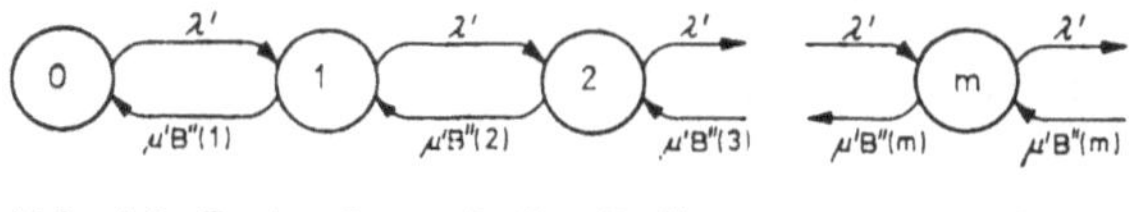

Abb. 4.9. Zustandsgraph des Bedienungssystems der oberen Modellschicht

Wir betrachten jetzt die obere Modellschicht. Diese kann durch ein Einknotenbedienungssystem mit zustandsabhängiger Bedienungsintensität beschrieben werden. Für dieses Bedienungssystem ergibt sich der Zustandsgraph in Abb. 4.9. Da (4.139) erfüllt ist, folgt durch Einsetzen von (4.144)

$$\sum_{r=0}^{\infty} p(r) \cdot \sum_{p=0}^{q} p(q-p, p) = 1, \tag{4.148}$$

wobei (4.147) gilt. Somit ergibt sich die Normalisierungsbedingung

$$\sum_{r=0}^{\infty} p(r) = 1. \tag{4.149}$$

Dem Zustandsgraphen 4.9 entspricht das Gleichungssystem

$$\begin{aligned}
&\lambda' \cdot p(0) = \mu' B''(1)\, p(1) \qquad \text{für } r = 0 \\
&[\lambda' + \mu' B''(r)] \cdot p(r) \\
&= \lambda' p(r-1) + \mu' B''(r+1)\, p(r+1) \qquad \text{für } 1 \leqq r \leqq m-1 \\
&[\lambda' + \mu' B''(m)] \cdot p(r) = \lambda' p(r-1) + \mu' B''(m)\, p(r+1) \qquad \text{für } m \leqq r\,.
\end{aligned} \tag{4.150}$$

Dieses Gleichungssystem, zusammen mit (4.149), entspricht dem Gleichungssystem (4.13) und (4.9) im Abschnitt 4.11. Man kann somit die Lösungen (4.16), (4.17) nutzen. Die Verbindung zur unteren Modellschicht ergibt sich über

$$B''(q) = R''(q), \tag{4.151}$$

wobei $R''(q)$ aus der Schar geschlossener M/M/s-Bedienungssysteme nach den Formeln (4.71) und (4.81) berechnet werden kann.
Für die Anzahl Z der im Abschnitt A—C (s. Abb. 4.6) verweilenden Forderungen gilt der Ansatz

$$Z = \sum_{r=1}^{\infty} p(r) \cdot Z''(r). \tag{4.152}$$

Hierbei können die $p(r)$ aus (4.16), und (4.17) eingesetzt werden, und wir erhalten

$$Z = \frac{\displaystyle\sum_{q=1}^{m-1} \frac{\varrho^q}{\prod_{l=1}^{q} R''(l)} Z''(q) + \frac{\varrho^m \cdot Z''(m)}{\prod_{l=1}^{m} R''(l)\left(1 - \varrho/R''(m)\right)}}{\displaystyle 1 + \sum_{q=1}^{m-1} \frac{\varrho^q}{\prod_{l=1}^{q} R''(l)} + \frac{\varrho^m}{\prod_{l=1}^{m} R''(l)\left(1 - \varrho/R''(m)\right)}}\,. \tag{4.153}$$

Die Schnittstellen zur unteren Modellschicht sind die $Z''(q)$ und die $R''(q)$ ($q = 1, 2, \ldots, m$), die aus (4.71) und (4.81) berechnet werden können. Mit Hilfe von Littles Theorem

$$F_Z = Z/\varrho \tag{4.154}$$

kann auch der Verweilzeitfaktor F_Z der im Abschnitt A—C verweilenden Forderungen bestimmt werden.
Als obere Grenze ϱ^* des Verkehrswertes ergibt sich

$$\varrho^* = R^*(m), \tag{4.155}$$

und für den Auslastungsgrad η des Gesamtsystems gilt

$$\eta = \varrho/\varrho^* = \varrho/R''(m). \tag{4.156}$$

4.3.2. Offenes Bedienungssystem mit einem Bedienungsnetz innerhalb des Blockierungsabschnittes

Wir gehen jetzt zur Betrachtung eines offenen Bedienungssystems über, das innerhalb des Blockierungsabschnittes als Bedienungsnetz aufgebaut ist. Dabei beschränken wir uns auf eine Struktur dieses Bedienungsnetzes, wie sie später in diesem Buch benötigt wird. In der Abb. 5.22 ist der Forderungslaufplan dieses Bedienungssystems graphisch dargestellt. Mit A wird die blockierende Ressource bezeichnet, die s Kanäle besitzen soll. In diesem Bedienungssystem werden die einzelnen Bedienungsanlagen mit G0, G1, ..., Gn gekennzeichnet (s. Abb. 5.22). Dabei werden die Zahl der in diesen Bedienungsanlagen befindlichen Forderungen mit $l_0, k_1, \ldots, k_n$ bezeichnet. Für das Teilsystem G0 gilt

$$l_0 = s_0 + k_0\,, \tag{4.157}$$

wobei s_0 die Zahl der Forderungen im außerhalb der Schleife befindlichen Warteraum und k_0 die Zahl der Forderungen im innerhalb der Schleife befindlichen Teil der Bedienungsanlage G0 sind.
In Analogie zu (4.138) können wir ansetzen

$$s_0 = \begin{cases} 0 & \text{für } p < s \\ p - s & \text{für } p \geqq s\,. \end{cases} \tag{4.158}$$

Die Zahl der Forderungen im Gesamtsystem p ergibt sich zu

$$p = l_0 + \sum_{l=1}^{n} k_i = s_0 + \sum_{i=0}^{n} k_i\,. \tag{4.159}$$

Wir können jetzt die stationären Zustandswahrscheinlichkeiten des Gesamtsystems mit $q(l_0, k_1, \ldots, k_n)$ einführen. Dabei gilt die Normalisierungsbedingung

$$\sum_{(S)} q(l_0, k_1, \ldots, k_n) = 1\,, \tag{4.160}$$

wobei S die Menge der Zustände des Gesamtsystems bezeichnet. In diesem Fall gilt die Blockierungsbedingung

$$\sum_{i=0}^{n} k_i \leqq s\,. \tag{4.161}$$

Auch bei diesem Bedienungssystem mit Blockierung ist eine Zerlegung in zwei Modellschichten mit Hilfe der näherungsweisen vollständigen Dekomposition möglich. In Anlehnung an den Ansatz für das Bedienungssystem mit einer Bedienungsanlage innerhalb des Blockierungsabschnittes (4.144) gilt jetzt für die näherungsweise vollständige Dekomposition der Zerlegungsansatz

$$q(l_0, k_1, \ldots, k_n) = p(k_0, k_1, \ldots, k_n) \cdot p(p)\,. \tag{4.162}$$

Nach dem Übergang von $N_\Lambda \to \infty$ erhält man in diesem Fall eine Schar von Zustandsgleichungen für $p(k_0, k_1, \ldots, k_n)$, die einer Schar von geschlossenen Bedienungsnetzen

mit $k = 0, 1, 2, 3, \ldots$ Forderungen im Netz entspricht. Damit können die Zustandswahrscheinlichkeiten und die entsprechenden Leistungskenngrößen für die unter Modellschicht anhand der entsprechenden Beziehungen im Abschnitt 4.2.2. ermittelt werden.
Es gilt (4.120), (4.121) und (4.122) für die Berechnung der Verweilzeitfaktoren $F(k)$ und (4.113) kann für die Bestimmung der Leistungsfaktoren $R(k)$ dieser Modellschicht genutzt werden.
Wir gehen jetzt zur Betrachtung der oberen Modellschicht über. Dabei erhält man, wie im Abschnitt 4.1.2., den Zustandsgraphen entsprechend Abb. 4.1 mit s anstelle von m und die entsprechenden Zustandsgleichungen (4.38) und (4.39). Man kann also für die obere Modellschicht die Lösungen (4.40) und (4.41) aus dem Abschnitt 4.1. nutzen. Die Verbindung zur unteren Modellschicht ergibt sich über (4.36), wobei $B(k) = R(k)$ aus der Schar geschlossener M/M/1-Bedienungsnetze über (4.120), (4.121), (4.122) und (4.113) berechnet werden können. Auf dieser Grundlage erhalten wir die Zahl A der im Abschnitt B—C (s. Abb. 5.20) aktiven Forderungen mit (4.49) und auf der Grundlage von Littles Theorem nach (4.57) kann auch der Verweilzeitfaktor F_A der in B—C aktiven Forderungen bestimmt werden.

4.3.3. Geschlossenes Bedienungssystem mit einem Bedienungsnetz innerhalb des Blockierungsabschnittes

Wir gehen jetzt zur Betrachtung eines geschlossenen Bedienungssystems über, das innerhalb des Blockierungsabschnittes ein Bedienungsnetz enthält. Dieses Bedienungsnetz soll wieder den gleichen Aufbau wie im Abschnitt 4.3.2. besitzen. In der Abb. 5.24 ist der Forderungslaufplan eines Bedienungsnetzes mit zweifacher Blockierung angegeben. Dabei sind S und A die beiden blockierenden Ressourcen. Wir nehmen jetzt an, daß sich das System im Sättigungszustand bezüglich der Ressource S befindet. In diesem Fall geht das betrachtete Netz in ein geschlossenes Bedienungsnetz mit einer Blockierung durch die Ressource A über. Hierbei seien wieder G0, G1, ..., Gn—1 Einkanalbedienungsknoten und Gn ein Unendlichkeitskanalbedienungsknoten. Die blockierende Ressource A soll s Kanäle besitzen. Dabei werden die Zahl der in diesen Bedienungsanlagen befindlichen Forderungen mit $l_0, k_1, \ldots, k_n$ bezeichnet. Für die Bedienungsanlage G0 gilt auch hier (4.157), wenn s_0 die Zahl der Forderungen im außerhalb der Schleife befindlichen Warteraum und k_0 die Zahl der Forderungen im innerhalb der Schleife befindlichen Warteraum sind. Für die Interpretation von s_0 gilt wieder (4.158). Die Zahl der Forderungen im Gesamtsystem (d. h. im Abschnitt B—C) wird mit q und die Zahl der Forderungen im M/M/s-Bedienungssystem (d. h. im Abschnitt A—C) wird mit p bezeichnet. Dabei gilt

$$0 \leqq p \leqq q, \tag{4.163}$$

und die Beziehung (4.144) gibt den Zusammenhang von p mit l_0, s_0 und k_i ($i = 0, 1, \ldots, n$) an. Der Zustand des geschlossenen Gesamtsystems mit q Forderungen ist durch ($l_0, k_1, \ldots, k_n$) vollständig fixiert. Deshalb wird auch hier die stationäre Zustandswahrscheinlichkeit für das Gesamtsystem mit $q(l_0, k_1, \ldots, k_n)$ bezeichnet. Dabei gilt wieder die Normalisierungsbedingung (4.160). Allerdings ist hierbei die Menge S der für das Gesamtsystem möglichen Zustände eine andere als beim offenen Bedienungssystem des

Abschnittes 3.3.2. Die Blockierungsbedingung (4.161) kann aus dem Abschnitt 3.3.2. übernommen werden. Wir machen jetzt den Zerlegungsansatz

$$q(l_0, k_1, \ldots, k_n) = p(k_0, k_1, \ldots, k_n) \cdot p(q - p, p), \tag{4.164}$$

wobei $p(k_0, k_1, \ldots, k_n)$ die Zustandswahrscheinlichkeit für die untere Modellschicht und $p(q - p, p)$ die Zustandswahrscheinlichkeit für die obere Modellschicht sind.
Auch hier wird die Zerlegung in zwei Modellschichten durch den Grenzübergang $N_\Lambda \to \infty$ ermöglicht. Im Ergebnis erhalten wir für die untere Modellschicht Zustandsgleichungen, die zur Formel (4.111) und damit zu den Beziehungen (4.120), (4.121) und (4.113) für die Berechnung der Verweilzeitfaktoren $F(k)$ und der Leistungsfaktoren $R(k)$ führen.
Für die obere Modellschicht ergibt sich ein geschlossenes Bedienungssystem mit dem Zustandsgraphen nach Abb. 4.8. Die entsprechenden Gleichungssysteme für die stationären Zustandswahrscheinlichkeiten $p(q - p, p)$ sind bereits in (4.145), (4.146) und (4.147) angegeben.
In diesen Beziehungen ist bei Berücksichtigung der zufälligen Kanalzahl der oberen Schicht $B'(q)$ über (4.36) aus $B(k)$ zu berechnen. Wenn in (4.36) $B(k)$ gleich $R(k)$ gesetzt wird, dann kann aus der unteren Modellschicht $R(k)$ nach (4.113) unter Berücksichtigung von (4.120), (4.121) und (4.122) eingesetzt werden.
Auf dieser Grundlage ergibt sich für die mittlere Zahl $Z''(q)$ der im Abschnitt A—B verweilenden Forderungen die Beziehung (4.71). Der zugehörige Leistungsfaktor $R''(q)$ kann durch (4.81) und der zugehörige Verweilzeitfaktor $F_Z''(q)$ durch (4.84) bestimmt werden. Außerdem gilt für den Zusammenhang zwischen den Größen $Z''(q)$, $R''(q)$ und $F_Z''(q)$ Littles Theorem entsprechend (4.79).

B. Leistungsmodellierung des Rechenbetriebs

Im Abschnitt A haben wir uns mit den Grundlagen der Leistungsmodellierung von Rechnersystemen beschäftigt. Diese sind für die Entwicklung von Rechnersystemen, für den Entwurf von Rechnerkonfigurationen und für die Rationalisierung des Rechenbetriebs gleichermaßen nutzbar. Sie sind für die Modellierung von Einzelrechnersystemen und von Rechnerverbundsystemen einschließlich lokaler und flächendeckender Rechnernetze geeignet. Die konkrete Betrachtung der Leistungsmodellierung aller Rechnersystemklassen unter den verschiedenen oben genannten Aspekten würde den Rahmen dieses Buches sprengen. Deshalb beschränken wir uns hier auf die Leistungsmodellierung des Rechenbetriebs. Dabei stehen Einzelrechnersysteme und im begrenzten Maße Rechnerverbundsysteme im Mittelpunkt der Untersuchungen.
Im einzelnen wird in diesem Abschnitt B behandelt

— Modellierung der Rechenprozesse ohne Berücksichtigung der Ressourcenzuordnung
— Modellierung der Belegung und Freigabe verschiedener Ressourcenklassen
— Leistungsmodellierung des Stapelbetriebs
und
— Leistungsmodellierung des Dialogbetriebs.

5. Struktureller Aufbau der Rechenprozesse eines Rechnersystems

5.1. Modellierung der Rechenprozesse ohne Berücksichtigung der Ressourcenzuordnung

5.1.1. Zeitlicher Ablauf der Aufgabenabfertigung durch ein Rechnersystem

Wir betrachten jetzt die natürliche Arbeitslasteinheit des Nutzers, die Aufgabe (Task). Eine Aufgabe besteht aus einer Menge von Daten und einem oder mehreren Programmen. Dabei können die Daten in Eingangsdaten, Zwischenwerte und Endergebnisse unterteilt werden. Wenn wir hier von einem Programm sprechen, so ist ein lauffähiges Programm im Maschinencode gemeint, das nach dem Übersetzen und Verbinden entsteht. Wir nennen das lauffähige Programm auch Lademodul.

Der zeitliche Ablauf der Aufgabenabfertigung wird wesentlich durch die Zweiebenen-Speicherorganisation der Rechnersysteme beeinflußt. Wir können den gesamten Speicher eines Rechnersystems in zwei funktionell unterschiedliche Ebenen unterteilen, in den Hauptspeicher und den externen Speicher. Der Hauptspeicher ist für die Speicherung der unmittelbar an der Informationsverarbeitung der Zentralen Verarbeitungseinheit (ZVE) beteiligten Informationen bestimmt. Es handelt sich hier um die Befehlsmenge des Lademoduls und die Menge der Daten, die als Operanden an den durch die Befehle festgelegten Operationen beteiligt sind. Bezogen auf den Gesamtumfang der von einem Rechnersystem zu verarbeitenden Informationen ist der Hauptspeicher klein. Er reicht häufig nicht für die Unterbringung der vollständigen zu einer Aufgabe gehörenden Information aus. Demgegenüber besitzt der externe Speicher eines Rechnersystems eine um Größenordnungen höhere Kapazität. Aber die im externen Speicher abgespeicherten Informationen können nicht direkt von der ZVE verarbeitet werden, sondern müssen vor der Verarbeitung durch die ZVE erst in den Hauptspeicher gebracht werden. Bezogen auf die Lese- und Schreiboperationen ist der Hauptspeicher wesentlich schneller als der externe Speicher. Er ist aber bezogen auf den gespeicherten Informationsumfang wesentlich teurer als der externe Speicher. Obwohl mit der stürmischen Entwicklung der Mikroelektronik die Hauptspeichergröße ständig wächst, bleiben die oben gemachten relativen Aussagen auch in Zukunft richtig.

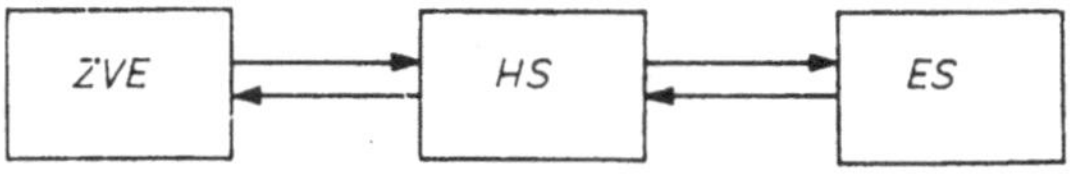

Abb. 5.1. Zur Zweiebenen-Speicherorganisation

Aus den oben genannten Ausführungen folgt, daß die Zweiebenen-Speicherorganisation entsprechend Abb. 5.1 bei der Modellbildung als allgemeine Eigenschaft vorausgesetzt werden muß (s. [MAJ78]). Die Folge des Vorhandenseins der beiden funktionell verschiedenen Speicherebenen besteht darin, daß Informationen der einzelnen Programme über die Speicherebenen sinnvoll verteilt werden müssen und daß in den Programmen Befehle vorhanden sein müssen, die eine Informationsübertragung zwischen den beiden Speicherebenen initiieren. Bei einem virtuellen Speicher werden beide Speicherebenen aus der Sicht des Nutzerprogrammes zwar zu einer vereinigt und bestimmte Informationsübertragungen zwischen den beiden Speicherebenen erfolgen automatisch. Aber auf der Ebene des Betriebssystems muß die automatische Informationsübertragung ebenfalls programmtechnisch initiiert werden. Für die Modellbildung muß dieser Unterschied zwar beachtet werden, er hat aber keinen Einfluß auf die grundlegende Modellstruktur. In den nachfolgenden Betrachtungen gehen wir davon aus, daß im Nutzerprogramm die Ein- und Ausgabe von Daten vom externen Speicher in den Hauptspeicher zu programmieren ist.
Die im externen Speicher abgespeicherte Information wird in Dateien zerlegt, damit eine sinnvolle Übertragung organisiert werden kann. Dabei ist eine Datei eine geordnete Gesamtheit von Daten, die aus der Sicht ihres Inhalts zweckmäßigerweise zusammengefaßt werden sollten. Eine Datei wird gewöhnlich in logische Sätze zerlegt, wobei ein logischer Satz eine Informationseinheit ist, deren Informationen als Ganzes verarbeitet werden. Für die Zwecke der Informationsübertragung zwischen Hauptspeicher und

externem Speicher werden mehrere logische Sätze meist zu physischen Sätzen zusammengefaßt. Physische Sätze heißen auch Datenblöcke und man spricht bei der Zusammenfassung der logischen Sätze zu physischen auch von Blockung, wobei die Anzahl der in einem Datenblock enthaltenen logischen Sätze Blockungsfaktor heißt. Ohne Beschränkung der Allgemeinheit unserer Betrachtungen nehmen wir jetzt den Blockungsfaktor 1 an. In diesem Fall stimmen logischer und physischer Satz überein.

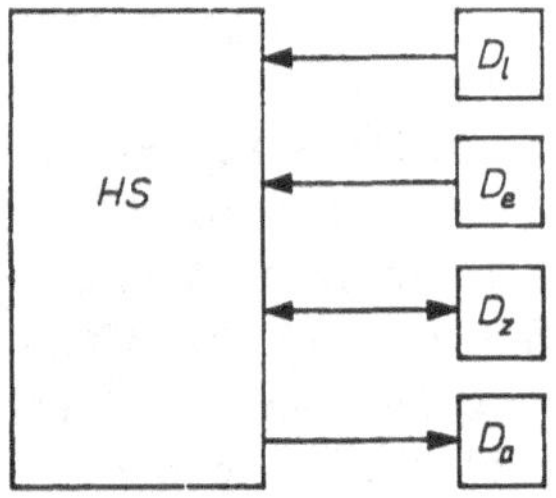

Abb. 5.2. Zur Wechselwirkung zwischen dem Hauptspeicher und den im externen Speicher befindlichen Dateien

Wir behandeln jetzt die Wechselwirkung zwischen den zu einer Aufgabe gehörenden Dateien, die im externen Speicher stehen und dem Hauptspeicher. Schematisch ist diese in Abb. 5.2. dargestellt. Dabei sind D_l die Datei für die Aufnahme der Lademodulen $l_1, l_2, \ldots$, D_e die Datei für die Aufnahme der Eingabesätze $e_1, e_2, \ldots$, D_z die Datei für die Speicherung von Zwischenergebnissätzen $z_1, z_2, \ldots$, D_a die Datei für die Aufnahme der Endergebnissätze $a_1, a_2, \ldots$ Wir gehen davon aus, daß die Folge von Verarbeitungsoperationen der ZVE zwischen zwei E/A-Operationen und die E/A-Operationen sequentiell nacheinander erfolgen, d. h., daß keine zeitliche Überlappung zwischen Verarbeitung in der ZVE und Ein- und Ausgabe in den Einrichtungen zur Informationsübertragung zwischen Hauptspeicher und peripheren Speicher stattfindet. Ein solches Konzept wird z. B. im Betriebssystem UNIX [RITH74] konsequent eingehalten.

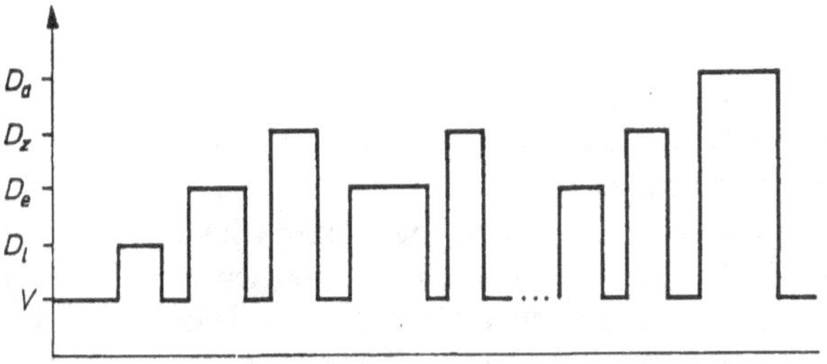

Abb. 5.3. Balkendiagramm der Lösung einer Aufgabe

Wir betrachten ein Balkendiagramm der zeitlichen Belegung der einzelnen Dateien und der ZVE (s. Abb. 5.3). Die Lösung einer Aufgabe führt bei Zweiebenen-Speicherorganisation zu einer zeitlichen Folge von Zyklen der Verarbeitung durch die ZVE und der Informationsübertragung zwischen Hauptspeicher und externem Speicher beim Zugriff zu den Dateien. Die Dauer der einzelnen Perioden hängt von der Operationsanzahl, die der Prozessor zwischen zwei Dateizugriffen auszuführen hat, der Informationsmenge, die bei einem Dateizugriff zu übertragen ist, und von Arbeitsgeschwindigkeiten, der an der Aufgabenausführung beteiligten aktiven Ressourcen ab. Wir können davon ausgehen, daß die verschiedenen Dateien auf verschiedenen externen Speichern untergebracht sind, deren Laufwerke verschiedene Geschwindigkeiten besitzen. Deshalb ist für die zeitliche Betrachtung die Unterteilung der Zugriffe zu den Dateien nach den Geschwindigkeiten der entsprechenden Laufwerke, über die zu den Dateien zugegriffen wird, zweckmäßig.

5.1.2. Analyse der Arbeitslast einer Aufgabe

Wir wollen jetzt die Arbeitslast einer Aufgabe analysieren. Dabei untersuchen wir den Operationsumfang (d. h. die Zahl der Operationen jeder Operationsklasse und die Gesamtoperationszahl) und die Bedienungszeit eines bestimmten Zyklusabschnittes. Wie bereits ausgeführt, kann man den Rechenprozeß einer Aufgabe als sequentielle Folge von Etappen der Verarbeitung und Eingabe/Ausgabe über verschiedene Laufwerke betrachten. Als Forderungslaufplan ist das in Abb. 5.4. ohne Berücksichtigung

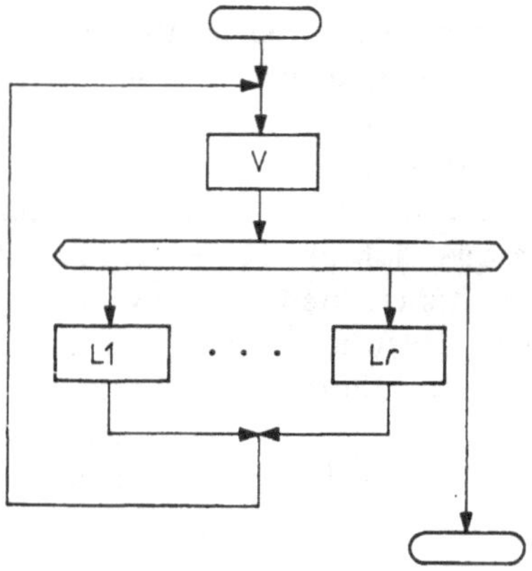

Abb. 5.4. Forderungslaufplan des zyklischen Abarbeitungsprozesses einer Aufgabe

der Ressourcenzuordnung dargestellt. Dabei sind die Operationsblöcke L1, ..., Lr den Zugriffen zu verschiedenartigen Laufwerken und der Block V der Verarbeitung in der ZVE zwischen zwei Zugriffen zugeordnet.
Wir betrachten jetzt die Bedienungszeiten der einzelnen Operationsblöcke V, L1, ..., Lr für verschiedene Geräteklassen einzeln. Als erstes analysieren wir die Verarbeitungszeit der ZVE zwischen zwei Zugriffen, die im Operationsblock V repräsentiert wird. Der Arbeitsumfang dieses Operationsblocks ist einerseits durch die Anzahl der zwischen zwei E/A-Zugriffen auszuführenden Verarbeitungsoperationen und andererseits durch die Zeit, die der Prozessor für eine Verarbeitungsoperation benötigt, bestimmt. Dabei wird unter einer Verarbeitungsoperation die Ausführung eines Befehls durch die ZVE verstanden. In der ZVE werden unterschiedliche Befehle Bi ($i = 1, \ldots, f$) abgearbeitet, die verschiedene Operationszeiten τ_{0i} ($i = 1, \ldots, f$) benötigen. Die Klassifizierung erfolgt aus funktioneller Sicht, um verschiedene ZVE vergleichen zu können. Sie faßt aber Befehle in Gruppen zusammen, wobei die zu einer Gruppe gehörenden Befehle bei einer Reihe von ZVE gleiche oder nahekommende Operationszeiten haben. Man kann die Ausführung der Verarbeitungsoperationen zwischen zwei Zugriffen durch eine Schleifenkopplung des Forderungslaufplanes mit innerer Verzweigungskopplung dar-

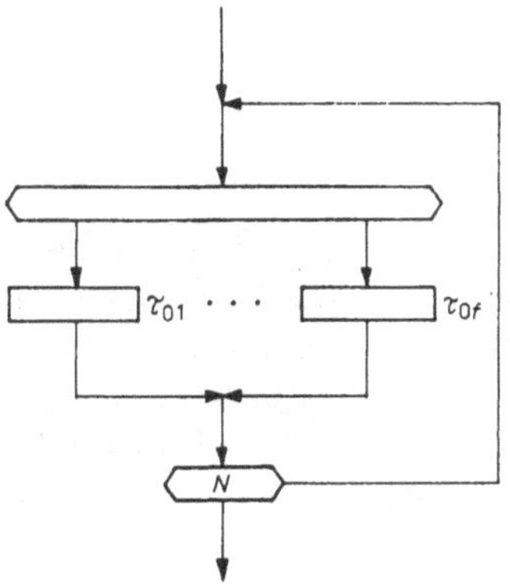

Abb. 5.5. Forderungslaufplan für die Abarbeitung der Verarbeitungsoperationen verschiedener Befehlsklassen zwischen zwei E/A-Zugriffen

stellen (s. Abb. 5.5). Dabei repräsentieren die Operationsblöcke Verarbeitungsoperationen, wobei die einzelnen Zweige den verschiedenen Befehlsklassen zugeordnet sind. Wir wollen jetzt die mittlere Operationszeit der betrachteten Aufgabe bestimmen. Dazu führen wir die Bezeichnungen H für die Gesamtzahl der in der Aufgabe abzuarbeitenden Verarbeitungsoperationen, H_i die Gesamtzahl der in der Aufgabe abzuarbeitenden Operationen der Befehlsklasse Bi, K für die Anzahl der Verarbeitungsabschnitte der ZVE zwischen zwei Zugriffen, N_l für die Anzahl der Verarbeitungsoperationen zwischen den Zugriffen Nummern l und $l + 1$ und N_{li} für die Anzahl der laufenden Operationen der Befehlsklasse Bi zwischen den Zugriffen der laufenden Nummern l und $l + 1$ ein. In diesem Fall ergibt sich die relative Häufigkeit der Operationen der Befehlsklasse Bi mit

$$h_i = H_i/H, \tag{5.1}$$

wobei

$$H = \sum_{i=1}^{f} H_i \tag{5.2}$$

gilt. Dabei kann H durch

$$H = \sum_{l=1}^{k} N_l \tag{5.3}$$

und H_i durch

$$H_i = \sum_{l=1}^{k} N_{li} \tag{5.4}$$

berechnet werden. Die mittlere Operationszeit für die Gesamtheit der Befehle der Aufgabe ergibt sich dann mit

$$T_0 = \sum_{i=1}^{f} h_i \tau_{0i} . \tag{5.5}$$

Die mittlere Bedienungszeit eines Verarbeitungsabschnittes zwischen zwei E/A-Zugriffen (Abschnitt 5.1.1. Abb. 5.5) ist dann

$$T_{b0} = NT_0 \tag{5.6}$$

wobei N die mittlere Zahl der Befehlsoperationen in einem Verarbeitungsabschnitt zwischen zwei E/A-Zugriffen mit

$$N = H/K \tag{5.7}$$

ist.

Die oben gewählte Betrachtung ist in dem Sinne ungünstig, daß dabei eine sehr große Zahl von Aufgaben unterschieden werden muß, für welche die Mittelwerte der Befehlsoperationszeit in der Praxis nicht mehr bestimmt werden kann. Deshalb wird für die Gewinnung der mittleren Operationszeit eine große Zahl von Aufgaben mit gleichartiger Funktionsverteilung zu einer Aufgabenklasse zusammengefaßt und für die Klasse wird die Häufigkeit h_i geschätzt. In der Praxis bedeutet das, daß für eine betrachtete Auf-

Tabelle 5.1. Mixwerte des ES 1040 für den ESER-Mix

Operationsklasse	Operationszeit $T_{\text{bo}i}$ in μs	Häufigkeit h_i
Add. FK ein Od im HS	1,7	0,201
Add. FK 2. Od in Reg.	1,7	0,140
Add. GK, E	3,8	0,015
Add. GK, D	2,0–3,8	0,058
Dir. FK	12,1	0,002
Dir. GK, E	8,9	0,003
Dir. GK, D	17,0	0,013
Laden GK-Rg.	1,5	0,072
Mult. FK	7,1–8,0	0,006
Speich. a. U. Reg.	ca. 0, 2, 5	0,082
Speich. GK-Reg.	ca. 2,5	0,072
Verschiebung	2,0	0,46
Verzw. nach Bed.	2,6	0,240
Mult., GK, E	6,8	0,008
Mult. GK, D	12,9	0,032

gabenklasse eine genügend große Anzahl von Aufgaben bezüglich der Häufigkeiten H_i und H über Messungen analysiert werden und auf dieser Grundlage h_i nach (5.1) bestimmt wird. In diesem Fall kann h_i als Schätzung der Wahrscheinlichkeit P_i der Abarbeitung der Befehlsklasse Bi angesehen werden. Bei dieser Betrachtungsweise wird T_0 für die mittlere Zeit der Ausführung eines Befehls als Mixzahl bezeichnet. Eine Aufgabenklasse wird dabei als Mix bezeichnet. Dabei wird der Mix praktisch durch die Häufigkeitsverteilung h_i ($i = 1, 2, \ldots, f$) charakterisiert. In der Tab. 5.1 sind für den ESER-Mix (s. [SEWI75]) die entsprechenden Werte eines ESER-Rechners ES 1040 angegeben. Die mittlere Operationszeit ergibt sich daraus mit $T_0 = 2{,}76$ μs.

Die mittlere Bedienungszeit kann nach (5.6) berechnet werden. Dabei müssen die Mittelwerte N und T_0 aus der Stichprobe für die Aufgabenklasse gewonnen werden.

Wir betrachten jetzt die Bedienungszeiten für die einzelnen E/A-Zweige L1, ..., Lr in Abb. 5.4. Dabei wollen wir uns auf ausgewählte Geräteklassen beschränken.

Für den Lochkartenleser entspricht ein E/A-Zugriff dem Einlesen einer Lochkarte. Beim Lochkartenleser ES 6012 mit einer Eingabegeschwindigkeit von 500 Karten/min ergibt sich eine Bedienungszeit von $T_{\text{bK}} = 120$ ms.

Für den Paralleldrucker entspricht das Drucken einer Zeile einem E/A-Zugriff. Für den Drucker ES 7035 mit 600 Zeilen/min Druckgeschwindigkeit ergibt sich $T_{bD} = 100$ ms. Beim Magnetbandgerät muß man zwischen Suchzeit und Übertragungszeit unterscheiden. In der Praxis wird häufig das Magnetband auf den Anfang des ersten physischen Satzes einer sequentiellen Datei eingestellt und dann die einzelnen physischen Sätze zeitlich nacheinander entsprechend ihrer Verteilung auf dem Magnetband eingelesen. Ähnliches gilt bei der Ausgabe. Deshalb nehmen wir an, daß beim Lösen einer Aufgabe nur die reine Transferzeit eines physischen Satzes in die Bedienungszeit eines E/A-Zugriffs eingeht. Dabei entspricht ein Zugriff der Übertragung von L byte, wenn L die Blocklänge ist. Die mittlere Bedienungszeit ist dann

$$T_{bB} = L \cdot T_{bB\sigma}, \tag{5.8}$$

wenn wir mit L die mittlere Blocklänge eines Magnetbandzugriffs und T_{bBo} die Übertragungszeit eines Byte ist. Beim Magnetbandgerät ES 5016 mit einer Übertragungsgeschwindigkeit von 48 K byte/s erhalten wir für die Übertragung eines Blockes mit der mittleren Blocklänge L von 1 K byte eine mittlere Bedienungszeit $T_{bB} = 20{,}8$ ms.
Wir betrachten jetzt das Magnetplattengerät. Die Informationen sind hier über einen Plattenstapel verteilt, der für den Zugriff zu den einzelnen Datenblöcken rotiert. Auf den Platten sind beidseitig Spuren vorhanden. Der Zugriffsarm wird auf diese Spuren eingestellt, wobei einer Position des Armes eine Anzahl von Spuren auf den verschiedenen Platten des Plattenstapels zugeordnet ist. Eine solche Anzahl von Spuren wird Zylinder genannt. Aus der Sicht der Bedienungszeit interessieren hier die 3 Zeiten: Positionierzeit, Suchzeit und Transferzeit. Die Positionierzeit ist die Zeit, die zwischen zwei Zugriffen zum gleichen Plattenstapel durch die Bewegung des Zugriffsarms entsteht. Die Suchzeit ist die Zeit, die nach dem Positionieren zur Suche des zu übertragenden Datenblockes oder seines Bestimmungsortes erforderlich ist. Die Zeit wird dadurch hervorgerufen, daß sich u. a. der Zugriffsarm nach dem Positionieren zwar auf dem richtigen Zylinder, aber auf dem Zylinder noch nicht an der Anfangsadresse des Übertragungsblockes befindet. Die Transferzeit ist die eigentliche Zeit, die zur Übertragung des Blockes benötigt wird. Sie schließt sich unmittelbar an die Suchzeit an, während nach dem Positionieren physisch eine Pause bis zum Suchen möglich ist. In Abb. 5.6 ist die

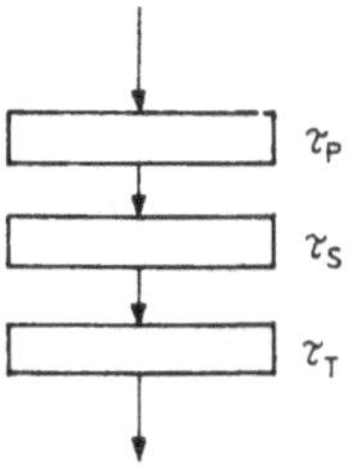

Abb. 5.6. Bestandteile der Bedienungszeit eines E/A-Zugriffes beim Plattenspeicher

Aufteilung der E/A-Operation in die drei Phasen Positionieren, Suchen, Transfer, angegeben mit den Mittelwerten der Positionierzeit, T_P, der Suchzeit, T_S, und der Transferzeit, T_T, eingetragen. Die mittlere Gesamtbedienungszeit eines E/A-Zugriffs zu einem Plattengerät ergibt sich also mit

$$T_b = T_P + T_S + T_T. \tag{5.9}$$

Dabei ist T_T wieder proportional der Blocklänge L, d. h., es gilt

$$T_T = L \cdot T_{bTo}. \tag{5.10}$$

Der Mittelwert der Suchzeit kann aus der Umdrehungsgeschwindigkeit des Plattenstapels bzw. aus der Zeit für eine Plattenumdrehung T_u geschätzt werden. Wenn wir Gleichverteilung der Blöcke über alle Spuren annehmen, dann kann der Mittelwert der Suchzeit mit der Zeit für eine halbe Umdrehung bestimmt werden, d. h., es gilt

$$T_S = (1/2) \cdot T_v. \tag{5.11}$$

Die Positionierzeit τ_P hängt vom Zylinderabstand k ab, d. h. davon, über welche Zylinderzahl der Zugriffsarm zwischen zwei Zugriffen zum gleichen Plattengerät sich bewegen muß. Diese Abhängigkeit ist nicht linear. In Abb. 5.7 sind Meßergebnisse der

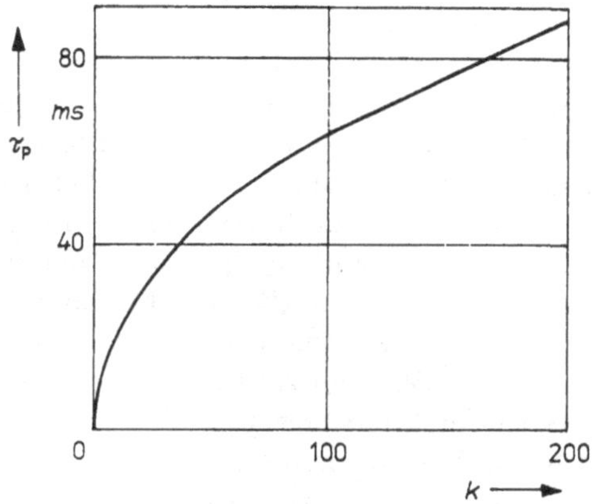

Abb. 5.7. Abhängigkeit der Positionierzeit vom Zylinderabstand

Abhängigkeit der Positionierzeit τ_P vom Zylinderabstand angegeben. Mit dieser Angabe haben wir aber noch nicht die mittlere Positionierzeit T_P, die sich während des normalen Rechenbetriebs ergibt. Zur Bestimmung von T_P muß noch die physische Verteilung der Dateien über den Zylinder und der Blöcke innerhalb der Dateien berücksichtigt werden. Die mittlere Positionierzeit T_P berechnet sich mit

$$T_P = \sum_{j=1}^{N} \sum_{i=1}^{N} p_{ij} \tau_P(|i-j|), \tag{5.12}$$

wobei p_{ij} die Übergangswahrscheinlichkeiten vom Zylinder i zum Zylinder j, $\tau_P(|i-j|)$ die Positionierzeit für den Zylinderabstand $|i-j| = k$ und N die Zahl der Zylinder des Plattenstapels sind. Falls die Zugriffshäufigkeiten p_i zu den einzelnen Zylindern i statistisch voneinander unabhängig sind, dann gilt

$$p_{ij} = p_i \cdot p_j \tag{5.13}$$

und

$$T_P = \sum_{j=1}^{N} \sum_{i=1}^{N} p_i p_j \tau_P(|i-j|). \tag{5.14}$$

Insgesamt kann auf der Grundlage der obigen Betrachtungen eine Aufgabe durch folgende Größen charakterisiert werden, durch die Gesamtbedienungszeit der Aufgabe T_b', die sich aus den einzelnen Bedienungszeiten T'_{bi} für die einzelnen Ressourcen G0, G1, ..., Gn mit

$$T_b' = \sum_{i=0}^{n} T'_{bi} \tag{5.15}$$

zusammensetzt.
Wir führen außerdem die Beschäftigungskoeffizienten

$$x_i = T'_{bi}/T_b \qquad (i = 0, 1, \ldots, n) \tag{5.16}$$

ein. Die durch eine Aufgabe repräsentierte Arbeitslast wird dann durch die für diese Aufgabe benötigte Bedienungszeit T_b' und durch die Beschäftigungskoeffizienten der einzelnen Ressourcen G0, G1, ..., Gn charakterisiert.

Leistungsmonitor EAMON

Die standardmäßig verfügbaren Meßmittel genügen nicht allen Anforderungen, die für bestimmte Leistungsbewertungen erforderlich sind. Deshalb wurde ein Leistungsmonitor EAMON für OS/ES implementiert. Er wird an ESER-Anlagen genutzt ([BER84], [DET83]). Das Hauptziel von EAMON bestand darin, die E/A-Bedienungszeiten der einzelnen E/A-Geräte, Magnetplattengeräte (MPG), Magnetbandgeräte (MBG), Paralleldrucker (PD) usw. maßtechnisch unter Umgehung einer genauen Uhr, zu erfassen. Für ein Magnetplattengerät setzt sich die E/A-Bedienungszeit aus drei Anteilen zusammen: aus der Positionierzeit τ_P, aus der Suchzeit τ_S und aus der Transferzeit τ_T (s. Abb. 5.6). Bei den anderen Geräten fallen Positionierzeit und Suchzeit weg.
Die Grundgedanken von EAMON bestehen

- in einer getrennten Bestimmung der Positionierzeit τ_P, der Suchzeit τ_S und der Transferzeit τ_T,
- in einer indirekten Bestimmung der Zeiten τ_P, τ_S und τ_T über die Erfassung der Geräteadressen, Zylinderadressen, Datenträgernamen und Blocklängen der physischen Sätze und
- in der Nutzung der Eichkurve für den Zusammenhang zwischen Zylinderabstand k und Positionierzeit τ_P.

Erfassung und Aufzeichnung einer Ereignisfolge (Trace) in EAMON

Nach jeder E/A-Unterbrechung erfolgt der Einsprung in das Erfassungs- und Aufzeichnungsprogramm von EAMON. Dieses Programm erfaßt die Ereignisinformation, die dem Ereignis E/A-Unterbrechung zugeordnet ist, und zeichnet diese in einem Monitorsatz auf Magnetband auf. Jedem Ereignis ist somit eine Ereignisinformation zugeordnet. Diese besteht aus der Geräteadresse, der Zylinderadresse, der Blocklänge, dem Datenträgernamen und der Uhrzeit. Die Uhrzeit dient nicht zur Berechnung der E/A-Zeiten, sondern kann für die Zeitsynchronisation mit anderen Meßmitteln (z. B. SMF) genutzt werden. Es wird somit eine Folge von Ereignisinformationen in der zeitlichen Reihenfolge des Auftretens der Ereignisse aufgezeichnet. Diese Folge heißt Ereignisfolge (Trace).

Bestimmung der Eichkurven für die Positionierzeiten

Während die Bestimmung der Suchzeit und der Transferzeit unproblematisch ist, müssen für die Bestimmung der Positionierzeiten Eichkurven aufgenommen werden. Hierzu wurden zwei Eichprogramme für ESER I und ESER II und ein Interpolationsprogramm implementiert. Mit diesen Eichprogrammen wurden 25 Magnetplattengeräte:

5	7-MByte-Plattengeräte
16	29-MByte-Plattengeräte
3	100-MByte-Plattengeräte
1	200-MByte-Plattengerät

ausgemessen, wobei insgesamt mehr als 100 Eichkurven für alle möglichen Zylinderstände tabellarisch aufgenommen wurden. In Abbildung 5.7 ist für ein Magnetplattengerät vom Typ EC 5061 (29 MByte) die gemessene Abhängigkeit der Positionierzeit τ_P vom Zylinderabstand k graphisch aufgetragen. Die Eichkurve

$$\tau_P = \tau_P(k) \tag{5.17}$$

wird im Auswertungsprogramm des EAMON genutzt (s. [BEZI86], [ZIP87]).

Statistische Verdichtung in EAMON

Wir beschränken uns hier auf die Verdichtung der Zylinderadressen aus der Ereignisfolge. Hierbei gibt es zwei Aufgaben der Verdichtung (s. [BER84])

— die Schätzung der Zugriffswahrscheinlichkeiten p_i zu den Zylindern i ($i = 1, \ldots, N$) mit N als Zylinderzahl eines Plattenstapels und

— die Schätzung der Zylinderabstandswahrscheinlichkeiten P_k für die Zylinderabstände $k = |i - j|$, wenn i augenblickliche Zylinderadresse und j die vorangehende Zylinderadresse in der Ereignisfolge sind.

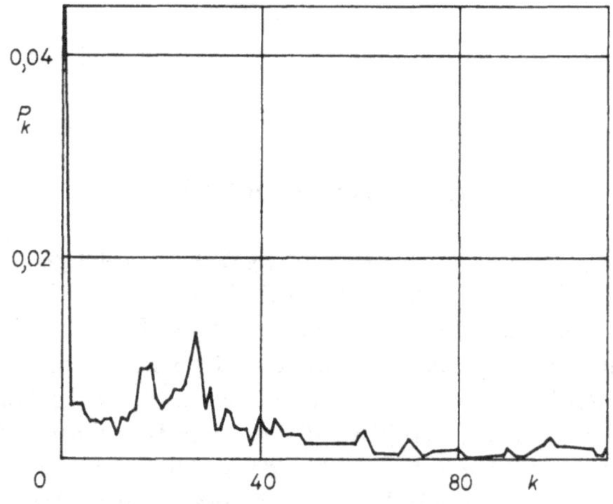

Abb. 5.8. Gemessene Verteilungsfunktion des Zylinderabstandes zeitlich benachbarter Zugriffe einer Systemplatte

Durch die Schätzung der Zugriffswahrscheinlichkeiten p_i zu den Zylindern i können bei Kenntnis der Dateiverteilung über die Zylinder die Zugriffshäufigkeiten zu den Dateien bestimmt werden. Das wird im Abschnitt 8. noch genutzt. Die Schätzung der Zylinderabstandswahrscheinlichkeiten p_k kann für die Bestimmung der mittleren Positionierzeit T_P genutzt werden, wobei gilt

$$T_P = \sum_{k=0}^{N} P_k \cdot \tau_P(k). \tag{5.18}$$

In dieser Formel werden die p_k aus den Zylinderadressen der Ereignisfolge in EAMON und die $\tau_P(k)$ aus einer abgespeicherten Eichtabelle der entsprechenden Geräteklasse, die vorher über ein Eichprogramm bereitgestellt wurde, gewonnen. In Abb. 5.8 ist die aus dieser Messung gewonnene Zylinderabstandswahrscheinlichkeitsverteilung eines Magnetplattenstapels angegeben.

5.1.3. Analyse der Arbeitslast eines Aufgabenstapels

Im vorangegangenen Abschnitt haben wir uns mit der Arbeitslast einer Aufgabe beschäftigt. In den meisten nachfolgenden Untersuchungen betrachten wir den Multiprogrammbetrieb. In diesem Fall sind gleichzeitig mehrere Aufgaben im Rechnersystem aktiv, die sich über die Anforderung der beschränkten Ressourcen in ihrer Abarbeitung gegenseitig behindern. Deshalb ist es sinnvoll, die Arbeitslast von gleichzeitig aktiven Aufgaben zu betrachten. Dazu wird von uns der Begriff Aufgabenstapel eingeführt. Unter einem Aufgabenstapel verstehen wir dabei die Menge von Aufgaben, die ein Rechnersystem zeitlich ununterbrochen belegen (s. Abb. 5.9). Der Aufgabenstapel belegt das Rechnersystem über die Beschäftigungszeit T_h. Die Beschäftigungszeit kann in Intervalle I1, I2, ..., In eingeteilt werden, in denen eine bestimmte Menge von Aufgaben aktiv ist (s. Abb. 5.9). Die in einem solchen Intervall abgefertigte Arbeitslast heißt Intervallmix. Wir nehmen für jede Aufgabe Aj an, daß ihr eine bestimmte Bedie-

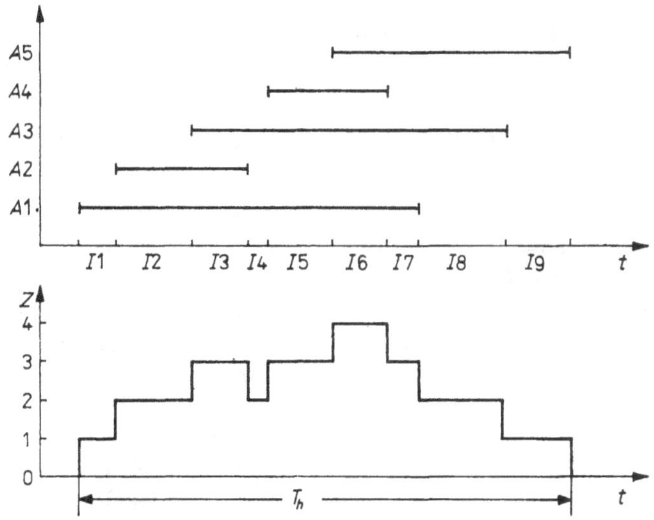

Abb. 5.9. Zur Interpretation des Aufgabenstapels

nungszeit T_{bj} und eine bestimmte Verteilung der Bedienungszeit über die einzelnen geteilt zugeordneten Ressourcen in Form der Beschäftigungskoeffizienten x_{ij}, mit

$$\sum_{i=0}^{n} x_{ij} = 1 \qquad (j = 1, 2, \ldots, k) \tag{5.19}$$

zugeordnet ist. Für ein Intervall Il mit k aktiven Aufgaben kann dann angesetzt werden

$$x_i = \sum_{j=1}^{k} \theta_j x_{ij} \qquad (i = 0, 1, \ldots, n). \tag{5.20}$$

Dabei sind

$$x_{ij} = T'_{bij}/T'_{bj} \tag{5.21}$$

die Beschäftigungskoeffizienten der geteilt zugeordneten Ressourcen der Aufgabe A_j und

$$\theta_j = T'_{bj}/T_b' \qquad (j = 1, 2, \ldots, k) \tag{5.22}$$

der Bearbeitungsfortschritt, der den Anteil der Bedienungszeit der Aufgaben Aj an der Gesamtbedienungszeit des betrachteten Intervalls angibt.
Wenn wir alle θ_j gleichsetzen mit

$$\theta_j = 1/k, \tag{5.23}$$

erhalten wir für eine gleichschnelle Abfertigung aller Aufgaben

$$x_i = \frac{1}{k} \sum_{j=1}^{k} x_{ij}. \tag{5.24}$$

Wir können auch die Beschäftigungskoeffizienten des gesamten Aufgabenstapels mit

$$x_i = \frac{1}{N} \sum_{q=1}^{N} x_{ij} \tag{5.25}$$

bestimmen, wobei N die Zahl der zum Aufgabenstapel gehörenden Aufgaben ist.

5.2. Modellierung der Belegung und Freigabe der aufgabenzugeordneten Ressourcen

Bei der Modellierung der Rechenprozesse muß — falls wir es nicht mit Unendlichkeitsressourcen zu tun haben — die Belegung und Freigabe der Ressourcen berücksichtigt werden. Damit ist für Forderungen, die auf vollbesetzte Ressourcen auftreffen entweder eine Wartezeit oder der Forderungsverlust verbunden. Eine Wartezeit tritt auf, wenn ein genügend großer Warteraum existiert. Falls auch der Warteraum voll besetzt ist, gehen die eintreffenden Forderungen verloren.
Für die Lösung einer Aufgabe durch das Rechnersystem müssen bestimmte Ressourcen zur Verfügung gestellt werden. Dabei sind zur Ausführung der Arbeitsoperationen Prozessoren (Zentrale Verarbeitungseinheit, E/A-Prozessoren) und für die Speicherung der Daten ausreichender Platz im Hauptspeicher und in externen Speichern erforderlich.

5.2.1. Grobablauf der Aufgabenausführung im Rechnersystem

Wir unterscheiden nach der Bereitstellung aller oder eines Teils der Ressourcen für die Lösung einer Aufgabe die Betriebsweisen Einzel- und Multiprogrammbetrieb.

Einzelprogrammbetrieb

Unter Einzelprogrammbetrieb verstehen wir eine Betriebsweise, bei der zu jedem Zeitpunkt alle Ressourcen nur einem Programm (Aufgabe) zur Verfügung gestellt werden. Für den Einzelprogrammbetrieb betrachten wir die Nutzung der Ressourcen bei der Lösung von zwei Aufgaben A1, A2 in Abb. 5.10. Die Lösung dieser beiden Aufgaben muß

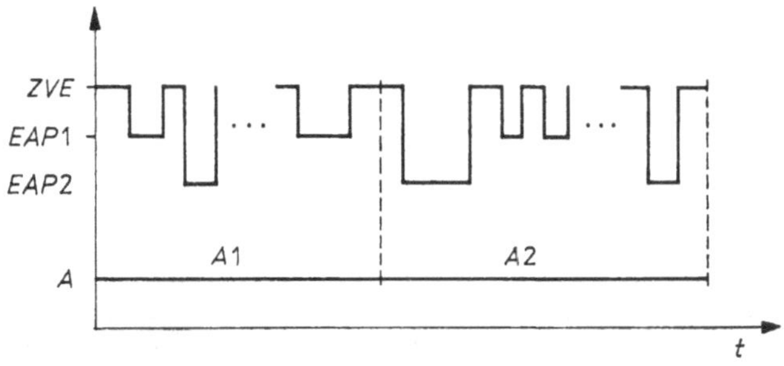

Abb. 5.10. Zeitlicher Ablauf der Prozessorbelegung bei der Lösung von zwei Aufgaben (ZVE — Zentrale Verarbeitungseinheit, EAP1 — E/A-Prozessor 1, EAP2 — E/A-Prozessor 2)

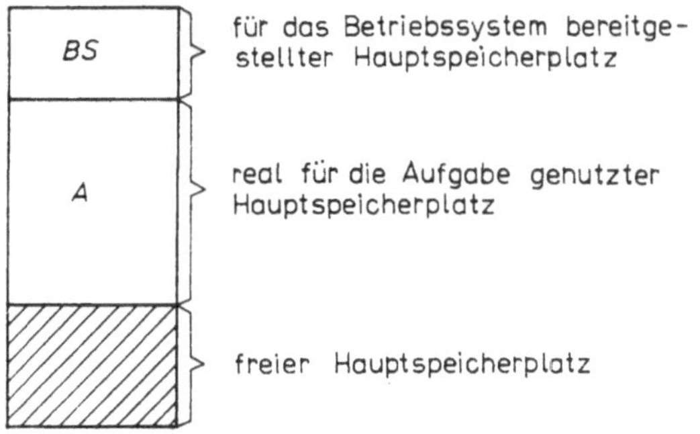

Abb. 5.11. Aufteilung des Hauptspeichers bei Einzelprogrammbetrieb

sequentiell nacheinander erfolgen, da jede Aufgabe alle Ressourcen des Rechnersystems für seine Lösung bereitgestellt erhält und somit für eine andere Aufgabe keine Ressourcen bereitstehen. Dementsprechend werden die drei Prozessoren ZVE, EAP1, EAP2 sequentiell nacheinander genutzt und zu jedem Zeitpunkt wird nur eine Operation durch das Rechnersystem ausgeführt. Das bedeutet, daß zu jedem Zeitpunkt nur ein Prozessor besetzt ist, obwohl drei gleichzeitig arbeiten könnten.

Wenn wir jetzt nur den Hauptspeicher betrachten, erhalten wir für den Einzelprogrammbetrieb das in Abb. 5.11 dargestellte Bild. Hier ist die Wahrscheinlichkeit nichtausreichender Nutzung der Ressource Speicherplatz ebenfalls groß. In einer Rechnerinstallation muß der Speicherplatz des Hauptspeichers so groß sein, daß er das größte Programm aufnehmen kann (ausgenommen sind hier die automatische Speicherverwaltung und die Überlagerungsstruktur, aber dort gibt es andere Probleme). Es gibt aber kleinere Programme, bei deren Abarbeitung sehr viel Speicherplatz verschenkt wird. Wir wollen das an der Verteilungsfunktion des Speicherplatzbedarfs pro Aufgabe, die für eine

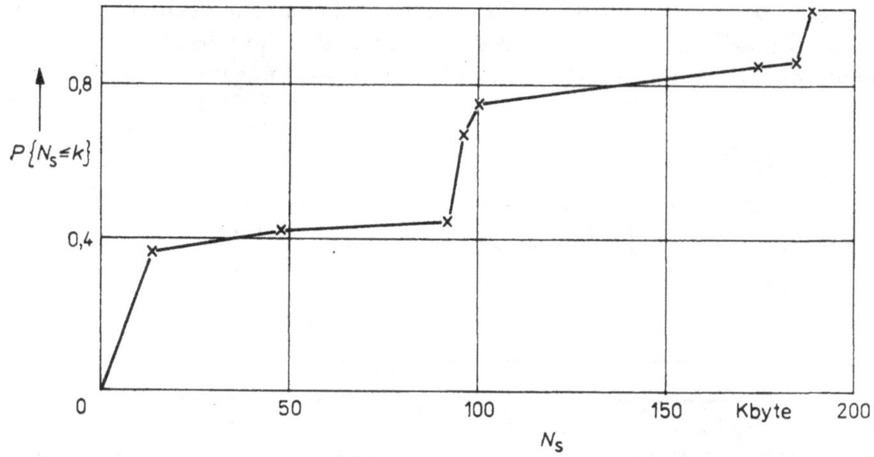

Abb. 5.12. Gemessene Verteilungsfunktion des Speicherplatzbedarfs pro Aufgabe (Messung 1)

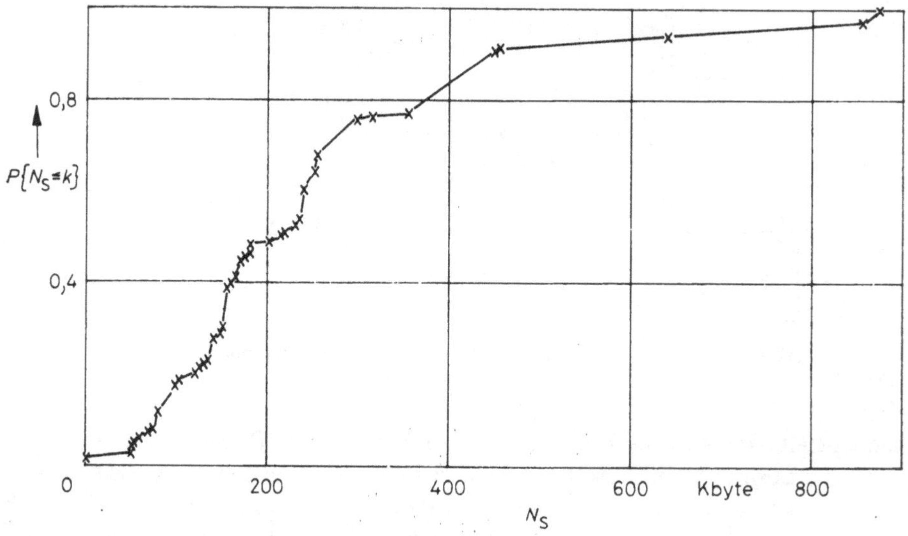

Abb. 5.13. Gemessene Verteilungsfunktion des Speicherplatzbedarfs pro Aufgabe (Messung 2)

Rechnerinstallation über 24 Stunden gemessen wurde, darstellen. Die Messungen erfolgten an zwei Rechnern ES 1040. In Abb. 5.12 ist diese reale Verteilungsfunktion für eine Installation mit einer Arbeitslast der Massendatenverarbeitung und in Abb. 5.13 diese Verteilungsfunktion für eine Installation mit einer Arbeitslast für wissenschaftlich-technische Rechnungen angegeben. In Abb. 5.12 kommen in den Sprüngen bei 100 und 200 Kbyte die Restriktionen, die an der entsprechenden Rechnerinstallation für die Aufgaben fixiert sind, zum Ausdruck. Demgegenüber ist für den zweiten Fall (s. Abb. 5.13) der Verlauf der Verteilungsfunktion relativ glatt. Unabhängig von diesen Unterschieden zeigen aber beide reale Verteilungsfunktionen eine große Streuung des Speicherplatzbedarfs der verschiedenen Aufgaben. Um alle Aufgaben der betrachteten Arbeitslast im Hauptspeicher unterbringen zu können, müßten im ersten Fall 200 Kbyte und im zweiten Fall 875 Kbyte für die Abarbeitung der Aufgaben bereitstehen. Somit liegt die Streuung des Speicherbedarfs der Aufgaben in der gleichen Größenordnung, wie der bereitzustellende Hauptspeicherplatz des Rechnersystems.
Wir können beim Einzelprogrammbetrieb das ganze Rechnersystem RS als einzige Einkanalressource einführen. Unter Berücksichtigung des zyklischen Verlaufs der Aufgabenabfertigung erhalten wir den Forderungslaufplan in Abb. 5.14 für den Einzelprogrammbetrieb.

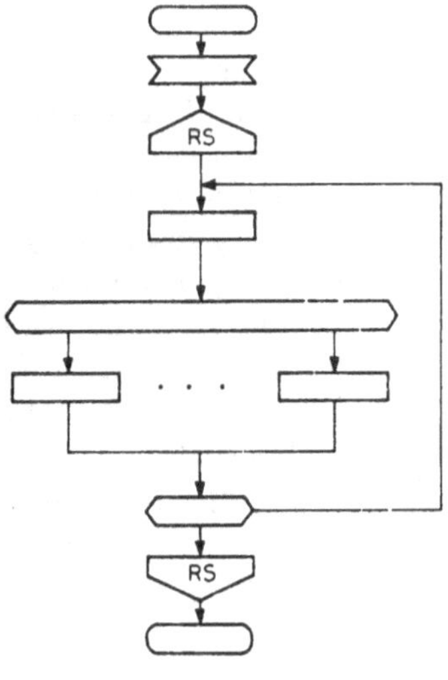

Abb. 5.14. Forderungslaufplan für die Aufgabenabfertigung im Einzelprogrammbetrieb

Multiprogrammbetrieb

Die unzureichende Ressourcennutzung beim Einzelprogrammbetrieb hat zur Einführung des Multiprogrammbetriebs geführt. Auch wenn heute im Zusammenhang mit der zunehmenden Nutzung von billigen Personalcomputern der Einzelprogrammbetrieb sich wieder ein breites Feld erobert hat, wird die Bedeutung des Multiprogrammbetriebs weiterhin anwachsen. Unter Multiprogrammbetrieb verstehen wir eine Betriebsweise der gleichzeitigen Lösung mehrerer Aufgaben in einem Rechnersystem auf der Grundlage der räumlichen und zeitlichen Ressourcenteilung zwischen den Aufgaben.
Beim Einzelprogrammbetrieb sind alle Ressourcen des Rechnersystems während der gesamten Abarbeitungszeit einer Aufgabe dieser zugeordnet. Das gesamte Rechnersystem kann als Einkanalressource modelliert werden. Demgegenüber gibt es beim

Multiprogrammbetrieb Ressourcen, die der Aufgabe nur zeitlich geteilt zugeordnet werden, d. h. von der Aufgabe während ihrer Abarbeitung zwischenzeitlich wiederholt wieder freigegeben werden. Dementsprechend unterscheiden wir beim Multiprogrammbetrieb aufgabenzugeordnete und geteilt zugeordnete Ressourcen.
Aufgabenzugeordnete Ressourcen sind solche Ressourcen, die nach dem Eintritt einer Aufgabe in das Rechnersystem dieser fest zugeordnet und mit deren Austritt von dieser wieder freigegeben werden. Dabei ist eine durch die Bedienungsdisziplin bedingte Unterbrechung der Ressourcennutzung erlaubt.
Geteilt zugeordnete Ressourcen sind Ressourcen, die der einzelnen Aufgabe nur kurzzeitig innerhalb der Aufgabenverweilzeit im Rechnersystem wiederholt zugeordnet werden, d. h., die einen großen Teil der Aufgabenverweilzeit anderen Aufgaben zugeordnet werden können. Auch bei den geteilt zugeordneten Ressourcen ist innerhalb der Zuordnungszeit eine durch die Bedienungsdisziplin bedingte Unterbrechung der Ressourcennutzung möglich.

Belegen und Freigeben der aufgabenzugeordneten Ressourcen

Wir betrachten jetzt das BELEGEN und FREIGEBEN der aufgabenzugeordneten Ressourcen. Weil dabei i. allg. gleichzeitig mehrere Kanäle einer oder mehrerer aufgabenzugeordneter Ressourcen jeweils belegt oder freigegeben werden, handelt es sich hier um Mehrfachforderungen, die bedient werden müssen. Wenn man das BELEGEN und FREIGEBEN der geteilt zugeordneten Ressourcen beim Multiprogrammbetrieb vernachlässigt, dann gilt der gleiche Forderungslaufplan wie für den Einzelprogrammbetrieb (s. Abb. 5.14). Aber beim Einzelprogrammbetrieb konnten alle realen Ressourcen des Rechnersystems zu einer Einkanalressource im Modell zusammengefaßt werden. Beim Multiprogrammbetrieb findet neben der oben bereits angeführten zeitlichen Teilung der geteilt zugeordneten Ressourcen auch eine räumliche Teilung der aufgabenzugeordneten Ressourcen auch eine räumliche Teilung der aufgabenzugeordneten Ressourcen statt, d. h. einer Aufgabe werden i. allg. nicht alle in der Rechnerkonfiguration vorhandenen Ressourcen zugeordnet. Die nicht zugeordneten stehen zur Lösung anderer Aufgaben zur Verfügung. Zum Beispiel wird beim Multiprogrammbetrieb einer Aufgabe nur ein Teil des für die Aufgaben verfügbaren Speicherplatzes zugeordnet. Aus diesem Grund müssen die realen aufgabenzugeordneten Ressourcen im Modell kanalzahlmäßig feiner untergliedert werden, als beim Einzelprogrammbetrieb und wir müssen die Bedienung von Mehrfachforderungen betrachten.

5.2.2. Konkrete aufgabenzugeordnete Ressourcen

Wir betrachten jetzt die Programmbereiche des Hauptspeichers, den Hauptspeicherplatz, den Magnetplattenspeicherplatz und aufgabenzugeordneten E/A-Geräte als aufgabenzugeordnete Ressourcen.

Der Hauptspeicher als aufgabenzugeordnete Ressource

Der Hauptspeicher eines Rechnersystems ist beim Multiprogrammbetrieb die wichtigste aufgabenzugeordnete Ressource. Sowohl bei der Stapel- als auch bei der Dialogverarbeitung stellt der Hauptspeicher eine aufgabenzugeordnete Ressource dar.

Jede Aufgabe benötigt für ihre Abfertigung Hauptspeicherplatz. Die Zuordnung des Hauptspeicherplatzes erfolgt bei verschiedenen Rechnersystemen in Abhängigkeit vom Aufbau des Betriebssystems nach verschiedenen Zuteilungsstrategien.
Wir gehen hier von klassischen Formen der Zuteilungsstrategien aus, weil auf ihrer Grundlage Modellvorstellungen entwickelt werden können, die auch modernere Formen erfassen. Der Arbeitsspeicher wird im klassischen Fall in verschiedene Programmbereiche unterteilt. Jeder Programmbereich schließt den Adreßraum der einzelnen Aufgabe ein (s. Abb. 5.15). Mit Hilfe dieser Methode werden leicht folgende Funktionen der Speicherverwaltung realisiert:

— Überwachung des Zustandes jedes Programmbereiches
— Fixierung der Aufgaben, die den Speicherplatz erhält
— Zuteilung, d. h. Abspaltung eines freien Programmbereiches mit genügend großem Speicherplatz
  und
— Freigabe des entsprechenden Programmbereiches zur weiteren Nutzung mit der Beendigung der Abarbeitung der Aufgabe.

Wir betrachten jetzt an einem einfachen Beispiel, ähnlich wie beim Einzelprogrammbetrieb (s. Abb. 5.10), die Belegung der ZVE und der beiden E/A-Prozessoren EAP1 und EAP2 bei der parallelen Abfertigung von zwei Aufgaben A1 und A2 in zwei Programmbereichen P1 und P2 (s. Abb. 5.16). Aus dieser Abbildung ist die Parallelabarbei-

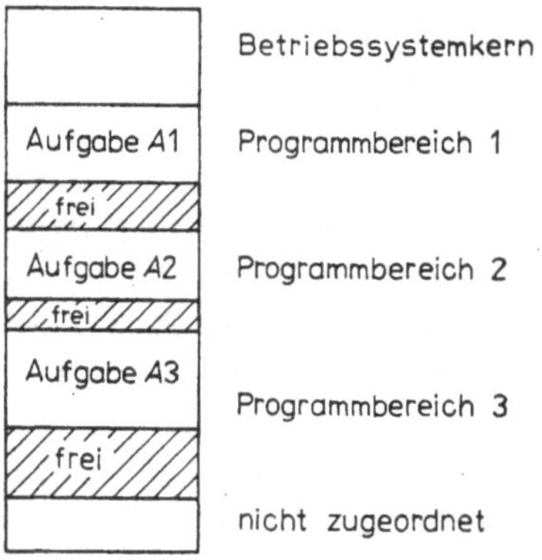

Abb. 5.15. Zur Aufteilung des Hauptspeichers in Programmbereiche

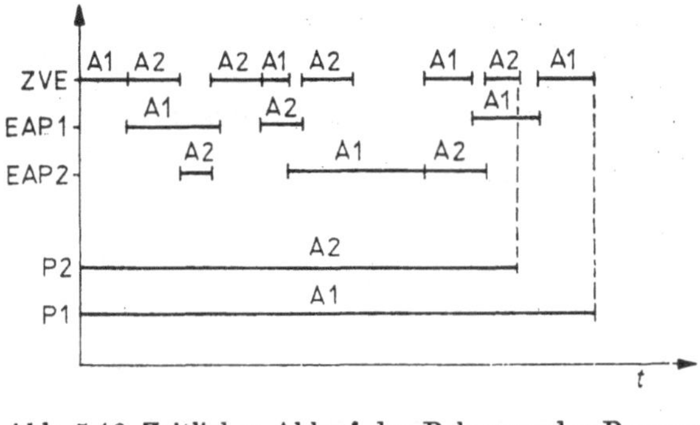

Abb. 5.16. Zeitlicher Ablauf der Belegung der Prozessoren und Programmbereiche bei der Lösung von zwei Aufgaben

tung und damit eine stärkere Auslastung der Ressourcen im Vergleich zum Einzelprogrammbetrieb zu erkennen. Andererseits ist auch sichtbar, daß sich im Vergleich zum Einzelprogrammbetrieb die Aufgabenverweilzeiten verlängern.
Wir gehen jetzt zur Betrachtung der Ausnutzung des Speicherplatzes beim Multiprogrammbetrieb über. In den Abbildungen 5.12 und 5.13 wurde gezeigt, wie für bestimmte Aufgabenprofile der Speicherplatzbedarf für die einzelnen Aufgaben streut. Deshalb haben die im Multiprogrammbetrieb parallel in Abarbeitung befindlichen Aufgaben i. allg. einen verschiedenen Speicherplatzbedarf. Somit ist es zweckmäßig, die einzelnen Programmbereiche in geeigneter Form über den für die Aufgaben verfügbaren Hauptspeicherplatz zu verteilen. Dabei wird vorausgesetzt, daß jede Aufgabe einen in sich geschlossenen Adreßraum benötigt. Die verbreiteten klassischen Formen sind die statische Bereichsfestlegung und die dynamische Bereichsfestlegung.
Eine statische Bereichsfestlegung bedeutet, daß die Speicheraufteilung in Programmbereiche vor der Ausführung der Aufgabe erfolgt, d. h., die Anzahl und die Größe der Programmbereiche kann vom Systembediener zu einem Zeitpunkt, wo sich keine Aufgabe im Hauptspeicher befindet, fixiert werden. Eine solche Methode wird im Betriebssystem OS/ES MFT angewendet. Ein reales Beispiel für die statische Bereichsfestlegung wird in Abb. 5.17 gezeigt. Der Vorteil der statischen Bereichsfestlegung besteht in seiner

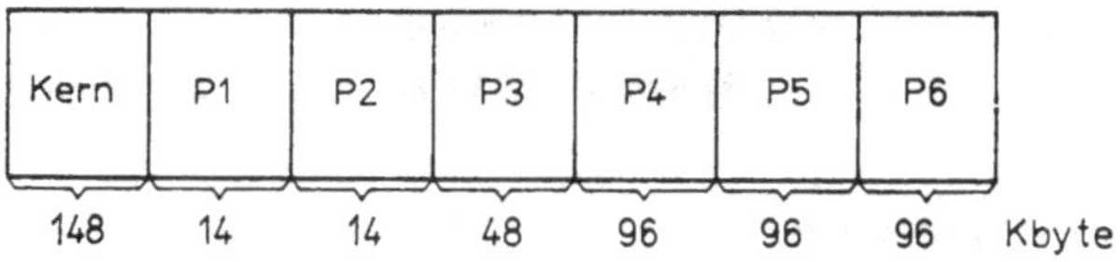

Abb. 5.17. Zur statischen Bereichsfestlegung

Einfachheit. Ein Nachteil ist die innere Stückelung, die darin besteht, daß innerhalb der Programmbereiche ungenutzter Speicherplatz vorhanden ist. Wir betrachten das jetzt an einem Beispiel der Parallelarbeit von 6 Aufgaben in den Programmbereichen (PB) P1, ..., P6. In der Tab. 5.2 ist der verfügbare, benötigte und nicht benötigte Speicherplatz der einzelnen Programmbereiche ausgewiesen. Die Aufsummierung zeigt, daß, obwohl in allen 6 Programmbereichen je eine Aufgabe abgearbeitet wird, 100 Kbyte Speicherplatz infolge der inneren Stückelung nicht belegt ist. Natürlich bedeutet das

Tabelle 5.2. Zur inneren Stückelung bei statischer Bereichsfestlegung

Programmbereich	Verfügbarer Speicherplatz in Kbyte	Speicherplatzbedarf der Aufgabe in Kbyte	Nicht belegter Speicherplatz in Kbyte
P1	14	14	00
P2	14	14	00
P3	48	32	16
P4	96	72	24
P5	96	45	51
P6	96	87	09
Σ	364	264	100

bei den gewählten Speicherplatzanforderungen der Aufgaben gegenüber dem Einzelprogrammbetrieb eine wesentlich bessere Speicherplatzausnutzung, aber es sind immer noch erhebliche Reserven vorhanden.
Eine bessere Ausnutzung des Speicherplatzes bringt die dynamische Bereichsfestlegung. Wir verstehen dabei unter dynamischer Bereichsfestlegung, daß mit der Anforderung von Speicherplatz durch eine Aufgabe ein entsprechender Programmbereich mit dem angeforderten Speicherplatz eingerichtet wird, falls dieser vorhanden ist und nach der Abarbeitung der Aufgabe der Programmbereich wieder aufgegeben wird. Die dynamische Bereichsfestlegung kann mit verschiedenen Verfahren erfolgen. Wir wollen hier nicht näher darauf eingehen. Im Betriebssystem OS/ES MVT wird eine dynamische Bereichsfestlegung angewendet.

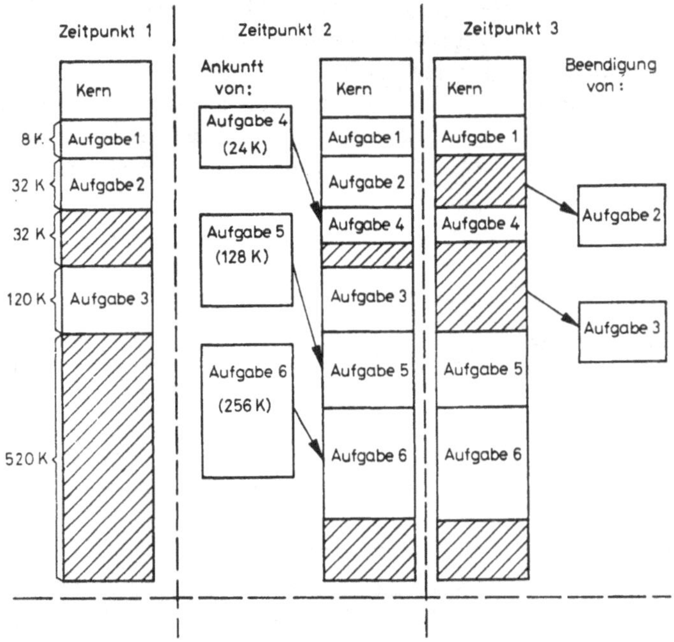

Abb. 5.18. Zur zeitlichen Änderung der dynamischen Speicherplatzebelegung

In Abb. 5.18 ist die zeitliche Änderung der Speicherplatzbelegung durch die Programmbereiche bei dynamischer Bereichsfestlegung an einem Beispiel dargestellt. Bei dieser Betrachtung wird angenommen, daß zum Zeitpunkt 1 für die Aufgaben 1, 2 und 3 Bereiche vorhanden sind, zum Zeitpunkt 2 für die Aufgaben 4, 5, 6 Programmbereiche neu eingerichtet wurden und zum Zeitpunkt 3 die Aufgaben 2 und 3 beendet und damit aus dem Hauptspeicher mit ihrem Programmbereich entfernt wurden.
Bei der dynamischen Bereichsfestlegung fällt die Stückelung innerhalb der Programmbereiche fort, dafür kann eine Stückelung außerhalb der Programmbereiche entstehen, die i. a. aber weniger nicht genutzten Speicherplatz bringt, als bei der statischen Bereichsfestlegung. Allerdings wächst im Laufe der Zeit die Zahl der kleinen Speicherabschnitte, in die keine Aufgabe mehr paßt, an.
Die äußere Stückelung kann erfolgreich durch die Speicherplatzverdichtung vermindert werden. Diese besteht in der Verschiebung der Aufgabensegmente, die jeweils einem

Programmbereich zugeordnet sind, in Richtung des Speicheranfangs, wobei alle Speicherzwischenräume aufgefüllt werden. Das kann vorgenommen werden, jedesmal wenn eine Aufgabe den Speicher verläßt oder auch jedesmal, wenn ein zu ladendes Segment nicht mehr genug zusammenhängenden Speicherplatz vorfindet.

5.2.3. Verteilungsfunktion der Aktivzahl der Aufgaben

Auslastung der Programmbereiche

Wir gehen jetzt von der Modellvorstellung aus, daß die grundlegende festzugeordnete Ressource die „Gesamtheit der Programmbereiche" ist, bei der jeder Programmbereich einem Kanal entspricht. Die Kanalzahl der Ressource „Gesamtheit der Programmbereiche" sei s. Dabei kann in Abhängigkeit von der Speicherverwaltung des Multiprogrammbetriebs die Zahl der Programmbereiche unendlich werden ($s \to \infty$). Die anderen aufgabenzugeordneten Ressourcen, wie Hauptspeicherplatz, Plattenspeicherplatz und verschiedene periphere Geräte, führen dazu, daß in vielen Fällen die Zahl s der verfügbaren Programmbereiche nicht ausgelastet werden kann. Außerdem hat natürlich der durch den Verkehrswert ϱ ausgedrückte Umfang des Laststromes Einfluß auf die Auslastung der Programmbereiche.

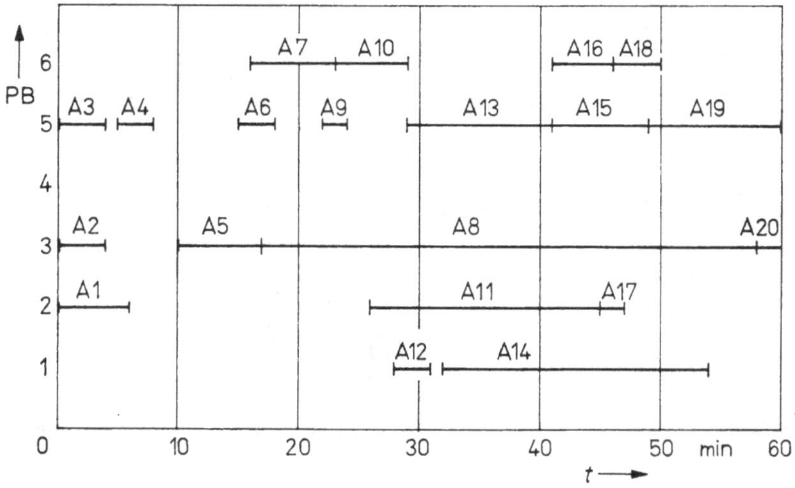

Abb. 5.19. Zeitlicher Verlauf der Programmbereichsbelegung

Als nächstes beleuchten wir anhand von Meßergebnissen die Auslastung der Programmbereiche. In Abb. 5.19 ist der zeitliche Verlauf der Belegung von 6 Programmbereichen über eine Stunde Beobachtungszeit, der aus Messungen gewonnen wurde, angegeben. Dieses Meßergebnis ist auch für große Beobachtungszeiten repräsentativ. Es zeigt, daß die Programmbereiche im praktischen Rechenbetrieb eines Rechenzentrums nur zu einem Teil ausgelastet sind. Um das noch deutlicher zu machen, betrachten wir die Auslastungsgrade der einzelnen Programmbereiche η_j ($j = 1, 2, \ldots, s$), die mit Hilfe von

$$\eta_j = \frac{T_j}{T_B} \qquad (j = 1, 2, \ldots, s) \tag{5.26}$$

gewonnen werden. Die Messungen wurden für eine Beobachtungszeit von $T_B = 24$ h durchgeführt. Die Ergebnisse der Meßauswertung sind in der Tab. 5.3 angegeben. Es zeigt sich eine durchschnittliche Auslastung der Programmbereiche von 45%, wie aus Tab. 5.3 bestimmt werden kann. Die mittlere Anzahl A der belegten Programmbereiche im Beobachtungszeitraum $T_B = 24$ h, die wir mittlere Aktivzahl A nennen wollen, beträgt $A = 2{,}674$ (s. Tab. 5.3).

Tabelle 5.3. Zur Auslastung der Programmbereiche

Programmbereich	P1	P2	P3	P4	P5	P6	Σ
Programmbereichs-belegungszeit T_j in min	673	525	585	951	818	301	3853
Auslastungsgrade η_j	0,467	0,366	0,406	0,665	0,566	0,206	$A = 2{,}674$

Auslastungsgrad der Programmbereiche $\eta = 0{,}457$

Verteilungsfunktion der Aktivzahl

Wir bezeichnen die Anzahl der gleichzeitig in den Programmbereichen befindlichen Aufgaben als Aktivzahl α. Dabei ist α eine Zufallsgröße, für die die Verteilungsfunktion und andere wahrscheinlichkeitstheoretische Charakteristiken oder deren Schätzungen betrachtet werden können.
Wir untersuchen jetzt die Verteilungsfunktion der Aktivzahl α. In der Abb. 5.20 ist der zeitliche Verlauf einer Realisierung der Aktivzahl über eine Beobachtungszeit von $T_B = 24$ h aufgezeichnet. Die Aufgabe besteht jetzt darin, eine geeignete analytische Verteilungsfunktion der Aktivzahl α zu finden, die den praktischen Gegebenheiten Rechnung trägt. In Anbetracht der bei verschiedenen Rechnersystemen unterschiedlich ge-

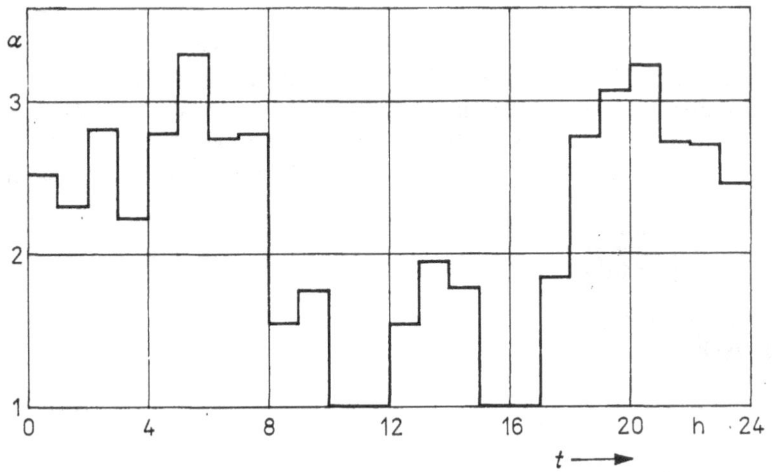

Abb. 5.20. Zeitlicher Verlauf einer Realisierung der Aktivzahl α

lösten Formen der Zuordnung der aufgabenzugeordneten Ressourcen und der unterschiedlichen Arbeitslasten bei verschiedenen Rechnerinstallationen ist es naheliegend, daß man mit verschiedenen Verteilungsfunktionen für α, in Abhängigkeit von den konkreten, in der Praxis vorherrschenden Bedingungen, rechnen muß. Umfangreiche Modelluntersuchungen des Autors haben jedoch gezeigt, daß unterschiedliche Formen der Verteilungsfunktionen von α nur wenig Einfluß auf die Ergebnisse der Leistungsmodellierung haben. Deshalb wollen wir hier nur eine Verteilungsfunktion einführen, die sich aus einer elementaren Annahme ergibt.
Wir nehmen an, daß alle Programmbereiche die gleichen Auslastungsgrade

$$\eta = \eta_j \qquad (j = 1, 2, \dots, s) \tag{5.27}$$

besitzen sollen. In diesem Fall läßt sich durch kombinatorische Betrachtungen beweisen, daß wir für die Aktivzahl α eine Binomialverteilung mit

$$p_s(k) = P\{\alpha = k\} = \frac{s!}{k!(s-k)!}\,\eta^k(1-\eta)^{s-k} \qquad (k = 0, 1, \dots, s) \tag{5.28}$$

erhalten.
Für den Erwartungswert A von α gilt der Ansatz

$$A = \sum_{k=1}^{s} p_s(k) \cdot k, \tag{5.29}$$

und es gilt

$$A = \eta \cdot s. \tag{5.30}$$

Falls die Zahl der Programmbereiche s nicht begrenzt ist ($s \to \infty$), dann geht die Binomialverteilung (5.28) in eine Poisson-Verteilung über

$$p(k) = \frac{A^k}{k!}\,\mathrm{e}^{-A}. \tag{5.31}$$

Normierte Aktivzahl

In manchen Fällen ist es sinnvoll, aus dem Wertebereich der Aktivzahl den Wert 0 zu streichen. In der Abb. 5.20 bedeutet das, daß die Zeitabschnitte von 10...12 h und 14.30...16.30 h aus der Betrachtungszeit, die wir Beschäftigungszeit T_h nennen, ausgeklammert werden. In diesem Fall erhalten wir die normierte Aktivzahl α_N. Die entsprechende Verteilungsfunktion $\Pi_s(k)$, die aus der Binomialverteilung $p_s(k)$ mit

$$\Pi_s(k) = \frac{p_s(k)}{1 - p_s(0)} \tag{5.32}$$

gewonnen wird, heißt normierte Binomialverteilung. Der Erwartungswert M der normierten Aktivzahl

$$M = \sum_{k=1}^{s} \Pi_s(k) \cdot k \tag{5.33}$$

wird von den Praktikern meist Multiprogrammfaktor genannt. Für den Multiprogrammfaktor M ergibt sich entsprechend (5.32) die Beziehung

$$M = \frac{A}{1 - p_s(0)}. \tag{5.34}$$

Vergleich mit Meßergebnissen

Wenn wir die volle Beobachtungszeit T_B über eine bestimmte Kalenderzeit betrachten, dann müssen wir beachten, daß die Zeiten in der das Rechnersystem keine Aufgaben abfertigt, durch unterschiedliche Ursachen beeinflußt werden. Hier gehen z. B. die planmäßigen und unplanmäßigen Stillstandszeiten des Rechners, die Zeiten in denen das Betriebssystem nicht in der Lage ist, Aufgaben abzuarbeiten (z. B. nach Systemabsturz) usw. ein.

Insgesamt ist aber zu vermuten, daß bei Annahme einer Verteilungsfunktion für die Aktivzahl α der Wert $p_s(0)$ dem angenommenen Verteilungsgesetz nicht genügt. Bei der Annahme einer Binomialverteilung zeigt sich, daß die $p_s(0)$ im Vergleich zum analytischen Ansatz überhöht sind, was erklärlich ist. Aus diesem Grunde wird zur Überprüfung der Verteilungsfunktion die normierte Aktivzahl α_N betrachtet und für diese der Vergleich mit den Meßergebnissen angestellt. Hierbei wurde eine Langzeitmessung über mehrere Wochen mit einer Beschäftigungszeit von 18495 Minuten genutzt. Für den Meßzeitraum ergab sich ein Multiprogrammfaktor von $M = 2{,}7563$. Für diesen Multiprogrammfaktor wurde die normierte Binomialverteilung bei $s = 10$, was der Messung entsprach, berechnet. Die Ergebnisse der Messung und der Theorie für die Verteilungs-

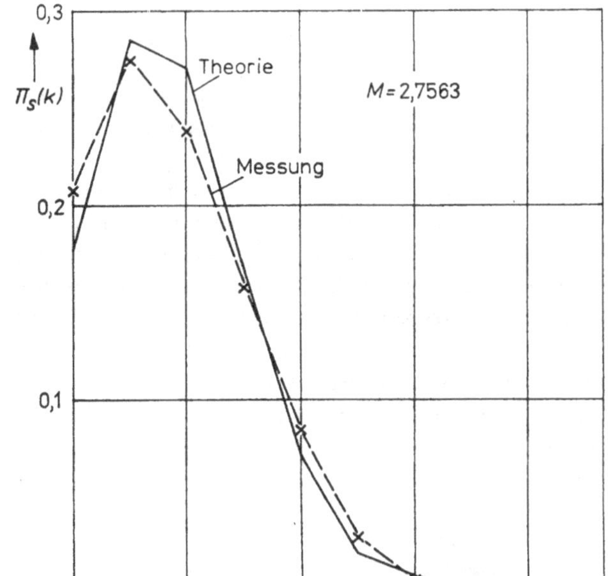

Abb. 5.21. Vergleich von Theorie und Messung für die Verteilungsfunktion der normierten Aktivzahl

funktion $\Pi_s(k)$ der normierten Aktivzahl werden in Abb. 5.21 verglichen. Es zeigt sich eine gute Übereinstimmung. Damit steht für unsere weiteren Betrachtungen der Nutzung der Binomialverteilung nichts im Wege.

5.2.4. Mehrkanalmodell einer komplexen aufgabenzugeordneten Ressource

Wir gehen hier von den beiden Ursachen, die eine unvollständige Auslastung der Programmbereiche bewirken, aus. Einerseits führt ein ungenügendes Angebot an Aufgaben für die Abarbeitung, das bedienungstheoretisch formuliert darin zum Ausdruck kommt, daß der Verkehrswert ϱ wesentlich kleiner ist als die Durchsatzgrenze ϱ^* zu einer nicht vollen Auslastung. Andererseits können nicht alle Programmbereiche ausgelastet werden, weil weitere aufgabenzugeordnete Ressourcen, wie Hauptspeicherplatz, externer Speicherplatz oder E/A-Geräte, nicht im ausreichenden Maße zur Verfügung stehen. Falls die weiteren aufgabenzugeordneten Ressourcen keine Beschränkung bezüglich der Abarbeitung der Aufgaben bringen, dann kann man als einzige aufgabenzugeordnete Ressource die Gesamtheit der Programmbereiche ansehen, die der Einfachheit halber als Mehrkanalressource mit s Kanälen betrachtet wird. Dieser Fall hat vor allem theoretischen Wert. In der Praxis muß mit anderen aufgabenzugeordneten Ressourcen gerechnet werden. Für diesen Fall wird eine Mehrkanalressource mit zufälliger Kanalzahl eingeführt. Die zufällige Kanalzahl besitzt eine Verteilungsfunktion, wobei die Anzahl s der Programmbereiche als obere Grenze der Kanalzahl im Verteilungsgesetz angesehen wird. Falls wir die Beschränkungen durch andere aufgabenzugeordnete Ressourcen vernachlässigen, dann ist das Modell einer komplexen aufgabenzugeordneten Ressource eine s-Kanalressource mit s als Anzahl der Programmbereiche.

Komplexe aufgabenzugeordnete Ressource mit zufälliger Kanalzahl

Komplizierter liegt die Sache bei der Berücksichtigung der anderen aufgabenzugeordneten Ressourcen. Wir gehen zur Gewinnung des Modells der komplexen aufgabenzugeordneten Ressource A wie folgt vor.
Ausgangspunkt sind für uns die s existierenden Programmbereiche. Diese repräsentieren eine s-Kanalressource. Die Wirkung der anderen aufgabenzugeordneten Ressourcen kann als Verringerung der Bedienungsintensität der s Kanäle aufgefaßt werden. Das kann als Verkleinerung der vorhandenen Kanalzahl gegenüber s angesehen werden. Insgesamt führen wir jetzt die Kanalzahl $\varkappa$ der komplexen aufgabenzugeordneten Ressource als Zufallsgröße ein. Der Wertebereich ist ganzzahlig und liegt zwischen 1 und s. Bei der Annahme 1 als untere Grenze von $\varkappa$ wurde vorausgesetzt, daß jede Aufgabe nicht mehr Ressourcen aller aufgabenzugeordneten Ressourcen benötigt, als im Rechnersystem verfügbar sind. Das ist aus praktischen Erwägungen naheliegend.
Für die Gewinnung der Verteilungsfunktion der Kanalzahl $\varkappa$ gehen wir von der Verteilungsfunktion der Aktivzahl α aus. Im Grenzfall geht die normierte Aktivzahl α_N in die Kanalzahl über. Das ist der Fall, wenn das Angebot an Aufgaben ausreichend ist und die komplexe aufgabenzugeordnete Ressource voll ausgelastet ist. Wir können nun die normierte Binomialverteilung der Form (5.32) und (5.28) als Verteilungsfunktion der Kanalzahl $\varkappa$ der komplexen aufgabenzugeordneten Ressource interpretieren. Dabei muß die obere Grenze M^* des Multiprogrammfaktors als mittlere Kanalzahl K der hier eingeführten aufgabenzugeordneten Ressource angesehen werden. Um eine Unterscheidung

zur Verteilungsfunktion $\Pi_s(k)$ zu erhalten, bezeichnen wir die Verteilungsfunktion der Kanalzahl der komplexen aufgabenzugeordneten Ressource mit $\Pi_s{}^*(k)$. Es gilt somit

$$\Pi_s{}^*(k) = \frac{p_s{}^*(k)}{1 - p_s{}^*(0)} \tag{5.35}$$

und

$$p_s{}^*(k) = \frac{s\,!}{(s-k)!\,k!}\,\eta^{*k}(1-\eta^*)^{s-k} \tag{5.36}$$

mit der mittleren Kanalzahl

$$K = \sum_{k=1}^{s} \Pi_s{}^*(k) \cdot k\,. \tag{5.37}$$

Hierbei sind η^* die mittleren Auslastungsgrade der einzelnen Programmbereiche, wenn sich die komplexe aufgabenzugeordnete Ressource im Sättigungszustand befindet, d. h. voll ausgelastet ist.

Bedarfskoeffizienten der weiteren aufgabenzugeordneten Ressourcen

Jede Aufgabe benötigt zu ihrer Ausführung einen Programmbereich als aufgabenzugeordnete Ressource. Ferner benötigt sie i. allg. mehrere Kanäle von verschiedenen aufgabenzugeordneten Ressourcen Rl ($l = 1, \ldots, n_a$) mit n_a Zahl der weiteren aufgabenzugeordneten Ressourcen. Eine Aufgabe Aj benötigt von einer Ressource Rl eine bestimmte Kanalzahl μ_l. Dabei ist μ_l wieder eine Zufallsgröße. Wir bezeichnen mit N_l ($l = 1, \ldots, n_a$) die mittlere Zahl der von einer Aufgabe benötigten Kanäle der Ressource Rl und mit m_l die Zahl der im Rechnersystem verfügbaren Kanäle der Ressource Rl. Auf dieser Grundlage führen wir die Bedarfskoeffizienten einer Aufgabe y_l mit

$$y_l = N_l/m_l \qquad (l = 1, \ldots, n_a) \tag{5.38}$$

ein.

Bei einem Rechnersystem der Massendatenverarbeitung haben wir als weitere aufgabenzugeordnete Ressourcen den Hauptspeicherplatz m_S mit einem Kbyte als Kanal, die Anzahl der Plattengeräte m_P, die Anzahl der Bandgeräte m_B und die Anzahl der Drucker m_D mit je einem Gerät als Kanal.

Aus Messungen wurden die in der Tab. 5.4 angegebenen Daten für die Bedarfskoeffizienten an einem Rechnersystem der Massendatenverarbeitung gewonnen.

Tabelle 5.4. Gemessene Bedarfskoeffizienten an einem Rechnersystem der Massendatenverarbeitung

l	m_l	N_l	y_l
S	370 Kbyte	75 Kbyte/Aufgabe	0,0938
P	11 Geräte	1,5 Geräte/Aufgabe	0,1209
B	16 Geräte	2,23 Geräte/Aufgabe	0,0856
D	3 Geräte	0,33 Geräte/Aufgabe	0,0919

Berücksichtigung der Bedarfskoeffizienten in einer komplexen aufgabenzugeordneten Ressource mit zufälliger Kanalzahl

In den vorangegangenen Erörterungen wurde einerseits eine komplexe aufgabenzugeordnete Ressource mit zufälliger Kanalzahl eingeführt. Andererseits haben wir die Bedarfskoeffizienten der weiteren aufgabenzugeordneten Ressourcen eingeführt. Zwischen beiden besteht ein Zusammenhang, der bisher noch nicht behandelt wurde. Bei der Herstellung dieses Zusammenhangs müssen wir eine heuristische Betrachtungsweise gebrauchen, weil die Aufstellung exakter mathematischer Zusammenhänge (s. [RAM80]) einen viel zu komplizierten mathematischen Apparat benötigt, der in unseren komplexen Betrachtungen des gesamten Rechnersystems nicht mehr handhabbar ist. Wir wollen hier zwei Modellansätze einführen.

Alleinige Berücksichtigung der Schwachstelle

Als erstes nutzen wir ein Modell mit einer groben alleinigen Berücksichtigung der Schwachstelle unter den weiteren aufgabenzugeordneten Ressourcen. In diesem Fall wird angenommen, daß die mittlere Kanalzahl K der komplexen aufgabenzugeordneten Ressource gleich dem Reziprokwert des Bedarfskoeffizienten y_l der Schwachstelle gesetzt werden kann. Es wird also der Ansatz

$$K = \text{Min.} \left\{ \frac{1}{y_l} \middle| \, l = 1, \ldots, n_a ; s \right\} \tag{5.39}$$

gemacht. Falls alle Reziprokwerte $(1/y_l)$ größer als s sind, dann kann man mit dem s-Kanalmodell der Programmbereiche ohne Beschränkungen durch die weiteren aufgabenzugeordneten Ressourcen arbeiten. Die alleinige Berücksichtigung des Bedarfskoeffizienten der Schwachstelle als einzige Ressource führt zu einem groben Modell.

Berücksichtigung aller aufgabenzugeordneten Ressourcen

Zunächst gehen wir davon aus, daß nur eine zusätzliche aufgabenzugeordnete Ressource Rl existieren soll (z. B. der Hauptspeicherplatz). Wir setzen jetzt die mittlere Kanalzahl K_l der aufgabenzugeordneten Ressource gleich dem Grenzmultiprogrammfaktor M_l^*, der maximal bei voller Auslastung der Ressource Rl ($l = 1$) erreicht werden könnte. Wir nutzen weiterhin den Ansatz (5.39), wobei bei Vorhandensein nur einer Ressource Rl gilt

$$K_l = 1/y_l \,. \tag{5.40}$$

Dabei nehmen wir weiter an, daß in diesem Grenzfall die Aktivzahl α eine Poisson-Verteilung besitzen soll. Somit kann als Verteilungsfunktion der Kanalzahl $\varkappa_l$ eine normierte Poisson-Verteilung mit

$$\Pi_l^*(k) = \left(\frac{1}{y_l}\right)^k e^{-(1/y_l)} \tag{5.41}$$

angenommen werden.

In diesem Fall ergibt sich die Verteilungsfunktion der komplexen aufgabenzugeordneten Ressource A unter Berücksichtigung dessen, daß die Zahl der Programmbereiche auf s beschränkt ist, mit

$$\Pi_s^*(k) = \begin{cases} \left(\frac{1}{y_l}\right)^k e^{-(1/y_l)} & \text{für } k \leqq s, \\ 0 & \text{für } k > s \end{cases} \tag{5.42}$$

und der Mittelwert mit

$$K = \sum_{k=0}^{s} \Pi_s^*(k) \cdot k. \tag{5.43}$$

Wir gehen jetzt zur Berücksichtigung von n_a aufgabenzugeordneten Ressourcen Rl ($l = 1, 2, \ldots, n_a$) mit dem Bedarfskoeffizienten y_l ($l = 1, 2, \ldots, n_a$) über. In diesem Fall können wir die Ansätze (5.40) und (5.41) für $l = 1, 2, \ldots, n_a$ benutzen.
Zur Bestimmung der Verteilungsfunktion der Kanalzahl des komplexen aufgabenzugeordneten Ressource A betrachten wir den Einfluß aller Verteilungsfunktionen $\Pi_l^*(k)$ ($l = 0, 1, \ldots, n_a$). In den Betrachtungen mit einer zusätzlichen Ressource Rl ($l = 1$) haben wir die s-Kanalressource Programmbereiche nachträglich beim Übergang von $\Pi_l^*(k)$ auf $\Pi(k)$ berücksichtigt. Jetzt wollen wir das von vornherein tun, was in der Berücksichtigung der Ressource R0 mit der Kanalzahlverteilung

$$\Pi_0^*(k) = \begin{cases} 1, & k \leqq s, \\ 0, & k > s \end{cases} \tag{5.44}$$

zum Ausdruck kommt.
Für die integrale Verteilungsfunktion $F_l(k)$ von $\varkappa_l$ gilt per Definition

$$F_l(k) = P\{\varkappa_l \leqq k\} = \sum_{j=0}^{k} \Pi_l^*(j) \qquad (l = 0, \ldots, n_a). \tag{5.45}$$

Die komplementäre Verteilung $\bar{F}_l(k)$ von $F_l(k)$ kann mit

$$\bar{F}_l(k) = 1 - F_l(k) = P\{\varkappa_l > k\} \qquad (l = 0, \ldots, n_a) \tag{5.46}$$

angesetzt werden.
Wir betrachten jetzt die Wahrscheinlichkeit, daß alle $\varkappa_l$ größer als k sind, mit

$$\bar{F}(k) = P\{\varkappa_0 > k, \varkappa_1 > k, \ldots, \varkappa n_a > k\}. \tag{5.47}$$

Bei statistischer Unabhängigkeit der $\varkappa_l$ ($l = 0, \ldots, n_a$)
gilt

$$\bar{F}(k) = \prod_{l=0}^{n_a} P\{\varkappa_l > k\} = \prod_{l=0}^{n_a} \bar{F}_l(k). \tag{5.48}$$

Wir können jetzt die integrale Verteilungsfunktion der Kanalzahl $F(k)$ mit

$$F(k) = 1 - \bar{F}(k) \tag{5.49}$$

setzen, wodurch

$$F(k) = 1 - \prod_{l=0}^{n_a} \left(1 - F_l(k)\right) \tag{5.50}$$

entsteht.

Der Zusammenhang mit den Einzelwahrscheinlichkeiten $\Pi^*(k)$ und $\Pi_l^*(k)$ ergibt sich definitionsgemäß aus

$$\Pi^*(k) = F(k) - F(k-1) \tag{5.51}$$

und

$$\Pi_l^*(k) = F_l(k) - F_l(k-1) \qquad (l = 1, \dots, n_a). \tag{5.52}$$

Daraus folgt

$$\Pi^*(k) = \prod_{l=0}^{n_a} \left(1 - F_l(k-1)\right) - \prod_{l=0}^{n_a} \left(1 - F_l(k)\right), \tag{5.53}$$

wobei

$$K = \sum_{k=1}^{s} \Pi^*(s) \cdot k \tag{5.54}$$

gilt.
In (5.53) können die rechten Seiten von (5.42) für $l = 1, 2, \dots, n_a$ und (5.44) für $l = 0$ eingesetzt werden. Damit ist jetzt der Einfluß der Zahl der Programmbereiche s und der Bedarfskoeffizienten y_l $(l = 1, \dots, n_a)$ auf die Verteilungsfunktion $\Pi^*(k)$ der Kanalzahl einer komplexen aufgabenzugeordneten Ressource bestimmbar.

5.3. Modellierung der Belegung und Freigabe der geteilt zugeordneten Ressourcen

5.3.1. Ablauf der Aufgabenausführung unter Berücksichtigung der geteilt zugeordneten Ressourcen

Zusätzlich zu den aufgabenzugeordneten Ressourcen, die meist passiven Charakter in Form von Speichern haben, benötigt jede Aufgabe während der Ausführung ihrer Arbeitsoperationen aktive Ressourcen, die die Arbeitsoperationen ausführen und von uns Prozessoren genannt werden. In der Literatur werden häufig nur programmierbare aktive Ressourcen eines Rechnersystems als Prozessoren bezeichnet. Im Zusammenhang mit der Leistungsmodellierung machen wir diesen Unterschied nicht und wir nennen alle aktiven, d. h. Arbeitsoperationen ausführende Ressourcen, Prozessoren. In diesem Fall können z. B. auch Laufwerke peripherer Geräte oder externer Speicher als Prozessoren bezeichnet werden.
Beim Einzelprogrammbetrieb können, wie bereits ausgeführt wurde, alle Ressourcen des Rechnersystems zu einer Einkanalressource zusammengefaßt werden. Somit ist eine gesonderte Berücksichtigung der Prozessoren nicht nötig (s. auch Abb. 5.14). Anders ist das beim Multiprogrammbetrieb. In diesem Fall ist die Belegung und Freigabe der Prozessoren zu berücksichtigen. Der Ablauf der Programmbearbeitung erfolgt zyklisch (s. Abb. 5.4 und Abb. 5.14), wobei eine Folge von Arbeitsoperationen der Verarbeitung und eine Arbeitsoperation der Ein- und Ausgabe einen Zyklus bilden. Wenn wir allgemein für die Verarbeitung eine zentrale Verarbeitungseinheit (ZVE) und für eine bestimmte Klasse von Ein- und Ausgabeoperationen je einen E/A-Prozessor als geteilt zugeordnete Ressource einführen, dann kann man den Ablauf der Aufgabenausführung unter Berücksichtigung der geteilt zugeordneten Ressourcen im Forderungslaufplan

angeben. Dabei können E/A-Prozessoren, vor denen, bedingt durch das Vorhandensein der aufgabenzugeordneten Ressourcen als blockierende Ressourcen, keine Forderung warten muß, als eine Unendlichkeitskanalressource zusammengefaßt werden. In Erweiterung der in Abb. 5.14 angegebenen Struktur ergibt sich jetzt der Forderungslaufplan in Abb. 5.22. In dieser Abbildung repräsentiert A die komplexe aufgabenzugeordnete Ressource und G0, G1, ..., G$n-1$ die zu berücksichtigenden geteilt zugeordneten Ressourcen.

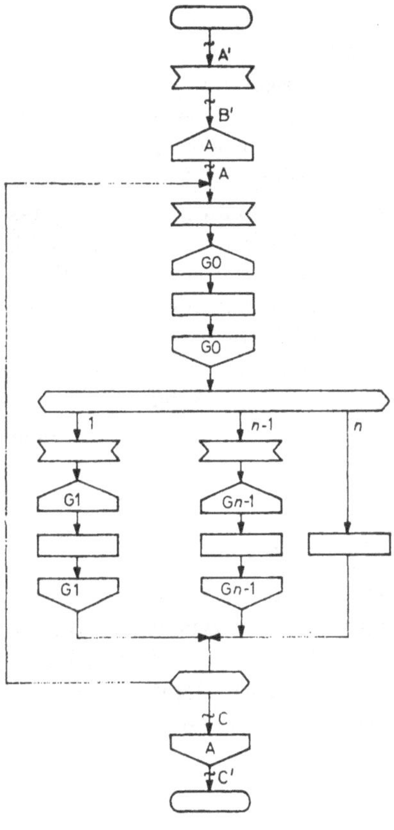

Abb. 5.22. Forderungslaufplan für den Multiprogrammbetrieb der Stapelverarbeitung

5.3.2. Konkrete geteilt zugeordnete Ressourcen

Belegen und Freigeben der Zentralen Verarbeitungseinheit (ZVE) als geteilt zugeordnete Ressource

Die Zentrale Verarbeitungseinheit G0 ist der wichtigste Prozessor eines Rechnersystems. In ihr werden die Verarbeitungsoperationen der Aufgaben ausgeführt. Aus der Sicht der Leistungsmodellierung stellt die Zentrale Verarbeitungseinheit eine Einkanalressource dar. Ein Abschnitt der Zuordnung der zentralen Verarbeitungseinheit zu einer Aufgabe als Forderung liegt zwischen zwei E/A-Zugriffen. Somit ergibt sich die Bedienungszeit der ZVE aus der Summe der Verarbeitungszeiten aller für die betrachtete Aufgabe zwischen zwei E/A-Zugriffen ausgeführten Verarbeitungsoperationen (s. Abschnitt

5.1.2.). Die mittlere Bedienungszeit in der zentralen Verarbeitungseinheit G0 kann nach Formel (5.6) berechnet werden.
Aus der Bedienungstheorie sind verschiedene Bedienungsdisziplinen bekannt (s. Abschnitt 3.2.1.). Bei der Bedienung der Aufgaben durch die zentrale Verarbeitungseinheit G0 erfolgt die Bedienung gewöhnlich nach der absoluten Prioritätsdisziplin oder nach der Zeitscheibentechnik. Beide Bedienungsdisziplinen sind verdrängende Disziplinen, d. h., eine gerade von der Zentralen Verarbeitungseinheit bediente Aufgabe kann durch eine höherrangige oder infolge des Erreichens des Zeitscheibenendes durch eine andere Aufgabe verdrängt werden. Der mit dem Verdrängen verbundene Entzug der zentralen Verarbeitungseinheit von der gerade in Bedienung befindlichen Aufgabe und die zugehörige Rückgabe, die mit einer Unterbrechung der Bedienung verbunden ist, wird im Forderungslaufplan der Abb. 5.22 nicht berücksichtigt. Das Belegen und Freigeben der zentralen Verarbeitungseinheit G0 in dieser Abbildung bezieht sich nur auf die sich aus dem zyklischen Ablauf von abwechselnder Verarbeitung und Ein- und Ausgabe sich ergebene Zuordnung der Ressource G0. Die explizite Darstellung der durch das Verdrängen bedingte Belegen und Freigeben der ZVE im Forderungslaufplan ist aber für die Modellierung auch nicht erforderlich. Sowohl in den analytischen Modellen der Bedienungstheorie als auch bei der Simulation unter Verwendung einer entsprechenden Simulationssprache (z. B. GPSS) kann das durch zusätzliche Angaben berücksichtigt werden. Zum Beispiel gibt es für ein Bedienungssystem mit absoluter Priorität ein anderes Bedienungsmodell als für ein Bedienungssystem mit der FCFS-Disziplin. Für diese ZVE mit Zeitscheibentechnik als Bedienungsdisziplin wird gewöhnlich angenommen, daß die Zeitscheibe unendlich klein sei. In diesem Fall haben wir es mit einer Bedienungsanlage mit Prozessorsharing (PS) zu tun.

Belegen und Freigeben der E/A-Kanäle und E/A-Geräte

Wir betrachten jetzt die Ein- und Ausgabe mit E/A-Kanälen. Falls die Ein- und Ausgabe über einen BUS erfolgt, sind die Verhältnisse nicht gleich aber ähnlich. Deshalb wollen wir hier der Konkretheit der Betrachtung halber uns auf die Übertragung mit Hilfe von E/A-Kanälen beschränken. Dabei betrachten wir Geräte, die an einem Selektorkanal bzw. Blockmultiplexkanal angeschlossen sind und Geräte, die am Bytemultiplexkanal angeschlossen sind.
An den Bytemultiplexkanal werden gewöhnlich Paralleldrucker, Lochkartenleser und andere Geräte mit relativ großer Übertragungszeit, aber auch Terminals wegen der relativ großen Denkzeit des Menschen, angeschlossen. Die Geräte selbst sind aufgabenzugeordnete Ressourcen. Deshalb braucht ihre Belegung und Freigabe auf der Ebene der geteilt zugeordneten Ressourcen nicht mehr berücksichtigt zu werden. Den Multiplexkanal kann man als Mehrkanalressource, wobei jeder Subkanal einem Ressourcenkanal entspricht, auffassen. Bei dieser Modellierung wird die gegenseitige Behinderung der von verschiedenen Suchkanälen gleichzeitig abgefertigten Forderungen vernachlässigt. Da jedem an den Multiplexkanal angeschlossenen Gerät je ein Subkanal zugeordnet ist, kann der Subkanal mit zum Gerät als festzugeordnete Ressource zugeschlagen werden. Somit entstehen weder vor dem Multiplexkanal noch vor den Geräten Warteschlangen der Forderungen, und wir können den Multiplexkanal zusammen mit seinen Geräten auf der Ebene der geteilt zugeordneten Ressourcen als Unendlichkeitskanalressource ansehen. Das kommt im Forderungslaufplan der Abb. 5.22 im E/A-Zweig n zum Ausdruck.

Wir gehen jetzt zur Betrachtung der Selektorkanäle (bzw. Blockmultiplexkanäle) zusammen mit den daran angeschlossenen Geräten über. An diese Kanäle werden schnellere E/A-Geräte, vor allem externe Speicher wie Magnetbandgeräte und Magnetplattengeräte, angeschlossen. Der Einfachheit halber beschränken wir uns auf den Anschluß einer Geräteklasse an einen Kanal und auf nur einen Weg über einen Kanal zu jedem Gerät. Als erstes betrachten wir den Anschluß von m_B Magnetbandgeräten an einen Selektorkanal SK. Dabei gehen wir davon aus, daß ein Magnetband auf einem Laufwerk eine sequentielle Datei enthält, die nur von einer Aufgabe benötigt wird. In diesem Fall können vor den Magnetbandgeräten keine Warteschlangen entstehen. Anders ist das mit dem Selektorkanal der m_B Magnetbandgeräte. Vor ihnen kann sich eine Warteschlange aufbauen. Demzufolge müssen wir die Gesamtheit der an einem Selektorkanal angeschlossenen Magnetbandgeräte zusammen mit ihrem Kanal auf der Ebene der geteilt zugeordneten Ressourcen als Einkanalressource Gi ansehen. Als Bedienungsdisziplin kann FCFS angenommen werden. Dieser Fall kommt in Abb. 5.22 in einem der Zweige 1, ..., $n - 1$ mit der Einkanalressource Gi zum Ausdruck.

Wir gehen zur Betrachtung des Anschlusses von m_P Magnetplattengeräten an einen Selektorkanal SK über. Dabei können wir zwei Fälle der Übertragung unterscheiden ohne SEEK-Abtrennung und mit SEEK-Abtrennung.

Ohne SEEK-Abtrennung bedeutet, daß der Kanal für alle drei Phasen des E/A-Zugriffs zum Plattengerät Positionierung, Suche und Transfer (s. Abschnitt 5.1.2., Formel (5.9)) benötigt wird. In diesem Fall kann ebenso wie bei einem Selektorkanal SK mit m_B Magnetbandgeräten auch für einen Selektorkanal SK mit m_P Magnetplattengeräten insgesamt eine Einkanalressource Gi angenommen werden.

Demgegenüber bedeutet mit SEEK-Abtrennung, daß zumindest das Positionieren vom Magnetplattengerät ohne Belegung des Kanals ausgeführt wird. In diesem Fall erhalten wir für den E/A-Abschnitt des Forderungslaufplanes über einen Selektorkanal SK die in

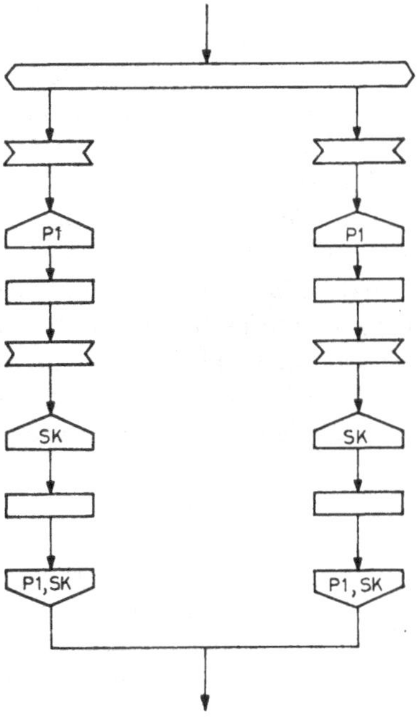

Abb. 5.23. Zur Belegung und Freigabe der Ressourcen beim Anschluß von Magnetplattengeräten an einen Kanal mit SEEK-Abtrennung

Abb. 5.23 dargestellte Struktur der Ressourcenbelegung. Es handelt sich hier um eine blockierende Ressourcennutzung (s. Abschnitt 2.3.2.), deren theoretische Behandlung nicht einfach ist. In die Abb. 5.22 ist kein E/A-Zweig dieser Form aufgenommen worden. Das kann durch einfaches Einfügen des Forderungslaufplan-Abschnittes der Abb. 5.23 als ein E/A-Zweig in Abb. 5.22 geschehen.

5.4. Modellierung der Belegung und Freigabe der sitzungszugeordneten Ressourcen

In Abschnitt 1.1. wurde die Stapel- und Dialogverarbeitung durch die verschiedenen E/A-Geräte unterschieden. Diese Unterschiede sind durch eine unterschiedliche Verarbeitungstechnologie bedingt.
Bei der Stapelverarbeitung gibt der Nutzer seine Aufträge (Jobs) zur Ausführung von Aufgaben im Rechenzentrum ab und der Bediener des Rechnersystems lädt die abgegebenen Aufträge in die Eingabekette der Aufträge des Rechners, und zwar so, daß nach Möglichkeit — solange noch abgegebene Aufträge vorhanden sind — das Rechnersystem pausenlos arbeiten kann. Das ist die vereinfachte Vorstellung einer modernen Stapelverarbeitung. Das wichtigste hierbei ist, daß die Zahl der im System (einschließlich in der Eingabekette) befindlichen Aufträge als Forderungen an das Rechnersystem durch keine oberhalb der aufgabenzugeordneten Ressourcen liegende Ressource blockiert wird. Damit können die in den Abbildungen 5.14 und 5.22 dargestellten Modellstrukturen als Grundmodellstrukturen des Einzel- und Multiprogrammbetriebs der Stapelverarbeitung angesehen werden.

Sitzungszugeordnete Ressourcen

Bei der Dialogverarbeitung sitzt jeder Nutzer vor seinem Terminal und übergibt seine Aufträge zur Lösung seiner Aufgaben in Form von Kommandos über die Tastatur des Terminals an das aus aufgabenzugeordneten und geteilt zugeordneten Ressourcen bestehende Rechnersystem direkt. Wir wollen annehmen, daß jeder Nutzer an einem Terminal eine Forderung zur Lösung einer Aufgabe durch ein Kommando an das Rechnersystem gibt, danach solange wartet, bis das Rechnersystem das Ergebnis des Lösungsprozesses der Aufgabe oder eine entsprechende Nachricht über die erfolgte Erledigung auf den Bildschirm ausgibt. Anschließend überprüft der Nutzer das Ergebnis oder die Nachricht in der sogenannten Denkzeit und danach gibt er den nächsten Auftrag als Kommando an das Rechnersystem ein. In diesem Fall ist bei voller Auslastung die Zahl der sich im Rechnersystem befindlichen Forderungen gleich der Zahl der Terminals m. In den meisten vorliegenden Modellen für die Dialogverarbeitung wird deshalb ein geschlossenes Bedienungssystem als geeignetes Modell angesehen (s. z. B. [KLE72], [MAJ78]).
In der obigen Betrachtung wurde davon ausgegangen, daß immer alle Terminals besetzt sind. Die Dialogverarbeitung hat aber gerade den Vorteil, daß ein Nutzer unmittelbar über sein Terminal mit dem Rechnersystem kommunizieren kann und dabei eine schnellere Reaktion des Rechnersystems im Vergleich zur Stapelverarbeitung erhält. Dieser Vorteil wird bei ständiger Besetzung aller Terminals wieder eingeschränkt, indem der Nutzer entweder Sitzungszeit bestellen oder vor dem Terminal warten muß,

falls er bei voller Auslastung nicht unverrichteter Dinge wieder weggehen will. In der Praxis der Dialogverarbeitung findet dieser Umstand seinen Niederschlag in der nicht vollen Auslastung aller Terminals eines Rechnersystems. Ein Terminal wird für die Dauer einer Sitzung von einem Nutzer belegt. Erst danach kann der nächste Nutzer dasselbe Terminal belegen. Deshalb ist es zweckmäßig, die Terminals als sitzungszugeordnete Ressourcen, die die Zahl der Forderungen im Gesamtsystem beschränken, einzuführen.

Gesamtmodellstruktur der Dialogverarbeitung

Auf der Grundlage der obigen Diskussion können wir jetzt die in den Abbildungen 5.14 und 5.22 angegebenen Modelle für den Einzelprogramm- und Multiprogrammbetrieb der Stapelverarbeitung auf die Dialogverarbeitung erweitern. Dazu ist die Berücksichti-

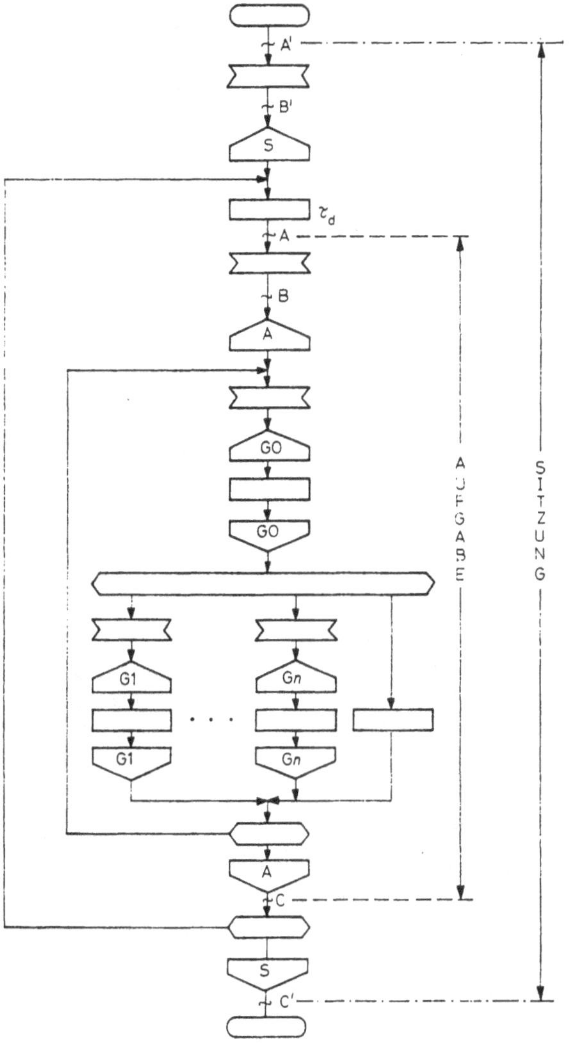

Abb. 5.24. Forderungslaufplan für den Multiprogrammbetrieb der Dialogverarbeitung

gung der Belegung und Freigabe der sitzungszugeordneten Ressourcen, d. h. der Terminals erforderlich.

In der Abb. 5.24 ist der Forderungslaufplan für den Multiprogrammbetrieb der Dialogverarbeitung unter Berücksichtigung der sitzungszugeordneten Ressourcen angegeben. Der Abschnitt A—C in diesem Forderungslaufplan stimmt vollständig mit dem Abschnitt A'—C' des Forderungslaufplanes in Abb. 5.22 überein. Die Zeit τ_d ist die Denkzeit der Nutzer und S ist die sitzungszugeordnete Ressource.

Bei räumlich konzentrierter Aufstellung aller Terminals kann die Gesamtheit der m Terminals als blockierende m-Kanalressource angesehen werden.

6. Modellierung der Stapelverarbeitung

Bei der Einführung der Stapelverarbeitung als Methode der Rechnernutzung in früheren Jahren, wurde sie zunächst im Einzelprogrammbetrieb realisiert. Heute wird dort, wo die Stapelverarbeitung als zweckmäßige Methode der Rechnernutzung betrieben wird, diese fast ausschließlich im Multiprogrammbetrieb durchgeführt.
In diesem Abschnitt betrachten wir als erstes ein allgemeines Zweischichtmodell der Stapelverarbeitung. Anschließend werden in Abhängigkeit von der Struktur des Rechnersystems Modellspezifikationen vorgenommen, die es ermöglichen, strukturelle Einflüsse zu untersuchen. Auf der Grundlage des allgemeinen Zweischichtmodells der Stapelverarbeitung werden schließlich verschiedene Einflüsse auf das Gesamtsystemverhalten anhand numerischer Berechnungen behandelt.

6.1. Analytisches Zweischichtmodell der Stapelverarbeitung

6.1.1. Allgemeines Zweischichtmodell

6.1.1.1. Modellansatz

Beim Modellansatz für das allgemeine Zweischichtmodell der Stapelverarbeitung gehen wir von der Prozeßstruktur in Abb. 5.22 aus. Wir erhalten daraus ein Bedienungssystem mit Blockierung, in dem die geteilt zugeordneten Ressourcen als Bedienungsknoten und die komplexe aufgabenzugeordnete Ressource als blockierende Ressource wirken.
Da wir es hier mit einem Bedienungsnetz mit Blockierung zu tun haben und die Bedingung für die erfolgreiche Nutzung der näherungsweisen vollständigen Dekomposition erfüllt ist, können wir mit Hilfe dieser Methode ein Zweischichtmodell aufbauen (s. Abschnitt 4.3.2.). Als untere Schicht erhalten wir dabei die Modellschicht der geteilt zugeordneten Ressourcen und als obere Schicht die Modellschicht der aufgabenzugeordneten Ressourcen. Dabei muß die Modellschicht der geteilt zugeordneten Ressourcen als erstes berechnet werden, weil ihre Ergebnisse zum Teil als Eingangswerte im Modell der aufgabenzugeordneten Ressourcen genutzt werden.
Bei der Leistungsmodellierung eines Rechnersystems der Stapelverarbeitung dominiert die Untersuchung des Durchsatzverhaltens. Zwar interessiert den Nutzer eines Stapelverarbeitungssystems auch das Reaktionsverhalten, aber er hat es in einem Rechenzentrum der Stapelverarbeitung nicht nur mit dem Rechnersystem zu tun, sondern mit dem gesamten Rechenzentrum, in dem noch sehr zeitaufwendige Arbeiten vom Personal

des Rechenzentrums übernommen werden. Dadurch muß eine Verbesserung des Reaktionsverhaltens des Rechnersystems nicht zwangsläufig zu einer wesentlichen Verbesserung des Reaktionsverhaltens des Rechenzentrums gegenüber dem Nutzer führen. Neben dem Durchsatzverhalten interessiert bei der Stapelverarbeitung auch das Auslastungsverhalten, zumal es eng mit dem Durchsatzverhalten zusammenhängt. Nachfolgend betrachten wir zunächst die Modellschicht der geteilt zugeordneten Ressourcen und anschließend die Modellschicht der aufgabenzugeordneten Ressourcen.

6.1.1.2. Modellschicht der geteilt zugeordneten Ressourcen

In der Modellschicht der geteilt zugeordneten Ressourcen wollen wir die Haupteinflußgrößen und die Korrektur durch Nebeneinflußgrößen berücksichtigen. Die Haupteinflußgrößen können auf der Grundlage einer Schar geschlossener autonomer Bedienungsnetze mit n Einkanalbedienungsanlagen und einer Unendlichkeitskanalbedienungsanlage erfaßt werden. Für die Berücksichtigung der Nebeneinflußgrößen müssen empirische Betrachtungen unter Nutzung von Messungen durchgeführt werden.

Berücksichtigung der Haupteinflußgrößen

Entsprechend dem Abschnitt 4.3.2. erhalten wir eine Schar geschlossener autonomer Bedienungsnetze vom Typ CSM (Central Server Model), wobei sich die einzelnen Bedienungsnetze der Schar durch die Zahl k der im Netz befindlichen Forderungen (mit $k = 1, 2, \ldots, s$) unterscheiden. Die Größe s wird durch das Modell der aufgabenzugeordneten Ressourcen bestimmt und wird deshalb später interpretiert. Die Bedienungsnetze kann man sich bei Betrachtung der Abb. 5.22 so vorstellen, daß für bestimmte Zeitintervalle an der Schnittstelle A′ keine Forderungen neu ankommen und an der Schnittstelle C′ keine Forderungen das Bedienungsnetz verlassen. Für jedes dieser Zeitintervalle kann man annehmen, daß näherungsweise ein geschlossenes autonomes Bedienungsnetz als Modell des Rechnersystems gültig ist. Für ein geschlossenes autonomes Bedienungsnetz vom Typ CSM wurde im Abschnitt 4.2.2. die Produktformlösung (4.111) der Zustandswahrscheinlichkeit $p(k_0, k_r, \ldots, k_n)$ angegeben, welche die Wahrscheinlichkeit angibt, daß sich in den einzelnen Bedienungsanlagen G0, G1, ..., Gn genau $k_0, k_1, \ldots, k_n$ Forderungen (Aufgaben) im Bedienungs- oder Wartezustand befinden. Die wichtigsten Größen, die Einfluß auf $p(k_0, k_1, \ldots, k_n)$ haben, sind die Zahl k der im geschlossenen Bedienungsnetz befindlichen Forderungen mit

$$k = \sum_{i=0}^{n} k_i,$$

die Zahl n der geteilt zugeordneten Einkanalressourcen und die Beschäftigungskoeffizienten x_i ($i = 0, 1, \ldots, n$) mit

$$x_i = \frac{P_i T_{bi}}{T_b}$$

$$T_b = \sum_{i=0}^{n} P_i T_{bi},$$

$$P_0 = 1$$

und

$$\sum_{i=0}^{n} = x_i = 1 .$$

In Tab. 6.1 sind für neun Aufgabenstapel Meßergebnisse der Beschäftigungskoeffizienten x_i angegeben, die unter realen Arbeitslastbedingungen des Multiprogrammbetriebes eines EC 1040 gewonnen wurden. Es zeigt sich für die gemessenen Arbeitslasten ein wesentlicher Einfluß des Zentralprozessors und der beiden Selektorkanäle, an denen Magnetplattengeräte angeschlossen sind, während der Einfluß der Selektorkanäle, an denen Magnetbandgeräte angeschlossen sind, und des Multiplexkanals nur gering ist. Dabei hat bei einigen Aufgabenstapeln der Zentralprozessor den Haupteinfluß (Stapel 7 und 8) und bei einigen der Selektorkanal 1 (Stapel 2, 3, 5, 6).

Tabelle 6.1. Meßergebnisse für die Beschäftigungskoeffizienten realer Arbeitslasten

Aufgabenstapel	T_h	ZVE	MPG		MBG		MPX
			SK1	SK3	SK2	SK4	
	in s	x_0	x_1	x_3	x_2	x_4	x_5
1	15889	0,317	0,290	0,291	0,075	0,026	0
2	590	0,166	0,412	0,212	0,092	0,038	0,079
3	10908	0,199	0,451	0,191	0,086	0	0,073
4	11459	0,160	0,270	0,399	0,062	0,087	0,082
5	910	0,131	0,745	0,104	0	0,018	0,002
6	2206	0,130	0,793	0,037	0,023	0,013	0,004
7	3209	0,430	0,203	0,153	0,064	0,078	0,071
8	711	0,673	0	0,071	0,236	0,020	0
9	17810	0,211	0,342	0,176	0,097	0,090	0,082
⌀		0,214	0,351	0,227	0,078	0,067	0,063

Im Abschnitt 4.2.2. wurden auch die Beziehungen für die Leistungsbewertungsgrößen angegeben. Für die rekursive Berechnung des Verweilzeitfaktors $F(k)$ des Gesamtsystems können dabei die Formeln (4.120), (4.122) und (4.121) herangezogen werden. Der Leistungsfaktor $R(k)$ berechnet sich dann mit Hilfe von Littles Theorem nach (4.113). Dabei ist zu beachten, daß die $R(k)$ ($k = 1, \ldots, s$) für den Fall, daß keine Nebeneinflüsse in der Modellschicht der geteilt zugeordneten Ressourcen vorhanden sind, die Schnittstelle zur Modellschicht der aufgabenzugeordneten Ressourcen bilden. Im Sinne der nächsten Modellschicht der aufgabenzugeordneten Ressourcen haben also die Leistungsfaktoren der Modellschicht der geteilt zugeordneten Ressourcen die Bedeutung einer relativen Bedienungsintensität der Gesamtheit der Kanäle der komplexen aufgabenzugeordneten Ressource unter der Bedingung, daß sich k Aufgaben im Rechnersystem (Abschnitt A—C in Abb. 5.22), befinden. Falls keine Behinderung im Rechnersystem durch die geteilt zugeordneten Ressourcen auftritt, nehmen die $R(k)$ die Werte k an. Somit drückt der Verweilzeitfaktor $F(k)$ die Behinderung durch die geteilt zugeordneten Ressourcen bei der parallelen Abfertigung von k Aufgaben im Multiprogrammbetrieb aus.

Nachfolgend untersuchen wir die Einflüsse der verschiedenen Einflußgrößen auf die Leistungsfaktoren $R(k)$. Als erstes wird der Einfluß der Zahl n der geteilt zugeordneten

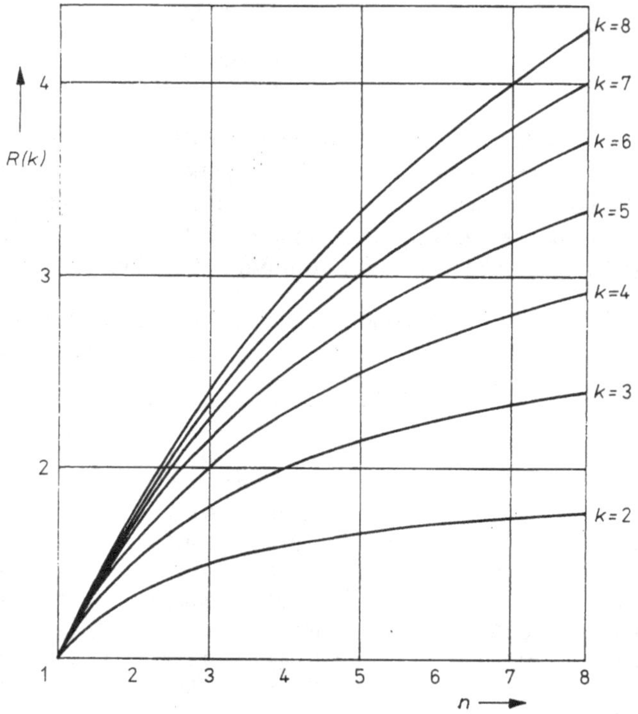

Abb. 6.1. Abhängigkeit des Leistungsfaktors von der Zahl der geteilt zugeordneten Ressourcen (Modell der geteilt zugeordneten Ressourcen)

Einkanalressourcen betrachtet. Dazu wird $x_n = 0$ und $x_i = 1/n$ $(i = 0, 1, \ldots, n-1)$ angenommen. In Abb. 6.1 ist für verschiedene k die Abhängigkeit des Leistungsfaktors $R(k)$ von n angegeben. In dieser Abbildung ist die Abhängigkeit $R(k)$ von n durchgezogen, obwohl $R(k)$ nur für diskrete Werte $n = 1, 2, \ldots,$ existiert. Diese Abbildung zeigt, wie der Leistungsfaktor mit wachsender Zahl n geteilt genutzter Einkanalressourcen wächst. Allerdings ist dieses Wachstum nicht unbegrenzt. Bei $n \to \infty$ nimmt $R(k)$ den Grenzwert $\lim_{n \to \infty} R(k) = k$ an.

Als nächstes untersuchen wir den Einfluß der Lastverteilung zwischen der zentralen Verarbeitungseinheit (ZVE) und den E/A-Kanälen. Dazu führen wir eine systematische Änderung des Beschäftigungskoeffizienten x_0 der ZVE durch. Dabei gehen wir von real gemessenen Werten der Beschäftigungskoeffizienten aus. Wir nehmen an, daß die relative Lastverteilung auf die 4 Selektorkanäle $(i = 1, 2, 3, 4)$ und den Multiplexkanal $(i = 5)$ erhalten bleibt, mit $x_1' = 0{,}3672$, $x_2' = 0{,}0481$, $x_3' = 0{,}3369$, $x_4' = 0{,}1586$ und $x_5' = 0{,}0873$. Der Beschäftigungskoeffizient x_0 der ZVE wird variiert, und zwar so, daß

$$x_i = (1 - x_0)\, x_i' \qquad (i = 1, 2, 3, 4, 5) \tag{6.1}$$

für die Beschäftigungskoeffizienten der anderen geteilt zugeordneten Ressourcen gilt. Mit dem Ansatz (6.1) wird erreicht, daß x_0 geändert werden kann, ohne die relative Lastverteilung zwischen den Kanälen zu verändern. Auf dieser Grundlage erhalten wir mit Hilfe der Beziehungen (4.120), (4.121), (4.122), (4.113) und (6.1) den in der Abbildung 6.2 dargestellten Einfluß von x_0 auf den Leistungsfaktor $R(k)$. Es zeigt sich für alle betrachteten Werte von k ein deutliches relatives Maximum des Leistungsfaktors $R(k)$. Das heißt, daß durch geeignete Lastverteilung zwischen der ZVE und den E/A-Kanälen, z. B. durch richtiges Mischen von Aufgaben mit unterschiedlicher Lastverteilung, $R(k)$

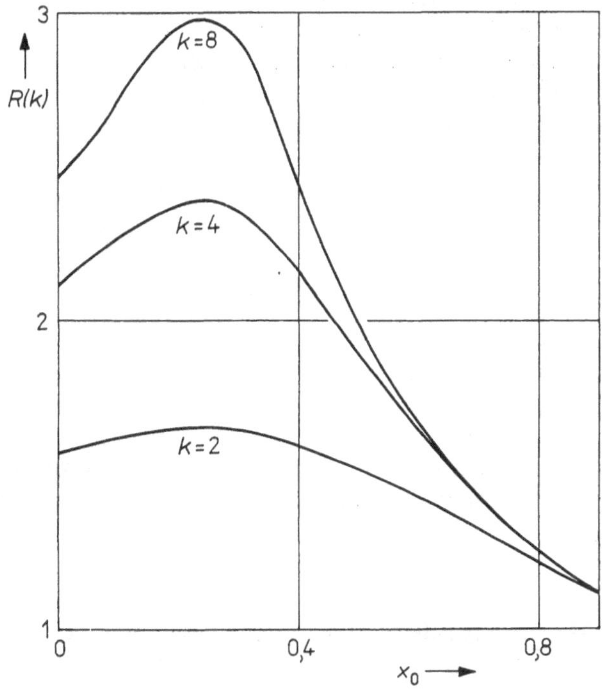

Abb. 6.2. Einfluß der Lastverteilung zwischen ZVE und E/A-Kanälen auf den Leistungsfaktor (Modell der geteilt zugeordneten Ressourcen)

optimal werden kann. Da die Beschäftigungskoeffizienten aller geteilt zugeordneten Einkanalressourcen völlig symmetrisch in den entsprechenden Berechnungsformeln auftreten, kann man daraus schlußfolgern, daß ein Lastausgleich zwischen allen geteilt zugeordneten Einkanalressourcen möglich ist. Für die Abhängigkeit des Leistungsfaktors von der Zahl der aktiven Aufgaben k gilt unter den konkreten in Abb. 6.1 angenommenen Bedingungen das Diagramm in Abb. 6.1 auch, wenn man k und n vertauscht. $R(k)$ ist ebenfalls nur für die diskreten Werte $k = 1, 2, \ldots$ erklärt. Im allgemeinen Fall kann die Vertauschung k mit n nicht vorgenommen werden, sondern nur bei der Annahme $x_i = 1/n$ $(i = 0, 1, \ldots, n - 1)$. Die Tendenz aber, die in Abb. 6.1 zum Ausdruck kommt, bleibt erhalten. $R(k)$ besitzt für $k \to \infty$ einen endlichen Wert mit

$$R(\infty) = \text{Min.} \left\{ \frac{1}{x_i} \middle| i = 0, 1, \ldots, n - 1 \right\}. \tag{6.2}$$

Zur Berücksichtigung der zustandsabhängigen Systemeigenlast

Eine analytische Berechnung der Systemeigenlast ist unter Verwendung der Bedienungstheorie nicht möglich. Man muß hier mit einem empirischen Modell arbeiten. Problematisch ist außerdem, welcher Lastanteil den einzelnen Nutzeraufgaben angerechnet wird und welcher als Systemeigenlast gewertet wird. Aus Messungen geht hervor, daß die Systemeigenlast häufig von der Zahl der aktiven Aufgaben abhängt. Zum Beispiel zeigen die Messungen in [AGK82] für die Positionierzeiten, und damit für die Gesamtbedienungszeiten $T_b(k)$, eine Abhängigkeit von der Zahl der aktiven Nutzeraufgaben. Wenn wir jetzt als Schnittstelle zwischen Nutzlast und Systemeigenlast annehmen, daß bei $k = 1$ die gesamte Bedienungszeit $T_b(1)$ die Nutzarbeitslast ist und bei $k = 1$ keine Systemeigenlast auftritt, dann kann folgender Ansatz gemacht werden

$$T_b(k) = \frac{E(k)}{\mu}, \tag{6.3}$$

mit

$$T_b(1) = \frac{1}{\mu}. \tag{6.4}$$

Somit gilt

$$E(k) = \frac{T_b(k)}{T_b(1)}. \tag{6.5}$$

$E(k)$ ist eine Größe, welche die zustandsabhängige Systemeigenlast zum Ausdruck bringt. Aus verschiedenen Messungen geht hervor, daß für $E(k)$ ein linearer Ansatz der Form

$$E(k) = 1 + \alpha \cdot (k - 1) \tag{6.6}$$

gemacht werden kann.

In einem Rechenzentrum der Massendatenverarbeitung wurde aus Benchmarkmessungen unter den Meßbedingungen $\alpha = 0{,}108$ gewonnen. Man kann nun anstelle von (4.113) mit

$$R(k) = \frac{k}{F(k)}$$

unter Berücksichtigung der Systemeigenlast

$$R_N(k) = \frac{k}{F(k) \cdot E(k)} \tag{6.7}$$

setzen. Wir bezeichnen jetzt mit $R_N(k)$ den Nutzleistungsfaktor, der die Nutzergemeinschaft interessiert. In Abb. 6.3 ist die Abhängigkeit des Nutzleistungsfaktors von der Anzahl der aktiven Aufgaben angegeben. Während bei Vernachlässigung des Einflusses der aufgabenzahlabhängigen Systemeigenlast bei $k \to \infty$ ein asymptotischer Verlauf von $R(k)$ zu verzeichnen ist, ergibt sich für den Nutzleistungsfaktor, daß hier bei einem bestimmten k ein relatives Maximum auftritt. Wenn k darüber hinaus wächst, fällt der Nutzleistungsfaktor $R_N(k)$ wieder ab. Daraus folgt, daß es zweckmäßig ist, die Zahl der aktiven Aufgaben in Abhängigkeit von der Größe α und der Lastverteilung der geteilt zugeordneten Ressourcen in bestimmten Grenzen zu halten, um einen hohen Nutzleistungsfaktor $R_N(k)$ zu erreichen.

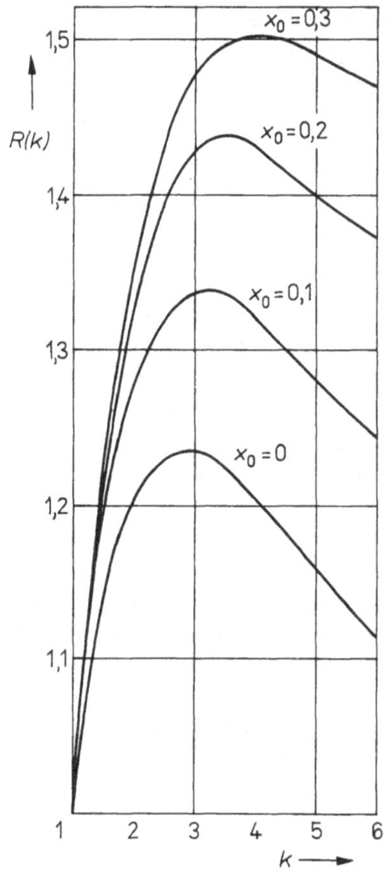

Abb. 6.3. Abhängigkeit des Nutzleistungsfaktors von der Zahl der aktiven Aufgaben

6.1.1.3. Modellschicht der aufgabenzugeordneten Ressourcen

Diese Modellschicht enthält zwei Stufen,

- die Stufe zur Berücksichtigung der mittleren Kanalzahl K der komplexen aufgabenzugeordneten Ressource, zu der auch die Bestimmung der mittleren Kanalzahl K (Erwartungswert) aus den Bedarfskoeffizienten der einzelnen aufgabenzugeordneten Ressourcen gehört,
- die Stufe zur Berücksichtigung des Verkehrswertes des Gesamtsystems.

Auf diese Stufen gehen wir in den nachfolgenden Abschnitten näher ein.

Berücksichtigung der mittleren Kanalzahl der komplexen aufgabenzugeordneten Ressource

Wir gehen von einer stochastischen Kanalzahl der komplexen aufgabenzugeordneten Ressource aus (s. Abschnitt 5.2.4). Dort wurde $\Pi_s^*(k)$ als Verteilungsfunktion der komplexen aufgabenzugeordneten Ressource im Wertebereich $1 \leqq k \leqq s$ eingeführt. Dabei ist K die mittlere Kanalzahl der komplexen aufgabenzugeordneten Ressourcen mit dem bekannten Ansatz (5.35), (5.36) und (5.37). Im Abschnitt 4.1.2. wurde ein offenes M/M/s-Bedienungssystem mit zustandsabhängiger Kanalbedienungsintensität und zufälliger Kanalzahl des Bedienungsknotens betrachtet. Die zustandsabhängige

Kanalbedienungsintensität $B(k)$ wurde beim Zweischichtmodell im Abschnitt 4.3.2. dem Leistungsfaktor $R(k)$ der Modellschicht der geteilt zugeordneten Ressourcen gleichgesetzt. Aus Symmetriegründen können wir die wirksame Bedienungsintensität $B'(l)$ mit $R'(l)$ als wirksamen Leistungsfaktor, der sich in einem Modell mit zufälliger Kanalzahl im Modell der aufgabenzugeordneten Ressourcen „fortpflanzt", bezeichnen und in Anlehnung an (4.36) gilt

$$R'(l) = \sum_{k=1}^{l-1} \Pi_s^*(k)\, R(k) + R(l) \sum_{k=l}^{s} \Pi_s^*(k). \tag{6.8}$$

Wir können $R'(l)$ auch als mittlere zustandsabhängige in Bedienung befindliche Aufgabenzahl interpretieren. Dabei kann in den Beziehungen für die Zustandswahrscheinlichkeiten (4.38), (4.39), (4.40) und (4.41) und für die Leistungskenngrößen (4.47), (4.51), (4.53), (4.55) und (4.57) $R'(k)$ für $B'(k)$ eingesetzt werden. Diese Beziehungen führen zur stufenweisen Berechnung der Leistungsbewertungsgrößen Z, ϱ^*, η, F_Z und F_A. Die mittlere Anzahl der aktiven Forderungen A kann nur berechnet werden, wenn mit (4.42) der Ansatz für die mittlere Zahl der aktiven Forderungen $A(l)$ unter der Bedingung, daß l Forderungen wirksam sind, genutzt und in (4.49) eingesetzt wird.
Wenn die Form von $\Pi_s^*(k)$ ($k = 1, \ldots, s$) bekannt ist, dann ist auch die mittlere Kanalzahl K bekannt und $A(l)$ kann berechnet werden. Wenn außerdem $R(k)$ ($k = 1, \ldots, s$) bekannt ist, kann auch $R'(l)$ berechnet werden. Außerdem kann über (4.49) und (6.8) ein Zusammenhang zwischen $A(l)$ und $R'(l)$ hergestellt werden, wenn wir in (4.49) $B'(l)$ durch $R'(l)$ ersetzen.
Wenn wir die Bedarfskoeffizienten y_l der einzelnen aufgabenzugeordneten Ressourcen berücksichtigen, dann können wir für die Bestimmung von $\Pi_s^*(k)$ die Formeln (5.51), (5.52) und (5.53) benutzen, wobei für $\Pi_s^*(k)$ die Verteilungsfunktionen der Kanalzahl der einzelnen aufgabenzugeordneten Ressourcen einzusetzen sind. Unter Benutzung der Werte aus der Tab. 5.4 für die y_l erhalten wir die Verteilungsfunktion $\Pi_s^*(k)$ in Tab. 6.2, die in (4.49) und (6.8) eingesetzt werden kann.

Tabelle 6.2.

k	1	2	3	4	5	6	7
$\pi_s^*(k)$	0,0116	0,0426	0,1018	0,1736	0,2177	0,2026	0,1402

k	8	9	10
$\pi_s^*(k)$	0,0721	0,0277	0,0100

Eine nähere Betrachtung des Einflusses der mittleren Kanalzahl K der komplexen aufgabenzugeordneten Ressource bzw. der Bedarfskoeffizienten y_l der einzelnen aufgabenzugeordneten Ressourcen auf das Leistungsverhalten des Gesamtsystems erfolgt in den Abschnitten 6. und 7.

Berücksichtigung des Verkehrswertes des Gesamtsystems

Jetzt wird das M/M/s-Bedienungsmodell mit zustandsabhängiger Kanalbedienungsintensität näher betrachtet (s. Abschnitt 4.1.2). Unter Nutzung der in diesem Abschnitt gewählten Bezeichnungen erhalten wir aus (4.40), (4.41) und (4.45) die Verteilungsfunktion der aktiven Aufgabenzahl mit

$$p_{\mathrm{A}}(l) = \begin{cases} \left[1 + \sum\limits_{k=1}^{s-1} \dfrac{\varrho^k}{\prod\limits_{\nu=1}^{k} R'(\nu)} + \dfrac{\varrho^s}{\prod\limits_{\nu=1}^{s} R'(\nu)\left(1 - \varrho/R'(s)\right)}\right]^{-1}, & \text{für } l = 0, \\ \dfrac{\varrho^l}{\prod\limits_{\nu=1}^{l} R'(\nu)}\, p_{\mathrm{A}}(0), & \text{für } l = 1, 2, \ldots, s-1, \\ \dfrac{\varrho^s}{\prod\limits_{\nu=1}^{s} R'(\nu)\left(1 - \varrho/R'(s)\right)}\, p_{\mathrm{A}}(0), & \text{für } l = s. \end{cases} \tag{6.9}$$

Für die mittlere im Abschnitt A—C (s. Abb. 5.22) befindliche Aufgabenanzahl A können wir jetzt (4.49) unter Berücksichtigung von $B'(l) = R'(l)$ nutzen, und wir erhalten

$$A = \frac{\sum\limits_{k=1}^{s-1} \dfrac{\varrho^k}{\prod\limits_{l=1}^{k} R'(l)} A(k) + \dfrac{\varrho^s A(s)}{\prod\limits_{l=1}^{s} R'(l)\left(1 - \varrho/R'(s)\right)}}{\sum\limits_{k=1}^{s-1} \dfrac{\varrho^k}{\prod\limits_{\nu=1}^{k} R'(\nu)} + \dfrac{\varrho^s}{\prod\limits_{\nu=1}^{s} R'(\nu)\left(1 - \varrho/R'(s)\right)}}. \tag{6.10}$$

Hierbei ist A im Gegensatz zu $A(l)$ nicht mehr zustandsabhängig. Unter Nutzung von Littles Theorem in der Form

$$F_{\mathrm{A}} = \frac{A}{\varrho} \tag{6.11}$$

kann sofort der Verweilzeitfaktor F_{A} der im Abschnitt A—B verweilenden Aufgaben bestimmt werden. Die obere Grenze ϱ^* des Verkehrswertes ergibt sich aus der Betrachtung der Formel (6.10). Es wurde bereits untersucht, für welchen Wert von ϱ die komplexe aufgabenzugeordnete Ressource vollständig ausgelastet ist. Das ist bei

$$\varrho^* = R'(s) \tag{6.12}$$

der Fall. Wir nennen den entsprechenden Fall Sättigungszustand. Unter Nutzung von (6.8) ergibt sich

$$R'(s) = \sum_{l=1}^{s} \Pi_s^*(l)\, R(l). \tag{6.13}$$

Somit lassen sich anhand dieser Formeln auch ϱ^* und der Auslastungsgrad η des Gesamtsystems mit

$$\eta = \varrho/\varrho^* \tag{6.14}$$

bestimmen.

Für die obere Grenze der mittleren Zahl A der im Abschnitt A—B befindlichen Aufgaben gilt

$$A^* = \sum_{l=1}^{s} \Pi_s^*(l) \cdot l = K. \tag{6.15}$$

Rekursive Berechnung der Leistungsbewertungsgrößen

Für die Berechnung der in der Modellschicht der aufgabenzugeordneten Ressourcen eingeführten Leistungsbewertungsgrößen können Rekursionsformeln aufgestellt werden. Dazu führen wir die Bezeichnungen

$$A_k = \frac{\varrho^k}{\prod_{l=1}^{k} R'(k)} \tag{6.16}$$

$$B_{k-1} = \sum_{l=1}^{k-1} A_l \cdot A(l) \tag{6.17}$$

und

$$C_{k-1} = \sum_{l=1}^{k-1} A_l \tag{6.18}$$

ein. Auf dieser Grundlage lassen sich die Rekursionsformeln

$$A_k = \frac{\varrho}{R'(k)} \cdot A_{k-1}, \tag{6.19}$$

$$B_k = A_k \cdot A(k) + B_{k-1} \tag{6.20}$$

und

$$C_k = A_k + C_{k-1} \tag{6.21}$$

gewinnen. Dabei gelten die Anfangswerte

$$A_1 = \varrho, \tag{6.22}$$

$$B_1 = \varrho A(1) \tag{6.23}$$

und

$$C_1 = \varrho. \tag{6.24}$$

Wenn wir weiter

$$D_s = \frac{1}{1 - \varrho/R'(s)} \tag{6.25}$$

einführen, dann kann man auf der Grundlage von (6.10) für die mittlere im Abschnitt A–C (s. Abb. 5.22) befindliche Aufgabenanzahl A die Beziehung

$$A = \frac{B_{s-1} + A_s \cdot D_s \cdot A(s)}{1 + C_{s-1} + A_s \cdot D_s} \tag{6.26}$$

aufstellen. Analog erhalten wir aus (6.9)

$$p_A(0) = [1 + C_{s-1} + A_s \cdot D_s]^{-1} \tag{6.27}$$

Somit lassen sich A und $p_A(0)$ mit Hilfe der Rekursionsformeln (6.19), (6.20), (6.21) unter Nutzung der Anfangswerte (6.22), (6.23), (6.24) und des Ausdrucks (6.25) für D_s berechnen.

6.1.2. Übergang zur Lagrangeschen Betrachtungsweise

In den vorangegangenen Betrachtungen des Abschnitts 6. wurde ausschließlich die Eulersche Betrachtungsweise genutzt. Es sei daran erinnert, daß diese darin besteht, daß die Beobachtungszeit T_B vorgegeben und die in dieser Beobachtungszeit abgefertigte Arbeitslast variabel ist. Daraus folgt für die Eulersche Betrachtungsweise, daß λ und ϱ explizit auftreten. Für die Stillstandswahrscheinlichkeit $p(0) = p_A(0)$ können wir in diesem Fall

$$1 - p_A(0) = T_h/T_B \tag{6.28}$$

schreiben, wobei T_h die Beschäftigungszeit der in der Beobachtungszeit T_B abgefertigten Arbeitslast ist. Für den Verkehrswert ϱ kann angesetzt werden

$$\varrho = T_{b\Sigma}/T_B , \tag{6.29}$$

mit der Summenbedienungszeit $T_{b\Sigma}$ der in der Zeit T_B abgearbeiteten Arbeitslast. Wenn wir mit N die Zahl der Aufgaben dieser Arbeitslast annehmen und mit T_b' die mittlere Bedienungszeit einer Aufgabe, dann gilt

$$T_{b\Sigma} = N \cdot T_b' , \tag{6.30}$$

und es ergibt sich

$$\varrho = \frac{N \cdot T_b'}{T_B} . \tag{6.31}$$

Beim Stapelbetrieb ist für praktische Untersuchungen häufig die Lagrangesche Betrachtungsweise zweckmäßig. Diese besteht darin, daß die Arbeitslast, bestehend aus N Aufgaben, vorgegeben und die Zeit in der diese Arbeitslast abgearbeitet wird, variabel ist. Dabei ist diese Zeit die Beschäftigungszeit T_h. Die Folge dieser Betrachtungsweise ist, daß die Stillstandszeiten ausgeklammert werden.

Gründe für die Bevorzugung der Lagrangeschen Betrachtungsweise können u. a. folgende sein:

- Häufig werden vorgegebene Arbeitslasten, bestehend aus N fest definierten Aufgaben, beobachtet (z. B. Benchmarks).
- Beim Vergleich des Multiprogrammbetriebs mit dem Einzelprogrammbetrieb, ist die Stillstandszeit unbedeutend.
- Wenn die Kalenderzeit im praktischen Rechenbetrieb als Beobachtungszeit angenommen wird, dann sind in der Stillstandszeit zusätzliche Einflüsse enthalten, die in der oben gewonnenen Stillstandswahrscheinlichkeit $p_A(0)$ nicht berücksichtigt werden.

Bei der Lagrangeschen Betrachtungsweise hat der Verkehrswert ϱ keine praktische Bedeutung. An die Stelle von ϱ tritt der Leistungsfaktor R und an die Stelle von A tritt der Multiprogrammfaktor M. Dabei gelten

$$R = \frac{N \cdot T_b'}{T_h} \tag{6.32}$$

und

$$M = \frac{N \cdot T_v'}{T_h}, \tag{6.33}$$

wobei T_v' die mittlere Verweilzeit einer Aufgabe im Abschnitt A—B ist (s. Abb. 5.22). Man kann den Zusammenhang von R und M der Lagrangeschen Betrachtungsweise zu ϱ und A der Eulerschen Betrachtungsweise über (6.28) herstellen, wenn man für A noch den Ansatz

$$A = \frac{N \cdot T_v'}{T_B} \tag{6.34}$$

hinzunimmt. Es ergibt sich

$$R = \frac{\varrho}{1 - p_A(0)} \tag{6.35}$$

und

$$M = \frac{A}{1 - p_A(0)}. \tag{6.36}$$

Unter Nutzung von (6.9) und (6.10) können R und M berechnet werden. Auch hier kann wieder Littles Theorem in der Form

$$F_A = M/R \tag{6.37}$$

für die Berechnung von F_A aus M und R genutzt werden. Die Formel (6.37) läßt sich leicht aus den Beziehungen (6.11), (6.35) und (6.36) gewinnen.
Wir betrachten jetzt das System im Sättigungszustand mit $\varrho = \varrho^*$. Hier gilt $T_h = T_B$ und $p_A(0) = 0$. Daraus folgt für den Sättigungszustand

$$\varrho^* = R^* = R(s) \tag{6.38}$$

$$A^* = M^* = K. \tag{6.39}$$

Somit stimmen im Sättigungszustand jeweils die oberen Grenzen des Verkehrswertes ϱ^* und des Leistungsfaktors R^* und die oberen Grenzen der mittleren Zahl der aktiven Aufgaben A^* und des Multiprogrammfaktors M^* überein.
In der Praxis wird bei der Lagrangeschen Betrachtungsweise häufig M gemessen, und es sind F_A und vor allem R als abhängige Größen zu bestimmen. In diesem Fall muß man ϱ in den obigen Beziehungen als Parameter betrachten, der ausgeschlossen werden kann. Dazu sind nichtlineare Gleichungen zu lösen, was meist durch Iteration erfolgen kann. Bei vielen Messungen wird häufig die mittlere Kanalzahl der komplexen aufgabenzugeordneten Ressource nicht mit bestimmt. Andererseits wird der Multiprogrammfaktor M ständig während des laufenden Rechenbetriebs gemessen. Unter diesem Umstand ist es zweckmäßig, die beiden Einflüsse, die bei der Lagrangeschen Betrachtungsweise auf die Kenngrößen Multiprogrammfaktor M, Leistungsfaktor R und Verweilzeitfaktor F_A einwirken, zu einem zusammenzufassen. Dabei gehen wir von der aus

Messungen gewonnenen Eigenschaft aus, daß die normale Aktivzahl recht gut durch eine normierte Binomialverteilung approximiert werden kann (s. Abb. 5.21), wenn der Multiprogrammfaktor M als Erwartungswert der normierten Binomialverteilung genutzt wird. Auf diese Weise kann man jetzt bei der Lagrangeschen Betrachtungsweise als unabhängige Einflußgrößen die Beschäftigungskoeffizienten x_i ($i = 0, 1, \ldots, n$), die Zahl der geteilt zugeordneten Einkanalressourcen n und den Multiprogrammfaktor M annehmen. Von diesen unabhängigen Einflußgrößen hängen in unserer Modellvorstellung jetzt der Leistungsfaktor R und der Verweilzeitfaktor F_Λ ab. Deshalb werden hier die Bezeichnungen $R = R(M)$ und $F_\Lambda = F_\Lambda(M)$ eingeführt.
Falls die Bedarfskoeffizienten y_i ($i \in F$) bekannt sind und aus diesen die mittlere Kanalzahl K der komplexen aufgabenzugeordneten Ressource bestimmt werden kann, erhalten wir unter Nutzung der entsprechenden Verteilungsfunktion, deren Erwartungswert die mittlere Kanalzahl K ist, die oberen Grenzen von M mit M^* und von R mit R^*. Falls wir es nur mit einem zu berücksichtigenden Bedarfskoeffizienten y_i zu tun haben, ist auch an der Grenze eine normierte Binomialverteilung für die Zahl der aktiven Forderungen vorhanden, wobei $M^* = K$ gilt.

6.1.3. Modellspezifikation für signifikante Grenzfälle der Stapelverarbeitung

Nicht immer muß das vollständige Zweischichtmodell für die Leistungsmodellierung der Stapelverarbeitung genutzt werden. Es gibt signifikante Grenzfälle, bei denen die Behinderung durch die Ressourcen einer der beiden Modellschichten ganz oder teilweise verschwindet bzw. vernachlässigt werden kann. Wir behandeln deshalb in diesem Abschnitt Teilmodelle mit folgenden Einschränkungen:

- Stapelverarbeitung ohne Berücksichtigung der Behinderung durch die geteilt zugeordneten Ressourcen,
- Multiprogrammbetrieb der Stapelverarbeitung ohne Berücksichtigung der Behinderung durch die aufgabenzugeordneten Ressourcen und
- Multiprogrammbetrieb der Stapelverarbeitung mit einer komplexen aufgabenzugeordneten Ressource mit deterministischer Kanalzahl.

Durch diese speziellen Betrachtungen werden auch Eigenschaften für die Grenzfälle einbezogen, die das Zweischichtmodell qualitativ charakterisieren. Wir beschränken uns hier auf die im Abschnitt 6.1.2. behandelte Lagrangesche Betrachtungsweise.

6.1.3.1. Stapelverarbeitung ohne Berücksichtigung der Behinderung durch die geteilt zugeordneten Ressourcen

Als erstes untersuchen wir die Stapelverarbeitung ohne Berücksichtigung der Behinderung durch die geteilt zugeordneten Ressourcen. Hierbei gibt es zwei zu unterscheidende Varianten: den Einzelprogrammbetrieb und den Multiprogrammbetrieb. Beim Einzelprogrammbetrieb tritt keine Behinderung durch die geteilt zugeordneten Ressourcen auf. Deshalb haben wir es hier im Rahmen des im Abschnitt 6.1.1. eingeführten Zweischichtmodells mit einem exakten Modell zu tun, wenn wir die Behinderung durch die geteilt zugeordneten Ressourcen vernachlässigen. Die Behinderung durch die geteilt zugeordneten Ressourcen tritt erst beim Multiprogrammbetrieb auf. Daher bedeutet die fehlende Berücksichtigung der Behinderung durch die geteilt zugeordneten Ressourcen beim Multiprogrammbetrieb eine Näherung, bezogen auf das Zweischichtmodell des Abschnittes 6.1.1. Bei der Vernachlässigung der Behinderung durch die geteilt zugeordneten Ressourcen können wir von der Modellstruktur des Forderungslaufplanes in Abb. 5.22 ausgehen und dabei die Belegung und Freigabe durch die geteilt zugeordneten Ressourcen und die damit verbundenen Warteblöcke weglassen. Hierbei erhalten wir ein M/M/s-Bedienungsmodell, in dem die zustandsabhängige Kanalbedienungsintensität der komplexen aufgabenzugeordneten Ressource nicht von $R(k)$ abhängt.

Modell für den Einzelprogrammbetrieb

Wir spezifizieren jetzt das Zweischichtmodell für den Einzelprogrammbetrieb. Der Modellansatz für den Einzelprogrammbetrieb der Stapelverarbeitung ist höchst einfach. Da hier das gesamte Rechnersystem als aufgabenzugeordnete Ressource angenommen wird, kann durch das gesamte Rechnersystem gleichzeitig nur eine Aufgabe, die als Forderung auftritt, bedient werden. Alle anderen Aufgaben müssen am Eingang des Rechnersystems warten, bis die einzige in Bedienung befindliche Aufgabe abgefertigt ist, falls wir es mit einer Bedienungsdisziplin FCFS zu tun haben. Wenn wir weiter einen Poissonschen Eingangsstrom der Ankunft der Aufgaben und eine exponentielle Bedienungszeitverteilung annehmen, erhalten wir ein offenes M/M/1-Bedienungssystem als Modell für den Einzelprogrammbetrieb des Rechnersystems. Dieses Modell wurde als Spezialfall im Abschnitt 4.1.1. behandelt. Als erstes stellen wir fest, daß die x_i ($i = 0, 1, \ldots, n$) und n keinen Einfluß auf die Leistungsbewertungsgrößen haben, weil nur $R(k)$ von diesen Einflußgrößen abhängt. Das gilt auch näherungsweise für den Multiprogrammbetrieb. Der Multiprogrammfaktor beim Einzelprogrammbetrieb ist

$$M|_1 = 1, \tag{6.40}$$

weil er so definiert ist. Aus Littles Theorem in der Form (6.37) erhalten wir für den Einzelprogrammbetrieb

$$F_A|_1 = 1/R|_1. \tag{6.41}$$

Falls die Parallelität innerhalb der Aufgaben vernachlässigt wird, ergibt sich daraus

$$F_A|_1 = R|_1 = 1. \tag{6.42}$$

Während bei der Betrachtung des Multiprogrammbetriebs der Einfluß der Parallelität innerhalb der Aufgaben meist vernachlässigt werden kann (wie aus Messungen hervorgeht) bewirkt die Parallelität beim Einzelprogrammbetrieb, daß das theoretische Ergebnis ohne Parallelität (6.40) nicht stimmt. So konnte z. B. durch gezielte Parallelität zwischen Eingabe, Verarbeitung und Ausgabe bei $M = 1$ ein Leistungsfaktor

$$R|_1 = 1{,}168$$

erzielt werden. Unter dieser Bedingung ist $F_A|_1 = 0{,}8562$.
Da das aber nur durch außerordentliche Maßnahmen erreichbar ist, vernachlässigen wir in den weiteren Betrachtungen die Parallelität innerhalb der Aufgaben und es soll nachfolgend immer (6.42) gelten.

Modell für den Multiprogrammbetrieb

Das Modell, ohne Berücksichtigung der geteilt zugeordneten Ressourcen, ist im Rahmen des Zweischichtmodells der Stapelverarbeitung nur eine Näherung und liefert nur für kleine Multiprogrammfaktoren befriedigende Ergebnisse. Da auch für den Multiprogrammbetrieb bei diesem Modell $R(k) = k$ gilt, ergibt sich aus (6.8) und (4.49) $R(k) = A(k)$ und unter dieser Bedingung ergibt sich aus (6.10) $A = \varrho$. Das führt nach (6.11) sofort zu

$$F_{\mathrm{A}} = 1 \tag{6.43}$$

und nach (6.37) zu

$$M = R. \tag{6.44}$$

6.1.3.2. Multiprogrammbetrieb ohne Berücksichtigung der Behinderung durch die aufgabenzugeordneten Ressourcen

Wir gehen jetzt zu einem Modell über, bei dem die Behinderung durch die aufgabenzugeordneten Ressourcen nicht berücksichtigt wird. Ein solches Modell hat dann unmittelbar praktische Bedeutung, wenn ein Überschuß an aufgabenzugeordneten Ressourcen vorhanden ist. Außerdem kann es genutzt werden, wenn über die aufgabenzugeordneten Ressourcen ihr blockierender Einfluß nicht bekannt ist. Der Ausgangspunkt unserer Betrachtung ist, genau wie im Abschnitt 6.1.3.1., die Modellstruktur im Forderungslaufplan der Abb. 5.22. Hierbei werden Belegen und Freigeben der aufgabenzugeordneten Ressourcen einschließlich Warteblock weggelassen. Im Ergebnis dieser Vernachlässigung erhalten wir ein offenes Bedienungsnetz mit n Einkanalressourcen und einer Unendlichkeitskanalressource. Damit vereinfacht sich das Modell erheblich. Bei der Behandlung bieten sich zwei Wege an:

— direkt über ein offenes Bedienungsnetz mit n M/M/1-Bedienungssystemen und einem Unendlichkanalbedienungssystem als Teilsysteme
und
— über den Umweg des Zweischichtmodells, wobei $s \to \infty$ angenommen wird.

Behandlung als offenes Bedienungsnetz mit n Einkanalbedienungsanlagen und einer Unendlichkeitskanalbedienungsanlage

Als erstes behandeln wir das Gesamtsystem als offenes Bedienungsnetz mit n Einkanalbedienungsanlagen und einer Unendlichkeitskanalbedienungsanlage. Ausgangspunkt unseres Herangehens sind die im Abschnitt 4.2.1. für ein derartiges Bedienungsnetz dargelegten Modellvorstellungen.
Zunächst betrachten wir das Durchsatzverhalten. Auf der Grundlage der Beziehung (4.107) erhalten wir unter Berücksichtigung der Ressourceneigenschaften (n Einkanalbedienungsanlagen und eine Unendlichkeitskanalbedienungsanlage) für die obere Grenze des Verkehrswertes

$$\varrho^* = \mathrm{Min.} \left\{ \frac{1}{x_i} \middle| i = 0, 1, \ldots, n-1 \right\}. \tag{6.45}$$

Dabei ist zu beachten, daß die Unendlichkeitskanalressource Gn den Verkehrswert nicht beschränkt, d. h. keinen Einfluß auf die Durchsatzgrenze ϱ^* hat. Als Schwachstelle der geteilt zugeordneten Einkanalressourcen ergibt sich diejenige, die das Minimum in (6.45) bewirkt. Es ist die geteilt zugeordnete Einkanalressource mit dem größten Beschäftigungskoeffizienten x_i. Wenn alle x_i $(i = 0, 1, \ldots, n - 1)$ gleich sind, ergibt sich für ϱ^* ein Maximum. Diesen Umstand bezeichnen wir als Lastausgleich zwischen den geteilt zugeordneten Einkanalressourcen. Um die Durchsatzgrenze ϱ^* des Rechnersystems möglichst hoch zu treiben, ist der Lastausgleich zwischen den geteilt zugeordneten Einkanalressourcen anzustreben.

Der Auslastungsgrad des Rechnersystems kann mit Hilfe von (4.108) bestimmt werden, wobei sich unter Berücksichtigung der Eigenschaften der geteilt zugeordneten Ressourcen aus (6.45) ergibt

$$\eta = \frac{\varrho}{\text{Min.}\left\{\frac{1}{x_i} \,\middle|\, i = 0, 1, \ldots, n - 1\right\}}. \tag{6.46}$$

Dieser Auslastungsgrad ist genau der Auslastungsgrad der Schwachstelle. Für die Auslastungsgrade η_i $(i = 0, 1, \ldots, n - 1)$ der einzelnen geteilt zugeordneten Einkanalressourcen gilt

$$\eta_i = x_i \cdot \varrho \qquad (i = 0, 1, \ldots, n - 1). \tag{6.47}$$

Die Unendlichkeitskanalressource besitzt keinen Auslastungsgrad.

Wir gehen jetzt zur Analyse des Reaktionsverhaltens über und wenden dabei das Theorem von Jackson [JAC63] an, dessen Wesen darin besteht, daß für exponentielle Bedienungsnetze die einzelnen Teilsysteme unabhängig voneinander betrachtet werden können. Auf der Grundlage des Abschnittes 4.1.1. erhalten wir dann für die n Einkanalbedienungsanlagen G0 ... Gn−1

$$F_i = \frac{1}{1 - x_i \varrho} \qquad (i = 0, 1, \ldots, n - 1), \tag{6.48}$$

und für die Unendlichkeitskanalbedienungsanlage Gn gilt

$$F_n = 1 \qquad (i = n). \tag{6.49}$$

Für den Verweilzeitfaktor des Rechnersystems kann das allgemeine Gesetz für die Verweilzeitfaktoren (4.101) genutzt werden, und wir erhalten

$$F_Z = F_A = \sum_{i=1}^{n-1} \frac{x_i}{1 - x_i \varrho} + x_n. \tag{6.50}$$

Eine Analyse von (6.50) zeigt, daß der Summenausdruck auf der rechten Seite minimal wird, wenn alle x_i $(i = 0, 1, \ldots, n - 1)$ gleich sind, d. h., wenn Lastausgleich für die geteilt zugeordneten Einkanalressourcen vorhanden ist. Somit führt der Lastausgleich der geteilt zugeordneten Einkanalressourcen gleichzeitig zu einer maximalen Durchsatzgrenze ϱ^* und zu einem minimalen Verweilzeitfaktor F_A. Man kann also durch Lastausgleich der geteilt zugeordneten Einkanalressourcen gleichzeitig das Durchsatzverhalten und das Reaktionsverhalten optimal gestalten. Diese Eigenschaft hat für die Leistungsoptimierung eine große Bedeutung.

Wir gehen jetzt zur Analyse des Zustandsverhaltens über. Dazu betrachten wir die mittlere Zahl der aktiven Aufgaben im Rechnersystem A. Wenn wir Littles Theorem nutzen, können wir A einfach aus F_A mit

$$A = F_A \cdot \varrho \tag{6.51}$$

berechnen. Unter Berücksichtigung von (6.50) ergibt sich

$$Z = A = \varrho \left[\sum_{i=0}^{n-1} \frac{x_i}{1 - x_i \varrho} + x_n \right]. \tag{6.52}$$

Der Übergang zur Lagrangeschen Betrachtungsweise erfordert die Berechnung des Leistungsfaktors R und des Multiprogrammfaktors M nach (6.35) und (6.36). Dazu ist die Stillstandswahrscheinlichkeit $p_A(0)$ zu berechnen. Es gilt

$$p_A(0) = p(0, 0, \ldots, 0) \tag{6.53}$$

und nach (4.102) der Produktformansatz

$$p_A(0) = \prod_{i=0}^{n} p_i(0). \tag{6.54}$$

Dabei sind für die $p_i(0)$ $(i = 0, 1, \ldots, n)$ die entsprechenden aus dem Abschnitt 4.1.1. gewonnenen Ausdrücke

$$p_i(0) = \begin{cases} (1 - x_i) & \text{für } i = 0, 1, \ldots, n-1, \\ e^{-\varrho x_n} & \text{für } i = n \end{cases} \tag{6.55}$$

einzusetzen.

Behandlung als Spezialfall des Zweischichtmodells

Wir gehen jetzt vom allgemeinen Zweischichtmodell im Abschnitt 6.1.1. aus. Dabei ist zu beachten, daß das Zweischichtmodell eine Näherung darstellt, während das im vorangegangenen Abschnitt eingeführte Modell bei den vorgenommenen Annahmen exakt ist. Durch die Voraussetzung der unbeschränkten aufgabenzugeordneten Ressourcen ist im Zweischichtmodell an der unteren Modellschicht nichts zu spezifizieren. Für die Berechnung der Verweilzeitfaktoren $F(k)$ bei vorgegebener Forderungszahl k im Rechnersystem können wieder die Formeln (4.120), (4.121) und (4.122) und für die Berechnung des Leistungsfaktors $R(k)$, die Formel (4.113) herangezogen werden.
Durch die Annahme einer unendlichen Kanalzahl der komplexen aufgabenzugeordneten Ressource muß eine Spezifizierung an der Modellschicht der aufgabenzugeordneten Ressourcen erfolgen. Im Zustandsgraphen der Abb. 4.2 für das entsprechende M/M/s-Bedienungssystem mit zustandsabhängiger Kanalbedienungsintensität gilt $s \to \infty$, und man erhält

$$p(0) = 1 + \sum_{j=1}^{\infty} \frac{\varrho^j}{\prod_{l=1}^{j} R(l)} \quad \text{für } k = 0, \tag{6.56}$$

$$p(k) = \frac{\varrho^k}{\prod_{l=1}^{k} R(l)} \, p(0) \quad \text{für } k = 1, 2, \ldots \tag{6.57}$$

und

$$Z = A = \frac{\sum_{k=1}^{\infty} \frac{\varrho^k \cdot k}{\prod_{l=1}^{j} R(l)}}{1 + \sum_{j=1}^{\infty} \frac{\varrho \cdot j}{\prod_{l=1}^{j} R(l)}}. \tag{6.58}$$

Unter Nutzung von (6.56) und (6.58) kann auch R und M nach (6.35) und (6.36) berechnet werden. Der Verweilzeitfaktor F kann wieder über Littles Theorem mit

$$F = F_Z = F_A = Z/\varrho = A/\varrho \tag{6.59}$$

bestimmt werden.

6.1.4. Untersuchung der verschiedenen Einflüsse auf das Gesamtleistungsverhalten

Nachdem in den Abschnitten 6.1.1., 6.1.2. und 6.1.3. vor allem analytische Zusammenhänge des Zweischichtmodells der Stapelverarbeitung dargestellt wurden, sollen jetzt numerische Untersuchungen durchgeführt werden. Im einzelnen werden hier behandelt

- der Einfluß der Verarbeitungsintensität x_0 und des Multiprogrammfaktors M auf den Leistungsfaktor anhand der Theorie,
- die Validierung des Zweischichtmodells auf der Grundlage von Messungen,
- der Einfluß des Bedarfskoeffizienten der Hauptspeicherkapazität ys auf den Multiprogrammfaktor M und die obere Grenze M^* des Multiprogrammfaktors und
- der Einfluß des Multiprogrammfaktors M auf den Nutzleistungsfaktor R_N anhand von Messungen.

6.1.4.1. Einfluß der Verarbeitungsintensität und des Multiprogrammfaktors auf den Leistungsfaktor

Wir gehen jetzt von den im Abschnitt 6.1.2. eingeführten Zusammenhängen zwischen dem Multiprogrammfaktor M und dem Leistungsfaktor $R(M)$ und $F_A(M)$ aus. Dabei wird wieder x_0 variiert, wobei für die x_i $(i = 1, 2, \ldots, 5)$ der Ansatz (6.1) genutzt wird. Außerdem werden auch die dort angegebenen konstanten Werte der x_i' $(i = 1, 2, \ldots, 5)$ zugrunde gelegt. Auf dieser Grundlage erhalten wir aus dem Zweischichtmodell bei der Lagrangeschen Betrachtungsweise die in Abb. 6.4 angegebene Abhängigkeit des Leistungsfaktors R von der durch den Beschäftigungskoeffizienten x_0 ausgedrückten Verarbeitungsintensität bei verschiedenen Multiprogrammfaktoren. Es zeigt sich ebenso wie in Abb. 6.2 wieder ein deutliches relatives Maximum für alle betrachteten M. Das heißt, daß das im Abschnitt 6.1.1.2. festgestellte Verhalten von $R = R(k)$ sich qualitativ auf $R = R(M)$ fortpflanzt. Somit gilt, analog zu dem im Abschnitt 6.1.1.2. Gesagten, daß durch richtiges Mischen von Aufgaben mit unterschiedlicher Lastverteilung der Leistungsfaktor $R = R(M)$ optimiert werden kann.

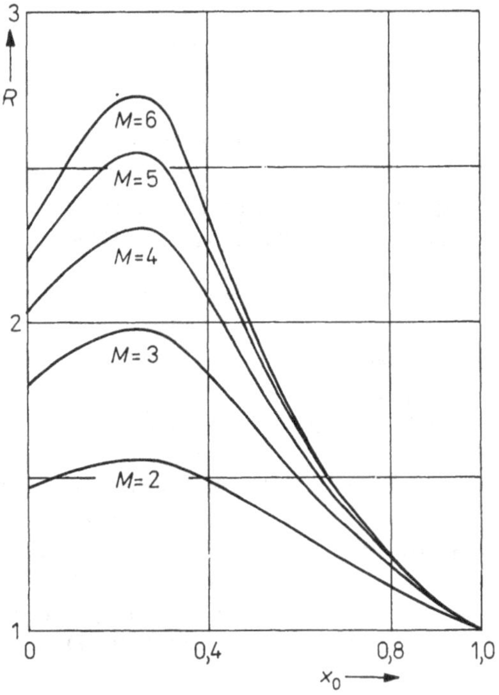

Abb. 6.4. Einfluß der Lastverteilung zwischen ZVE und E/A-Kanälen auf den Leistungsfaktor (Zweischichtmodelle)

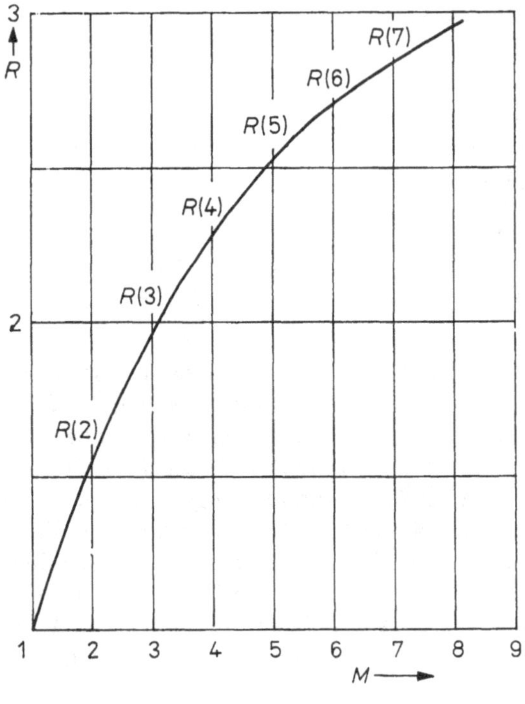

Abb. 6.5. Abhängigkeit des Leistungsfaktors vom Multiprogrammfaktor (Zweischichtmodell)

Für die gemessenen Werte $x_0 = 0{,}2000$, $x_1 = 0{,}2938$, $x_2 = 0{,}2695$, $x_3 = 0{,}0385$, $x_4 = 0{,}1269$, $x_5 = 0{,}5698$ und $s = 8$ ist in Abb. 6.5 die Abhängigkeit des Leistungsfaktors R vom Multiprogrammfaktor M angegeben. Zum Vergleich sind die diskreten Werte $R(k)$ für $k = 2, 3, 4, 5, 6, 7$ in diese Abbildung eingetragen, wobei die $R(k)$ auf der Grundlage des Modells der geteilt zugeordneten Ressourcen im Abschnitt 6.1.1.2. aus den Formeln (4.120), (4.121), (4.122) und (4.113) gewonnen wurden. Dieser Vergleich zeigt, daß die $R(k)$ aus dem Modell der geteilt zugeordneten Ressourcen als Approximationswerte für die $R(M)$ genutzt werden können. Allerdings sind im Gegensatz zu $R(M)$ die $R(k)$ nur für die Werte $k = 1, 2, \ldots, s$, definiert.

6.1.4.2. Zur Validierung des Zweischichtmodells

Es wird nun für das Zweischichtmodell eine Überprüfung der Adäquatheit durch Vergleich mit Meßergebnissen auf der Grundlage des in Abb. 1.3 angegebenen Lösungsschemas vorgenommen. Für die aus der Literatur (s. [AGK82] entnommenen Meßergebnisse wurden der Leistungsfaktor R und der Verweilzeitfaktor F berechnet, wobei die in [AGK82] angegebenen Werte von s und M genutzt und aus den Angaben der Bedienungszeiten für die einzelnen geteilt zugeordneten Ressourcen die Beschäftigungskoeffizienten vorher berechnet wurden. Die so gewonnenen Ergebnisse für die Leistungsfaktoren R und Verweilzeitfaktoren F werden in Tab. 6.3 verglichen. Dabei zeigt sich eine sehr gute Übereinstimmung zwischen den theoretischen Werten und den Meßwerten der Bewertungsgrößen R und F für alle Meßpunkte. Die theoretischen Rechnungen erfolgten unter Verwendung der normierten Binomialverteilung für die Verteilungsfunktion der Zahl der aktiven Aufgaben.

Tabelle 6.3. Vergleich mit Meßergebnissen

s	M	Leistungsfaktor R		Verweilzeitfaktor F	
		Theorie	Messung	Theorie	Messung
1	1,00	1,000	1,07	1,000	0,94
2	1,93	1,476	1,49	1,308	1,30
3	2,82	1,731	1,74	1,629	1,63
4	3,14	1,794	1,84	1,754	1,71
5	3,99	1,959	1,92	2,037	2,08

Von Pfüller (s. [PFU79]) wurde ein umfangreicher Benchmark-Test für einen Aufgabenstapel gefahren. Dabei ergaben sich für den Aufgabenstapel 21 Intervalle, in denen verschiedene Aufgaben aktiv waren. Die Messungen wurden alle 21 Intervalle gesondert ausgewertet. Dadurch konnten für alle Intervalle die Beschäftigungskoeffizienten x_i, die Zahl der aktiven Aufgaben k, die Intervallängen T_h und die Leistungsfaktoren anhand der Messungen bestimmt werden. Außerdem konnten die Beschäftigungskoeffizienten x_i, der Multifaktor M und der Leistungsfaktor R für den Gesamtstapel durch Umrechnung als Meßergebnisse ermittelt werden. Auch hier wurden zum Vergleich die theoretischen Leistungsfaktoren $R(k)$ (nach Abschnitt 6.1.1.2.) und $R(M)$ (nach Abschnitt 6.1.2.) bestimmt. In Tab. 6.4 wurde für alle 21 Intervalle und für den

Tabelle 6.4. Zum Vergleich der theoretischen Leistungsfaktoren R mit Messungen

Intervall	k	R Messung	R Theorie	T_h in s
A	3	1,411	1,419	777
B	4	1,389	1,387	556
C	4	1,385	1,382	518
D	3	1,824	1,706	332
E	3	1,501	1,467	318
F	4	1,612	1,582	356
G	3	1,859	1,661	351
H	4	1,608	1,613	1003
I	3	1,711	1,685	138
J	3	1,405	1,384	334
K	3	1,347	1,394	319
L	2	1,275	1,324	335
M	2	1,299	1,238	269
N	2	1,415	1,334	199
O	3	1,680	1,504	102
P	2	1,269	1,241	478
Q	2	1,286	1,275	211
R	2	1,289	1,225	313
S	2	1,264	1,207	491
T	2	1,287	1,275	442
U	—	1,127	—	98
Gesamtstapel	$M = 2{,}95$	1,442	1,415	7935

Gesamtstapel dieser Vergleich angestellt. Hier gibt es ebenfalls eine sehr gute Übereinstimmung der theoretischen und gemessenen Ergebnisse.

In diesen beiden Adäquatheitsprüfungen ist zu beachten, daß sowohl in den beiden Meßfällen als auch in den theoretischen Berechnungen die Gesamtarbeitslast, einschließlich Systemeigenlast, in die Untersuchung einbezogen wurde. In einem nachfolgenden Abschnitt wird die Abhängigkeit des Nutzleistungsfaktors R_N, in dem die Systemeigenlast nicht enthalten ist, vom Multiprogrammfaktor M anhand von Messungen erläutert. Zwischen dem gemessenen Nutzleistungsfaktor R_N und dem theoretisch gewonnenen Gesamtleistungsfaktor muß es wegen der Systemeigenlast einen deutlichen Unterschied geben. Deshalb kann die Messung des Nutzleistungsfaktors R_N (s. Abb. 6.6 und Tab. 6.6) nicht für die Validierung des theoretischen Modells herangezogen werden.

6.1.4.3. Einfluß der Hauptspeicherkapazität auf die Durchsatzgrenze

Als Maße für die Durchsatzgrenze werden hier der maximale Multiprogrammfaktor M^*, der durch den Mittelwert der Kanalzahl K der komplexen aufgabenzugeordneten Ressource mit $M^* = K$ festgelegt ist, und der zugehörige maximale Leistungsfaktor R^*, verwendet. In unserer Untersuchung wird für den Einfluß der Beschäftigungskoeffizienten der geteilt zugeordneten Ressourcen von den gemessenen $x_0 = 0{,}439$, $x_1 = 0{,}209$,

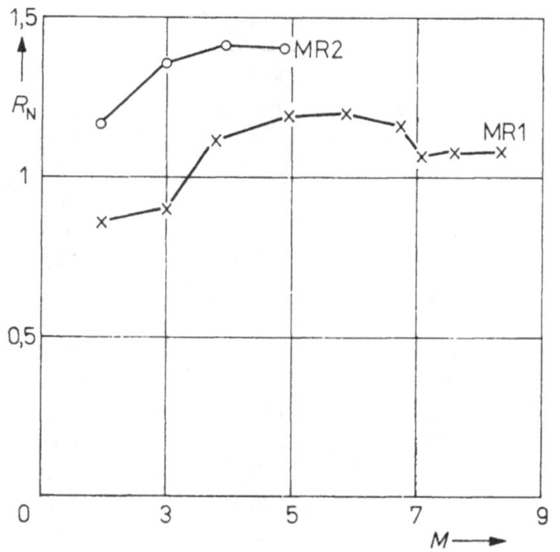

Abb. 6.6. Einfluß des Multiprogrammfaktors auf den Nutzleistungsfaktor (Messung)

$x_2 = 0{,}189$, $x_3 = 0{,}027$, $x_4 = 0{,}089$ und $x_5 = 0{,}050$ ausgegangen. Für den Einfluß der Bedarfskoeffizienten y_i der aufgabenzugeordneten Ressourcen gehen wir von Langzeitmessungen für die mittleren Zahlen der von einer Aufgabe benötigten Kanäle der verschiedenen aufgabenzugeordneten Ressourcen an Hauptspeicherkapazität N_S, an Magnetplattengeräten N_P, an Magnetbandgeräten N_B und an Druckern N_D aus. Außerdem wurden für 6 verschiedene Konfigurationen Ki ($i = 1, 2, 3, 4, 5, 6$) der Rechnerfamilie, für die die Langzeitmessungen für N_l durchgeführt wurden, die Multiprogrammfaktoren M in Messungen über jeweils einen Monat erfaßt. Für diese Konfigurationen lagen die entsprechenden Werte der für die Nutzerprogramme verfügbaren Kanalzahlen m_S, m_P, m_B und m_D vor.

In Tab. 6.5 sind die entsprechenden m_l und y_l ($l = $ S, P, B, D), wobei die y_l nach (5.38) bestimmt wurden, angegeben. Außerdem enthält diese Tabelle für diese Konfigurationen Ki ($i = 1, 2, 3, 4, 5, 6$), die gemessenen Multiprogrammfaktoren M und die auf der Grundlage der y_l berechneten mittleren Kanalzahlen K der komplexen aufgabenzugeordneten Ressource, die gleich den oberen Grenzen M^* der Multiprogrammfaktoren sind. Der Vollständigkeit halber sind noch die Werte für das Verhältnis (M/K) angegeben. Man sieht, daß der Abstand zwischen Multiprogrammfaktor M und oberer Grenze $M^* = K$ des Multiprogrammfaktors (bis auf eine Ausnahme) mit Vergrößerung der Konfiguration wächst, wobei der Multiprogrammfaktor selbst dabei ansteigt. Die entsprechenden Werte sind in Abb. 6.7 als Abhängigkeit $M(y_S)$ angegeben. Für die entsprechenden x_i und y_i wurde auf der Grundlage der in den Abschnitten 6.1.1. und 6.1.2. entwickelten Theorie die zugehörigen M^* und R^* berechnet. Der Verlauf von $M^*(y_S)$ wurde in Abb. 6.7 ergänzend eingetragen. Ein Vergleich zwischen diesen berechneten Werten für M^* und den gemessenen Werten für M zeigt, daß hier eine tendenzielle Übereinstimmung zwischen der theoretischen Grenze M^* des Multiprogrammfaktors und dem real gemessenen Multiprogrammfaktor besteht. Daß die Werte des Multiprogrammfaktors M im Durchschnitt bei etwa 60% der Werte von M^* liegen, zeigt, daß die komplexe aufgabenzugeordnete Ressource zu 60% ausgelastet ist.

Tabelle 6.5. Zusammenhang zwischen Rechnerkonfiguration und Multiprogrammfaktor (aus Messungen)

	K1	K2	K3	K4	K5	K6
ZVE	V1	V1	V2	V2	V3	V3
m_s Kbyte	100	188	188	392	392	862
m_p Geräte	4	6	6	12	12	12
m_g Geräte	8	8	8	12	12	16
m_0 Geräte	2	2	2	3	3	3
Y_s	0,651	0,346	0,346	0,166	0,166	0,075
Y_p	0,300	0,200	0,200	0,100	0,100	0,100
Y_B	0,188	0,188	0,188	0,125	0,125	0,094
Y_D	0,165	0,165	0,165	0,111	0,111	0,111
M	1,12	1,67	1,88	2,13	2,65	3,85
$K = M^*$	1,502	2,331	2,331	4,662	4,662	6,336
M/K	0,746	0,716	0,807	0,457	0,568	0,608
R^*	1,256	1,620	1,620	2,068	2,068	2,178
R	1,063	1,320	1,404	1,496	1,660	1,933
R/R^*	0,8463	0,8148	0,8667	0,7234	0,8027	0,8875

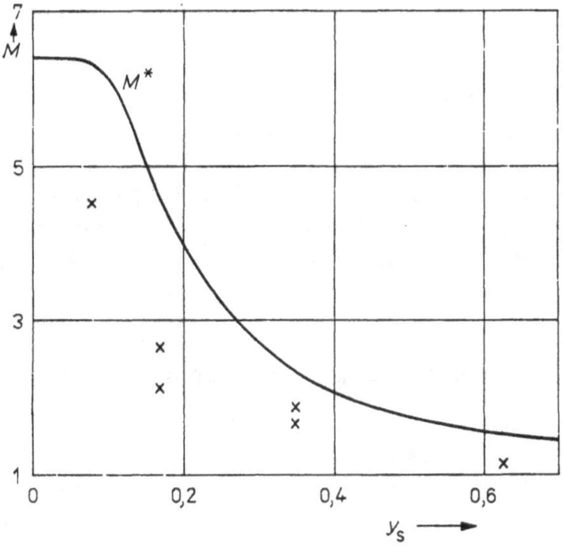

Abb. 6.7. Zum Einfluß der Hauptspeicherkapazität auf die obere Grenze des Multiprogrammfaktors (× Meßpunkte für reale M; — Theorie: M^*)

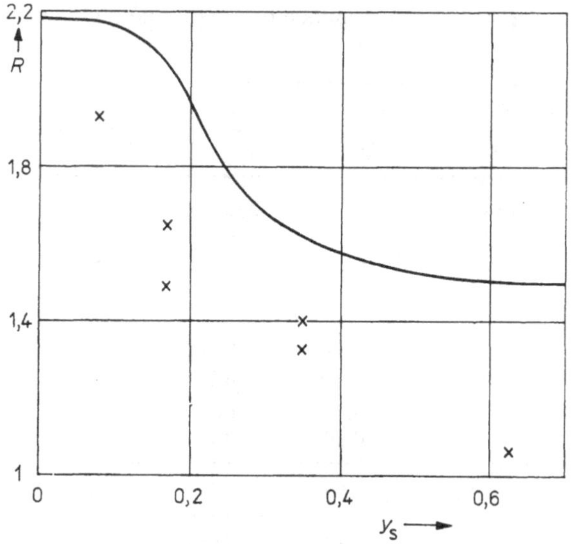

Abb. 6.8. Zum Einfluß der Hauptspeicherkapazität auf die obere Grenze des Leistungsfaktors (× Meßpunkte für reale R; — Theorie: R^*)

In Abb. 6.8 ist die theoretisch gewonnene zugehörige Abhängigkeit $R^*(y_S)$ angegeben. Da in der Meßreihe für die 6 Rechnerkonfigurationen die Leistungsfaktoren nicht gemessen wurden, können diese hier zum Vergleich nicht angegeben werden. Wir können aber für die entsprechenden x_i ($i = 0, 1, 2, 3, 4, 5$) und für die entsprechenden M die zugehörigen R nach den theoretischen Ergebnissen des Abschnittes 6.1.2. berechnen. Die Ergebnisse wurden als Quasimeßwerte in Abb. 6.8 eingetragen und in Tab. 6.2 angegeben. Es zeigt sich hier, daß bei den realen Werten des Multiprogrammfaktors die Werte der Leistungsfaktoren R bei 82% des maximalen Leistungsfaktors liegen und damit die Auslastung der Anlage $\eta = R/R^*$ unter den realen Bedingungen des Rechenbetriebs, unter denen die Messungen durchgeführt wurden, bei 82% liegt. Der wesentlich bessere Wert für η gegenüber M/M^* hängt damit zusammen, daß der Leistungsfaktor R mit wachsendem Multiprogrammfaktor immer langsamer wächst, um schließlich bei $M \to \infty$ asymptotisch einem Höchstwert $1/(\text{Max}\,\{x_i/i = 0, 1, \ldots, n-1\})$ zuzustreben. Hierbei ist zu beachten, daß die mit wachsendem Multiprogrammfaktor zunehmende Systemeigenlast, die sogar mit wachsendem Multiprogrammfaktor zu einem abfallenden Leistungsfaktor führen kann, hier unberücksichtigt bleibt. Darauf wird im nächsten Abschnitt eingegangen.

6.1.4.4. Einfluß des Multiprogrammfaktors auf den Nutzleistungsfaktor

Wir verwenden jetzt Meßergebnisse für die Abhängigkeit des Nutzleistungsfaktors vom Multiprogrammfaktor. Dabei wurden zwei Meßreihen unter Nutzung eines synthetischen Programmes realisiert (s. [MUE87], [KRA83]). Die Messungen erfolgten mit SMF ([SMF75]) und wurden mit Hilfe des Verdichtungsprogrammes LEIST ([MRO83]) ausgewertet. Da die Messungen an synthetischen Programmen durchgeführt wurden, war eine gute Reproduzierung der Arbeitslastkenngrößen x_{ij} und T_{bj} möglich. In den beiden

Tabelle 6.6. Zur Abhängigkeit des Nutzleistungsfaktors vom Multiprogrammfaktor

s	Messung		Theorie	
	M	R_N	M	R
1				
2	1,91	0,86	1,89	1,39
3	2,97	0,90	2,95	1,64
4	3,73	1,12	3,73	1,71
5	4,92	1,19	4,91	1,82
6	5,79	1,25	5,77	1,85
7	6,70	1,16	6,75	1,89
8	7,03	1,07	7,05	1,87
9	7,65	1,08	7,54	1,84
10	8,32	1,08	8,27	1,85

Meßreihen an einem Aufgabenstapel von 48 bzw. 60 Aufgaben, die durch ein entsprechendes synthetisches Programm realisiert wurden, waren jeweils die Bedienungszeiten T_{bj} und die Beschäftigungskoeffizienten x_{ij} der einzelnen Aufgaben unterschiedlich, aber für jede der Meßreihen festgehalten. Variiert wurde der Multiprogrammfaktor durch die Aktivierung einer verschiedenen Zahl von Initiatoren.

In Abb. 6.6 ist für die beiden Meßreihen MR1 und MR2 die Abhängigkeit für $R_N = R_N(M)$ angegeben. In der Meßreihe MR1 wurden für die Beschäftigungskoeffizienten die Werte $x_0 = 0{,}1888$, $x_1 = x_2 = x_3 = x_4 = 0{,}2028$ und in der Meßreihe MR2 die Werte $x_0 = 0{,}356$, $x_1 = 0{,}107$, $x_2 = 0{,}216$, $x_3 = 0{,}189$, $x_4 = 0{,}132$ und $x_5 = 0$ genutzt. Für die Meßreihe MR1 sind außerdem in der Tab. 6.6 die Anzahl der Initiatoren s, die in theoretischen Vergleichsrechnungen verwendeten Multiprogrammfaktoren M und die Gesamtleistungsfaktoren R, in denen die Systemeigenlast mit enthalten ist, angegeben.

Die einzige Beschränkung durch die aufgabenzugeordneten Ressourcen besteht in der durch die vorhandenen Initiatoren gegebenen Anzahl s von Programmbereichen. Trotzdem ist ein deutlicher Unterschied zwischen s und M vorhanden, der sich mit wachsendem s vergrößert. Die Ursache hierfür liegt darin, daß im letzten Teil des Aufgabenstapels nicht alle Aufgaben zur gleichen Zeit beendet werden und folglich nicht alle Programmbereiche besetzt sind. Das erwartete relative Maximum (s. Abb. 6.3) wird qualitativ durch die Messung bestätigt. Aber die der Abb. 6.3 zugrunde gelegte lineare Abhängigkeit der Bedienungszeit der Systemeigenlast von der Zahl der aktiven Aufgaben (s. Abschnitt 6.1.1.2.) wird nicht bestätigt. Für die Bedingungen an der Rechnerinstallation, unter den die Messungen durchgeführt wurden, ergeben sich bei der Meßreihe MR1 ein optimaler Multiprogrammfaktor von ca. 5,5 und bei der Meßreihe MR2 ein optimaler Multiprogrammfaktor von ca. 4.

6.2. Hybrides Zweischichtmodell der Stapelverarbeitung

Die durch die Forderungslaufpläne in Abb. 5.22 und 5.24 angegebenen Modellstrukturen sind prinzipiell direkt mit Hilfe der Simulation realisierbar. Es sind z. B. bei der Nutzung von GPSS oder SIMDIS (s. Abschnitt 3.3.2.) die in der Tab. 3.1 angegebenen und wei-

tere Zuordnungen zu beachten und man erhält relativ einfach das entsprechende Simulationsmodell. Leider hat ein solches Modell den Nachteil einer sehr großen Rechenzeit bei seiner Realisierung auf dem Rechner. Der Grund hierfür ist für die betrachtete Modellklasse von prinzipieller Art. Genau die Eigenschaft, daß in den zwei bzw. drei verschiedenen Modellschichten die zeitliche Häufigkeit der Zustandsänderungen um Größenordnungen von unten nach oben abnimmt, die eine näherungsweise vollständige Dekomposition ermöglicht, ist die Ursache für den hohen Simulationsaufwand. Einerseits muß man bei der Simulation die hochfrequenten Zustandsänderungen in der Schicht der geteilt zugeordneten Ressourcen nachbilden, deren zeitliche Häufigkeit in der Größenordnung von 10 ... 100 s^{-1} liegt, andererseits muß während der Beobachtungszeit T_B eine hinreichend große Zahl von Aufgaben abgearbeitet werden bzw. Sitzungen stattfinden. Deshalb muß die Beobachtungszeit meist im Bereich von Stunden oder länger liegen. Damit ergeben sich Simulationsrechenzeiten, die mindestens in der Größenordnung der Beobachtungszeit am Originalrechner liegen. Folglich ist für die zu betrachtende Modellklasse die Simulation der Durchführung von experimentellen Untersuchungen am Originalrechner (Benchmarks) von der benötigten Rechenzeit her nicht überlegen. Damit entfällt ein wesentlicher Vorteil der Leistungsmodellierung.
Es gibt einen Ausweg aus dieser Lage mit Hilfe der hybriden Modellierung. Die hybride Modellierung besteht darin, daß sowohl die analytische als auch simulative Modellierung an einem Gesamtmodell Anwendung finden. Wir beschränken uns jetzt auf das Modell der Stapelverarbeitung und gehen vom Forderungslaufplan in Abbildung 5.22 aus. Wir führen auch hier die näherungsweise vollständige Dekomposition, wie bei der rein analytischen Modellierung im Abschnitt 4.3.2., durch. Aber im Gegensatz zum Abschnitt 4.3.2. nutzen wir nur in der Schicht der geteilt zugeordneten Ressourcen ein analytisches Modell in Form der Schar geschlossener Bedienungsnetze aus dem Abschnitt 4.2.2. Demgegenüber wird in der Schicht der aufgabenzugeordneten Ressourcen eine Simulation durchgeführt. Damit erhalten wir ein hybrides Zweischichtmodell der Stapelverarbeitung. Dadurch werden im Vergleich zur direkten Simulation des Gesamtsystems nur noch Simulationsrechnungen mit der Häufigkeit der oberen Modellschicht durchgeführt und nicht mehr mit der Häufigkeit der unteren Modellschicht. Auch wenn sich durch die Einbeziehung der analytischen Modellrechnung der Rechenzeitaufwand per Simulationsberechnungsschritt erhöht, sinkt insgesamt der Rechenzeitaufwand im Vergleich zur direkten Simulation unter den bei der Stapelverarbeitung gegebenen Bedingungen um die Größenordnung 10^3.
Gegenüber dem rein analytischen Zweischichtmodell im Abschnitt 6.1. besitzt das hybride Zweischichtmodell den Vorteil, daß die Art der Ablaufsteuerung der Aufgaben in der Schicht der aufgabenzugeordneten Ressourcen berücksichtigt wird. Demgegenüber bleibt im analytischen Modell des Abschnittes 6.1. die Art der Ablaufsteuerung der Aufgaben unberücksichtigt. Somit ist das Anwendungsgebiet des hybriden Zweischichtmodells fixiert. Wenn der Einfluß unterschiedlicher Formen der Ablaufsteuerung der Aufgaben zu untersuchen ist, dann ist der gegenüber der reinen analytischen Modellierung höhere Rechenzeitaufwand gerechtfertigt.
In der Arbeit [MRO85] wurde für die Untersuchung der Ablaufsteuerung ein hybrides Modell implementiert. Dabei erfolgt die Simulation in der Schicht der aufgabenzugeordneten Ressourcen intervallweise (s. Abb. 3.14), wobei für jedes Intervall das Modell der geteilt zugeordneten Ressourcen entsprechend Abschnitt 6.1.1.2. bzw. 4.2.2. erfolgt. Mit Hilfe dieses Modells wurden in [MRO85] umfangreiche Simulationsuntersuchungen

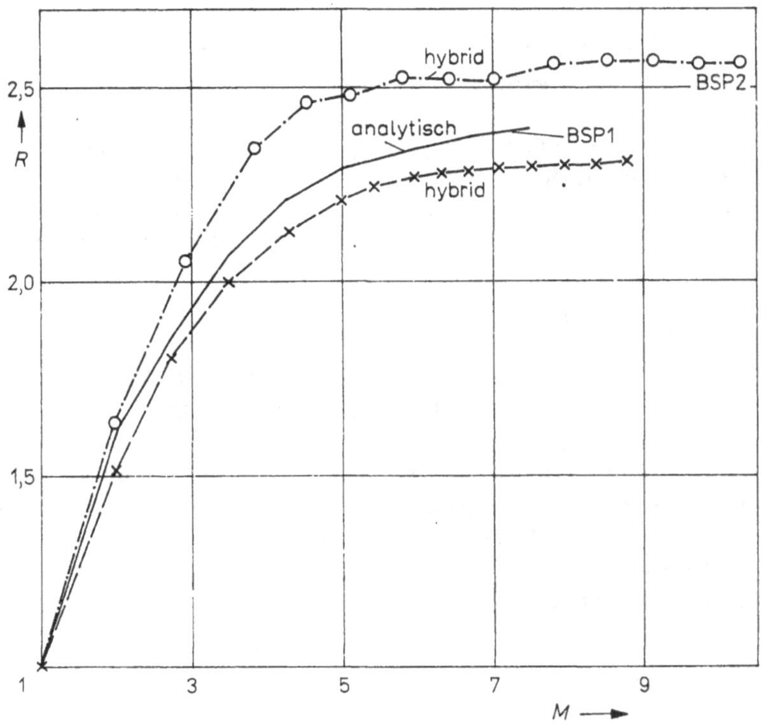

Abb. 6.9. Zur hybriden Modellierung der Stapelverarbeitung

mit größeren Aufgabenstapeln durchgeführt, wobei die realen Beschäftigungskoeffizienten der einzelnen Aufgaben mit dem Auswertungsprogramm LEIST gewonnen und abgespeichert wurden. Die entsprechenden Aufzeichnungen wurden direkt für die hybride Modellierung genutzt.

In der Abbildung 6.9 wurden die Ergebnisse der Hybridmodellierung von zwei Beispielen, BSP1 und BSP2, als Abhängigkeit des Leistungsfaktors R vom Multiprogrammfaktor angegeben. Dabei wurden in die Simulationsreihe BSP1 für den Aufgabenstapel die Beschäftigungskoeffizienten $x_0 = 0{,}4102$, $x_1 = 0{,}1445$, $x_2 = 0{,}1445$, $x_3 = 0{,}1162$, $x_4 = 0{,}1162$ und $x_5 = 0{,}0645$ und für die Simulationsreihe BSP2 die Beschäftigungskoeffizienten $x_0 = 0{,}3242$, $x_1 = 0{,}1045$, $x_2 = 0{,}1045$, $x_3 = 0{,}0967$, $x_4 = 0{,}0967$ und $x_5 = 0{,}2974$ ermittelt.

Unter Nutzung dieser Beschäftigungskoeffizienten für den gesamten Aufgabenstapel können mit Hilfe des analytischen Zweischichtmodells aus den Abschnitt 6.1.2. Vergleichsrechnungen durchgeführt werden. Für die Simulationsreihe BSP1 wurde das Ergebnis der theoretischen Berechnung in Abb. 6.9 mit einbezogen. Es zeigt sich, daß die theoretischen Ergebnisse geringfügig über den Ergebnissen der Hybridmodellierung liegen. Dieser kleine Unterschied ist dadurch erklärbar, daß bei der hybriden Modellierung jeweils die in den einzelnen Intervallen gültigen Beschäftigungskoeffizienten genutzt wurden, während in der Theorie für den gesamten Aufgabenstapel die mittleren Beschäftigungskoeffizienten Verwendung finden. Die Simulation ergibt dabei ein genaueres Modell als die Theorie. Diese höhere Genauigkeit kommt vor allem bei der Untersuchung verschiedener Algorithmen der Aufgabensteuerung zum tragen.

6.3. Zweischichtmodell eines Mehrrechnersystems der Stapelverarbeitung

In den vorangehenden Abschnitten wurden für Einzelrechnersysteme der Stapelverarbeitung ein Zweischichtmodell eingeführt und auf dieser Grundlage umfassende Analysen durchgeführt. In diesem Abschnitt werden die Modellvorstellungen der vorangehenden Abschnitte auf ein Mehrrechnersystem der Stapelverarbeitung erweitert.

6.3.1. Asymmetrisches Mehrrechnersystem

In [LAJA79] werden der gerätetechnische Aufbau und in [SCHO81] die entsprechenden Betriebssystemkomponenten für ein Mehrrechnersystem unter Nutzung der ESER-Technik beschrieben. Dieses asymmetrische Mehrrechnersystem besteht aus einem Leitrechner und S Arbeitsrechnern. Der Leitrechner erfüllt die Leitfunktion, insbesondere die Verwaltung der gemeinsamen Jobeingabekette für alle Arbeitsrechner und die Ein- und Ausgabefunktionen, d. h. die Steuerung der Dateneingabe und der Druckausgabe. Die einzelnen Arbeitsrechner erfüllen die eigentlichen Verarbeitungsfunktionen, wobei die entsprechenden Dateien auf Magnetplatten und Magnetbändern untergebracht sind.

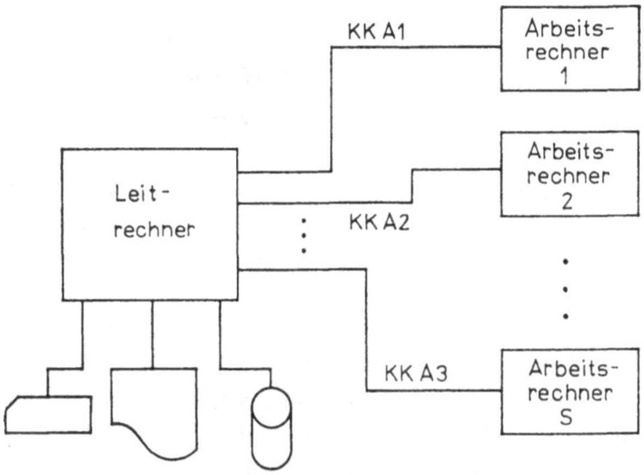

Abb. 6.10. Mehrrechnerkonfiguration

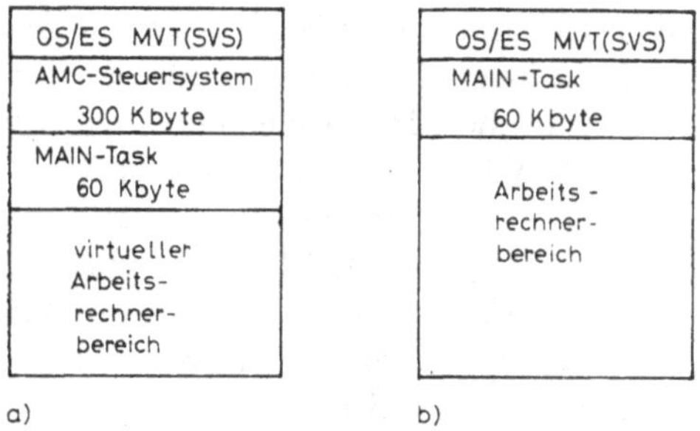

Abb. 6.11. Speicherplatzaufteilung (a: realer Leitrechner; b: realer Arbeitsrechner)

In Abb. 6.10 ist die entsprechende Mehrrechnerkonfiguration angegeben. Die Aufteilung der Hauptspeicher ist in Abb. 6.11 sowohl für den realen Leitrechner (Abb. 6.11a) als auch für den realen Arbeitsrechner (Abb. 6.11b) angegeben. Dabei wurde berücksichtigt, daß der reale Leitrechner aus dem virtuellen Leitrechner und einem virtuellen Arbeitsrechner besteht.

6.3.2. Modell des asymmetrischen Mehrrechnersystems

Das im Abschnitt 6.1.2. beschriebene Verhaltensmodell wird jetzt auf das asymmetrische Mehrrechnersystem, so, wie es im ersten Abschnitt vorgestellt wurde, angewendet. Wir betrachten auch hier die beiden Teilmodelle

- Modell der aufgabenzugeordneten Ressourcen,
- Modell der geteilt zugeordneten Ressourcen.

Dabei werden die Besonderheiten des asymmetrischen Mehrrechnersystems berücksichtigt. Das Modell der aufgabenzugeordneten Ressourcen muß wegen der gemeinsamen Nutzung dieser Ressourcen durch die S Arbeitsrechner und den einen Leitrechner beim asymmetrischen Mehrrechnersystem auf das Gesamtsystem angewandt werden.

Tabelle 6.7. Vergleichsergebnisse für den Grenzmultiprogrammfaktor M^*

	3 Einzelrechner	Mehrrechnersystem mit 2 Arbeitsrechnern
y_S	0,09375	0,03947
y_P	0,12086	0,04029
y_B	0,08558	0,02853
y_D	0,09190	0,03063
M^*	20,36	21,98

Im Ergebnis dieser Anwendung erhalten wir die in Tab. 6.7 angegebenen Vergleichsresultate für drei reale Einzelrechner und für ein Mehrrechnersystem mit einem Leitrechner und zwei Arbeitsrechnern. Dabei wurden für die Berechnung der Bedarfskoeffizienten y_i Meßwerte, die beim Betrieb eines Einzelrechners gewonnen wurden, herangezogen und entsprechend umgerechnet. Das Vergleichsergebnis zeigt, daß trotz des relativ großen Bedarfs an Hauptspeicherplatz für die Leitfunktion, die durch die zugeordneten Ressourcen bedingte Leistungsgrenze M^* des Rechnersystems bei einem Mehrrechnersystem von drei realen Rechnern zumindest nicht niedriger liegt, als die von drei Einzelrechnern der gleichen Konfiguration aufgabenzugeordneter Ressourcen. Wir wenden jetzt das Modell der geteilt zugeordneten Ressourcen auf die einzelnen Rechner des Mehrrechnersystems zunächst getrennt an und erhalten die durch die geteilt zugeordneten Leistungsgrenzen der Arbeitsrechner $R_A{}^+$ und des Leitrechners $R_L{}^+$. Dabei wird entsprechend der Funktionsverteilung die Last auf die beiden Rechnertypen mit den in Tab. 6.8 angegebenen Beschäftigungskoeffizienten aufgeteilt. Ausgangspunkt bilden hierbei eine am Einzelrechner gemessene Arbeitslast und die Funktionsverteilung. Wenn wir mit T'_{bL} die Summenbedienungszeit der Last des Leitrechners (E/A-

Tabelle 6.8. Aufteilung des Lastprofils auf Leit- und Arbeitsrechner

	Leitrechner	Arbeitsrechner
x_0	0,132	0,332
x_1	0	0,294
x_2	0,245	0,195
x_3	0	0,032
x_4	0,245	0,014
x_5	0,382	0
R^+	3,527	2,546

Last) und mit T'_{bA} die Summenbedienungszeit der Last der Arbeitsrechner bezeichnen, ergibt sich die Summenbedienungszeit der Gesamtlast mit

$$T'_{\mathrm{b}\Sigma} = T'_{\mathrm{bL}} + T'_{\mathrm{bA}}. \tag{6.60}$$

Als Parameter führen wir jetzt θ_{L} als relativen Arbeitszeitaufwand des Leitrechners ein, mit

$$\theta_{\mathrm{L}} = T'_{\mathrm{bL}}/T'_{\mathrm{b}\Sigma}. \tag{6.61}$$

Für das asymmetrische Mehrrechnersystem gilt dann für die durch die geteilt zugeordneten Ressourcen bedingte Leistungsgrenze der Ansatz

$$R^+ = \mathrm{Min.}\,\{R_{\mathrm{L}}^+/\theta_{\mathrm{L}},\ (SR_{\mathrm{A}}^+)/(1-\theta_{\mathrm{L}})\}. \tag{6.62}$$

Die durch diese Beziehung beschriebene Abhängigkeit ist in Abb. 6.12 für eine verschiedene Anzahl von Arbeitsrechnern s dargestellt. Für den aus Messungen gewonnenen Wert von θ_{L} (s. Abb. 6.12) ergibt sich, daß ein maximales R^+ bei $S = 2$ Arbeitsrechnern erreicht wird. Unter den von uns untersuchten praktischen Bedingungen war R^+ kleiner als R^*. Somit wird die Leistungsfähigkeit des Mehrrechnersystems durch die geteilt zugeordneten Ressourcen bestimmt, und es gilt die in Abb. 6.12 dargestellte Abhängigkeit für die Leistungsfähigkeit des asymmetrischen Mehrrechnersystems.

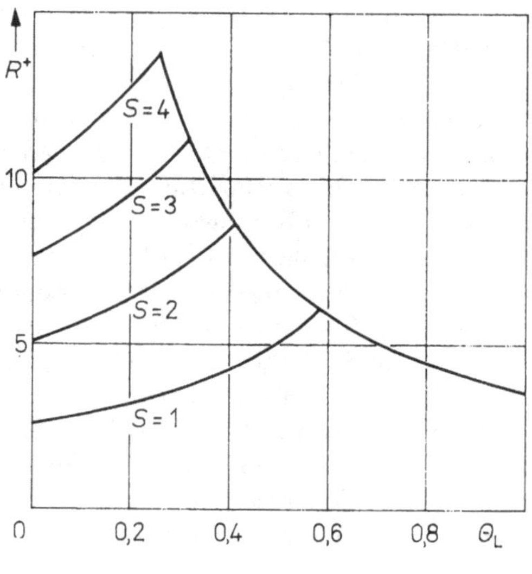

Abb. 6.12. Einfluß der Arbeitslastzusammensetzung Θ_{L} und der Zahl der Arbeitsrechner auf die Grenze des Leistungsfaktors R^+

7. Modellierung der Dialogverarbeitung

Die Dialogverarbeitung hat auf wichtigen Gebieten der rechnergestützten Arbeit die Stapelverarbeitung in starkem Maße zurückgedrängt, weil dadurch ein direkter Zugang des Nutzers zum Rechner vorhanden ist. Trotzdem bleibt die Stapelverarbeitung für einen breiten Kreis der praktischen Anwendungen auch weiterhin die zweckmäßigste Form der Rechnernutzung.
Die Nutzung der allerersten Rechnersysteme kann als Dialogverarbeitung mit Einzelnutzerbetrieb angesehen werden. Später entwickelte sich der Multinutzerbetrieb (Teilnehmerbetrieb) der Dialogverarbeitung, wobei sich zunächst der Einzelprogramm- und mit der weiteren Entwicklung der Multiprogrammbetrieb des Multinutzerbetriebs entwickelte. Mit der Nutzung von Personal- und Arbeitsplatzcomputern gewinnt der Einzelnutzerbetrieb wieder an Bedeutung, wobei allerdings der Rechnerverbund mehrerer Rechnersysteme modellmäßig einzubeziehen ist. Beim Rechenbetrieb muß die gesamte Nutzergemeinschaft berücksichtigt werden. Man kann sich nicht nur auf den Standpunkt des einzelnen Nutzers stellen.
Das Hauptziel der Dialogverarbeitung bezüglich des Leistungsverhaltens ist, ein möglichst gutes Reaktionsverhalten der Aufgaben während der Terminalsitzungen der Nutzer zu erhalten. Das Reaktionsverhalten wird durch den Verweilzeitfaktor F_Z der im Rechnersystem verweilenden Aufgaben ausgedrückt. Um ein vollständiges Bild des Leistungsverhaltens der Dialogverarbeitung zu bekommen, sind zusätzlich weitere Leistungsbewertungsgrößen zu beachten.
Nachfolgend behandeln wir ein allgemeines Dreischichtmodell der Dialogverarbeitung, das im Anschluß daran für spezielle Rechnerstrukturen spezifiziert wird. Auf dieser Grundlage werden dann verschiedene Einflüsse auf das Gesamtleistungsverhalten untersucht.

7.1. Allgemeines Dreischichtmodell der Dialogverarbeitung

7.1.1. Modellansatz

Wir beschränken uns bei der Dialogverarbeitung aus Platzgründen auf die Eulersche Betrachtungsweise. Prinzipiell kann auch hier die Lagrangesche Betrachtungsweise eingeführt werden.
In der Literatur ([SCHE67], [KLE72]) wird gewöhnlich nur der gesättigte Zustand betrachtet, der darin besteht, daß alle m Terminals während der gesamten Beobachtungs-

zeit T_B besetzt sind. Wir gehen hier darüber hinaus und untersuchen den ungesättigten Zustand.
Beim Modellansatz für das allgemeine Dreischichtmodell der Dialogverarbeitung gehen wir von der Prozeßstruktur der Abb. 5.24 aus. Wir erhalten daraus ein Bedienungssystem mit zweifacher Blockierung. Dabei werden die geteilt zugeordneten Ressourcen als Bedienungsknoten interpretiert. Die komplexe aufgabenzugeordnete Ressource tritt als erste und die sitzungszugeordnete Ressource als zweite blockierende Ressource in Erscheinung. Auch hier ist, wie beim Modell für die Stapelverarbeitung, die Bedingung für die erfolgreiche Nutzung der näherungsweisen vollständigen Dekomposition an beiden Blockierungsschnittstellen erfüllt.
Ausgehend von diesen Eigenschaften, kann folgendermaßen vorgegangen werden. Wir betrachten nacheinander zweimal je ein Zweischichtmodell. Erstens ein Zweischichtmodell AB der Schichten der geteilt zugeordneten und der aufgabenzugeordneten Ressourcen (Schichten A und B) und zweitens ein Zweischichtmodell BC der Schichten der aufgabenzugeordneten und sitzungszugeordneten Ressourcen (Schichten B und C). Für das Zweischichtmodell AB können die Betrachtungen des Abschnittes 4.3.3. über ein geschlossenes Bedienungssystem mit einem Bedienungsnetz innerhalb des Blockierungsabschnittes als Basis dienen. Dabei muß aber einer Schar geschlossener Bedienungssysteme mit verschiedenen $q = 1, 2, \ldots, m$ betrachtet werden. Beim Zwischenschichtmodell BC können die Betrachtungen des Abschnittes 4.3.1. über ein offenes Bedienungssystem mit einer Bedienungsanlage innerhalb des Blockierungsabschnittes als Grundlage genutzt werden. In diesen Zweischichtmodellen ist die Schicht B in beiden Modellen als Bestandteil enthalten.
Wir erhalten anhand dieser Diskussion ein Dreischichtmodell (s. Abb. 5.24). Als untere Schicht wird dabei wieder die Modellschicht der geteilt zugeordneten Ressourcen, als mittlere Schicht die Modellschicht der aufgabenzugeordneten Ressourcen und als obere Schicht die Modellschicht der sitzungszugeordneten Ressourcen gewonnen. Die Berechnung kann auch hier schrittweise von unten nach oben erfolgen, wobei in der mittleren und oberen Schicht Ergebnisse der nächstunteren Schicht als Eingangsgrößen genutzt werden.
Bei der Leistungsmodellierung eines Rechnersystems der Dialogverarbeitung ist die Untersuchung des Reaktionsverhaltens die Hauptrichtung der Betrachtung. Neben dem Reaktionsverhalten müssen auch das Durchsatzverhalten, das Auslastungsverhalten und das Zustandsverhalten bei der Dialogverarbeitung in die Untersuchungen mit einbezogen werden. Obwohl man zur Sicherung eines vertretbaren Reaktionsverhaltens meist einen gewissen Überschuß an Ressourcen benötigt, was das Durchsatz- und Auslastungsverhalten negativ beeinflußt, muß ein bestimmtes Rechnersystem die Durchsatzanforderungen der zugeordneten Nutzergemeinschaft erfüllen. Deshalb sind die Mehrzahl der Untersuchungen bei einem vorgegebenen Verkehrswert ϱ des Rechnersystems zu führen.
Als nächstes untersuchen wir die drei Modellschichten nacheinander.

7.1.2. Modellschicht der geteilt zugeordneten Ressourcen

Wir betrachten, genau wie beim Stapelbetrieb, als erstes wieder die Modellschicht der geteilt zugeordneten Ressourcen. Dabei können die Ergebnisse des Abschnittes 6.1.1.2. und damit auch des Abschnittes 4.2.2. verwendet werden. Die Ergebnisse unterscheiden

sich nicht von denen des Abschnittes 6.1.1.2. In der Praxis wird allerdings häufig die geteilt zugeordnete Unendlichkeitsressource weggelassen, weil bei der Dialogverarbeitung die Ein- und Ausgabe hauptsächlich über Bildschirmterminals erfolgt. Die bei der Stapelverarbeitung über die geteilt zugeordnete Unendlichkeitsressource erfolgende Druckausgabe kann bei der Dialogverarbeitung meist vernachlässigt werden.
Die empirischen Ergebnisse im Abschnitt 6.1.1.2. für die Berücksichtigung der Systemeigenlast wurden für die Stapelverarbeitung ohne Auslagerung von Seiten, Segmenten oder Programmen gewonnen. Da bei der Dialogverarbeitung praktisch immer eine Auslagerung im Betriebssystem vorgesehen ist, werden diese Ergebnisse des Abschnittes 6.1.1.2. hier nicht genutzt. Wir vernachlässigen hier die zustandsabhängige Systemeigenlast.
Auf der Grundlage der obigen Ausführungen können die Formeln (4.120), (4.121) und (4.122) für die Berechnung des Verweilzeitfaktors $F(k)$ und die Formel (4.113) für die Berechnung des Leistungsfaktors $R(k)$ der Modellschicht der geteilt zugeordneten Ressourcen herangezogen werden. Damit haben die Anzahl n der geteilt zugeordneten Einkanalressourcen und die Beschäftigungskoeffizienten x_i $(i = 0, 1, \ldots, n - 1)$ qualitativ den gleichen Einfluß auf das Leistungsverhalten, wie bei der Stapelverarbeitung. Abb. 6.1 und 6.2 gelten für die untere Modellschicht der Stapelverarbeitung ebenfalls. Quantitativ ist aber der Einfluß der x_i $(i = 0, 1, \ldots, n)$ und von n wegen der Nutzerdenkzeit T_{d} geringer (s. Abschnitt 7.1.3.2.).

7.1.3. Modellschicht der aufgabenzugeordneten Ressourcen

Ähnlich wie bei der Stapelverarbeitung enthält hier die Modellschicht der aufgabenzugeordneten Ressourcen zwei Stufen,

- die Stufe zur Berücksichtigung der mittleren Kanalzahl der komplexen aufgabenzugeordneten Ressource und
- die Stufe zur Berücksichtigung des Beschäftigungskoeffizienten u des Rechnersystems.

7.1.3.1. Berücksichtigung der mittleren Kanalzahl der komplexen aufgabenzugeordneten Ressource

In dieser Stufe gibt es hier theoretisch keinen Unterschied zur ersten Stufe der Modellschicht der aufgabenzugeordneten Ressource für die Stapelverarbeitung im Abschnitt 6.1.1.3. Es gilt wieder der Ansatz (6.8) für die Berechnung des Leistungsfaktors $R'(l)$ dieser Stufe aus dem Leistungsfaktor der Modellschicht der geteilt zugeordneten Ressourcen. Da die Modellschicht der aufgabenzugeordneten Ressourcen hier nicht die obere Modellschicht ist, interessiert die Zahl der im Rechnersystem aktiven Aufgaben weniger, und die Formel (6.10) wird kaum genutzt. Bei der Dialogverarbeitung gibt es für diese Berechnungsstufe meist den Unterschied zur Stapelverarbeitung, daß als aufgabenzugeordnete Ressource nur der Hauptspeicherplatz auftritt und keine obere Grenze s der Programmbereiche vorhanden ist $(s \to \infty)$. In diesem Fall kann die mittlere Kanalzahl K der komplexen aufgabenzugeordneten Ressource ausschließlich aus dem Bedarfskoeffizienten y_S des Hauptspeicherplatzes berechnet werden mit

$$K = \frac{1}{y_S}. \tag{7.1}$$

Außerdem geht wegen $s \to \infty$ hier die Verteilungsfunktion für die Kanalzahl der komplexen aufgabenzugeordneten Ressource in eine normierte Poisson-Verteilung über.

7.1.3.2. Berücksichtigung des Beschäftigungskoeffizienten des Rechnersystems

Während in der Modellschicht der aufgabenzugeordneten Ressourcen bei der Stapelverarbeitung in der zweiten Stufe der Verkehrswert ϱ des Gesamtsystems berücksichtigt wird, gibt es hier bei der Dialogverarbeitung in dieser Stufe einen wesentlichen Unterschied. Es ist der Beschäftigungskoeffizient

$$u = \frac{T_b'}{T_b' + T_d} \tag{7.2}$$

des Rechnersystems, mit T_b' als mittlere Summenbedienungszeit einer Aufgabe und T_d als mittlere Denkzeit eines Nutzers für eine Aufgabe, zu berücksichtigen. Das führt zu einem qualitativ anderen Bedienungsmodell für diese Modellstufe als bei der Stapelverarbeitung. Es ist eine Schar nichtautonomer geschlossener M/M/s-Bedienungssysteme mit zustandsabhängiger Kanalbedienungsintensität zu betrachten. Bei der Stapelverarbeitung war hier ein offenes M/M/s-Bedienungssystem mit zustandsabhängiger Kanalbedienungsintensität zu nutzen. Für ein nichtautonomes geschlossenes M/M/s-Bedienungssystem mit zustandsabhängiger Kanalbedienungsintensität sind im Abschnitt 4.1.3. die entsprechenden Zustandsbetrachtungen geführt worden. Es ergaben sich für die Wahrscheinlichkeiten $p(q - p, p)$, daß p Aufgaben im Rechnersystem verweilen, bei $s \geqq q$ die Ergebnisse (4.63) und (4.64) und bei $s < q$ die Ergebnisse (4.67) und (4.68). Dabei ist für $B'(k)$ aus der Schicht der geteilt zugeordneten Ressourcen $K(k)$ bzw. $R'(k)$ zu setzen.

Die Erwartungswerte der verweilenden Aufgabenzahl $Z''(k)$ können nach (4.71) bestimmt werden. Für die Bestimmung der Leistungsfaktoren $R''(k)$ und Verweilzeitfaktoren $F_Z''(k)$ können die Beziehungen (4.81) und (4.84) herangezogen werden und wir erhalten

$$R''(k) = \bigl(k - Z''(k)\bigr) \frac{1 - u}{u}, \tag{7.3}$$

$$F_Z''(k) = \frac{Z''(k)}{k - Z''(k)} \cdot \frac{u}{1 - u} \tag{7.4}$$

(siehe auch (4.81)).

7.1.4. Modellschicht der sitzungszugeordneten Ressourcen

In der Modellschicht der sitzungszugeordneten Ressourcen wird der Verkehrswert $\varrho = \lambda''/\mu''$ des Gesamtsystems berücksichtigt. Für diese Modellschicht ist ein offenes M/M/m-Bedienungssystem mit zustandsabhängiger Kanalbedienungsintensität (s. Abschnitt 4.1.1.) heranzuziehen.

Für die Wahrscheinlichkeit $p_N(q)$, daß q Nutzer aktiv sind, gelten die Beziehungen (4.20) und die mittlere Anzahl der aktiven Nutzer N kann aus (4.23) gewonnen werden, wobei $N = A$ und $R''(q) = B''(q)$ zu setzen sind. Dabei muß $R''(q)$ aus der Modellschicht der aufgabenzugeordneten Ressourcen genutzt werden. Für die im Abschnitt A—C verweilende Aufgabenanzahl Z ist der Ansatz

$$Z = \sum_{q=1}^{m} p_N(q) \cdot Z''(q) \tag{7.5}$$

möglich. In (7.5) wird $p_N(q)$ aus (4.20) und $Z''(q)$ aus (4.71) bestimmt, und wir erhalten

$$Z = \frac{\sum\limits_{q=1}^{m-1} \frac{\varrho^q}{\prod\limits_{l=1}^{q} R''(l)} \cdot Z''(q) + \frac{\varrho^m \cdot Z''(m)}{\prod\limits_{l=1}^{m} R''(l) \cdot \left(1 - \varrho/R''(m)\right)}}{1 + \sum\limits^{m-1} \frac{q}{\prod\limits_{l=1}^{q} R''(l)} + \frac{m}{\prod\limits_{l=1}^{m} R''(l)\left(1 - \varrho/R''(m)\right)}}. \tag{7.6}$$

Der Verweilzeitfaktor der in A—C vorhandenen Aufgaben ergibt sich über Littles Theorem

$$F_Z = Z/\varrho. \tag{7.7}$$

Für die obere Grenze des Verkehrswertes ϱ^*, der das Durchsatzverhalten bestimmt, erhalten wir

$$\varrho^* = R''(m). \tag{7.8}$$

Auf dieser Grundlage folgt für den Auslastungsgrad des Rechnersystems

$$\eta = \varrho/R''(m). \tag{7.9}$$

7.2. Modellspezifikation für spezielle Strukturen des Rechnersystems

Bei der Modellierung der Dialogverarbeitung ist es nicht immer notwendig, das vollständige Dreischichtmodell zu nutzen. Auch hier gibt es genauso wie bei der Stapelverarbeitung signifikante Grenzfälle, in denen die Behinderung durch die Ressourcen einer der Modellschichten vernachlässigbar sind.
In diesem Abschnitt behandeln wir die Grenzfälle

- Dialogverarbeitung ohne Berücksichtigung der Behinderung durch die sitzungszugeordneten Ressourcen,
- Dialogverarbeitung ohne Berücksichtigung der Behinderung durch die aufgabenzugeordneten Ressourcen und
- Dialogverarbeitung ohne Berücksichtigung der Behinderung durch die geteilt zugeordneten Ressourcen.

7.2.1. Dialogverarbeitung ohne Berücksichtigung der Behinderung durch die sitzungszugeordneten Ressourcen

Die Berücksichtigung der Behinderung durch die sitzungszugeordneten Ressourcen bleibt unberücksichtigt, wenn die Zahl der Terminals sehr groß ist ($m \to \infty$) oder wenn die Zahl der von den aktiven Nutzern parallel gestarteten Aufgaben nicht durch die

Zahl der Terminals beschränkt ist. In diesem Fall ist die Zahl der im Abschnitt B'—C' (s. Abb. 5.24) befindlichen Forderungen unbeschränkt und es findet durch die Terminals keine Behinderung statt. Damit können im Forderungslaufplan der Abb. 5.24 der Block WARTEN vor BELEGEN der sitzungszugeordneten Ressourcen und die Blöcke BELEGEN und FREIGEBEN der sitzungszugeordneten Ressourcen wegfallen. Dadurch geht das Modell für die Dialogverarbeitung in ein Zweischichtmodell über mit der Modellschicht der geteilt zugeordneten Ressourcen als untere Schicht und der Modellschicht der aufgabenzugeordneten Ressourcen als obere Modellschicht. Da in unserem Fall die Blockierung durch die sitzungszugeordneten Ressourcen nicht auftritt, geht das Modell der Schicht der aufgabenzugeordneten Ressourcen in ein offenes Bedienungsmodell über. Auf dieser Grundlage unterscheidet sich rein bedienungstheoretisch das so gewonnene Zweischichtmodell nicht vom Zweischichtmodell der Stapelverarbeitung (s. Abschnitt 6.1.). Aus der Sicht der Leistungsmodellierung gibt es trotzdem zum Zweischichtmodell der Stapelverarbeitung einen wesentlichen Unterschied, der sich in den interessierenden Einflußgrößen und Bewertungsgrößen niederschlägt. Bezüglich der Einflußgrößen kommt ebenso wie beim Dreischichtmodell der Dialogverarbeitung hier der Beschäftigungskoeffizient in das Rechnersystem dazu und bezüglich der Bewertungsgrößen interessieren hier nicht die mittlere Zahl der aktiven Aufgaben A und der Verweilzeitfaktor F_A im Abschnitt B—C (s. Abb. 5.22), sondern die mittlere Anzahl Z der verweilenden Aufgaben, der Verweilzeitfaktor F_Z in A—C (s. Abb. 5.22) und die mittlere Anzahl der aktiven Nutzer N (s. Abb. 5.24). Es gilt für Z die Formel (4.47), wobei für $B'(l)$ die Formel (4.36) genutzt wird und $B(k) = R(k)$ nach (4.113), (4.121) und (4.122) eingesetzt werden kann. Littles Theorem führt sofort zu F_Z mit

$$F_Z = Z/\varrho . \tag{7.10}$$

Entsprechend dieser Gleichung hängt F_Z nicht von n und N ab. Wenn wir den Verweilzeitfaktor F_N mit dem Ansatz

$$F_N = \frac{T_v' + T_d}{T_b'} \tag{7.11}$$

einführen und berücksichtigen, daß

$$F_N = F_Z + \frac{1-u}{u} \tag{7.12}$$

gilt, dann kann ein Zusammenhang zwischen F_Z auf der einen Seite und u und N auf der anderen Seite hergestellt werden. Dazu ist noch Littles Theorem der Form

$$F_N = N/\varrho \tag{7.13}$$

zu nutzen, und es ergibt sich schließlich

$$N = \left(F_Z + \frac{1-u}{u}\right) \tag{7.14}$$

oder

$$N = Z + \frac{1-u}{u}. \tag{7.15}$$

In den Beziehungen (7.14) bzw. (7.15) ist zunächst F_Z bzw. Z über (7.6) und (4.47) zu berechnen und anschließend kann dann N unter Einbeziehung von u bestimmt werden.

7.2.2. Dialogverarbeitung ohne Berücksichtigung der Behinderung durch die aufgabenzugeordneten Ressourcen

Die Behinderung durch die aufgabenzugeordneten Ressourcen kann bei der Dialogverarbeitung vernachlässigt werden, wenn genügend Hauptspeicherplatz vorhanden ist (mit $K \to \infty$ und $s \to \infty$). Damit ist die Anzahl der im Abschnitt B—C befindlichen Aufgaben nicht mehr durch die aufgabenzugeordneten Ressourcen beschränkt. Erneut kommt infolge der Vernachlässigung der Behinderung durch eine Ressourcenschicht ein Zweischichtmodell zustande, und zwar jetzt mit der Modellschicht der sitzungszugeordneten Ressourcen und der Modellschicht der geteilt zugeordneten Ressourcen.

In der Modellschicht der geteilt zugeordneten Ressourcen muß der Beschäftigungskoeffizient u des Rechnersystems jetzt mit berücksichtigt werden. Deshalb kann hier nicht von den Beziehungen (4.120) und (4.122) ausgegangen werden. An deren Stelle treten die Beziehungen

$$F_i(k) = 1 + x_i \cdot \frac{F_i(k-1) \cdot (k-1)}{F_Z(k-1) + \dfrac{1-u}{u}} \qquad (i = 0, 1, \dots, n-1) \tag{7.16}$$

und

$$F_n(k) = 1 \qquad (i = n). \tag{7.17}$$

Demgegenüber bleibt (4.121) auch hier für $F_Z(k)$ in Kraft. Außerdem gilt

$$R(k) = \frac{k}{F_Z(k) + \dfrac{1-u}{u}} \tag{7.18}$$

und Littles Theorem mit

$$F_Z(k) = Z(k)/R(k). \tag{7.19}$$

Daraus kann aus $F_Z(k)$ und $R(k)$ die mittlere Anzahl der aktiven Aufgaben $Z(k)$ bei k aktiven Nutzern gewonnen werden.

Wir gehen jetzt zur Schicht der sitzungszugeordneten Ressourcen über und betrachten die mittlere Anzahl der aktiven Aufgaben Z bei zufälliger Nutzerzahl. Es gilt der Ansatz

$$Z = \sum_{k=1}^{\infty} p(k) \cdot Z(k), \tag{7.20}$$

wobei $p(k)$ aus (4.16) und (4.17) und $Z(k)$ aus (7.19), (7.18) und (4.121) genutzt wird. Es ergibt sich

$$Z = \frac{\displaystyle\sum_{k=1}^{m-1} \frac{\varrho^k Z(k)}{\prod_{\nu=1}^{k} R(\nu)} + \frac{\varrho^m \cdot Z(m)}{\prod_{\nu=1}^{m} R(\nu)\left(1 - \varrho/R(m)\right)}}{1 + \displaystyle\sum_{k=1}^{m-1} \frac{k}{\prod_{\nu=1}^{k} R(\nu)} + \frac{\varrho^m}{\prod_{\nu=1}^{m} R(\nu)\left(1 - \varrho/R(m)\right)}}. \tag{7.22}$$

Für die Berechnung von F_Z, F_N und N können die Beziehungen (7.10), (7.12) und (7.15) herangezogen werden.

Wir behandeln im Rahmen des Modells ohne Behinderung durch die aufgabenzugeordneten Ressourcen den Einzelprogrammbetrieb. Beim Einzelprogrammbetrieb unterscheiden wir in Abhängigkeit von der Zahl der an ein Rechnersystem angeschlossenen Terminals den Einzelnutzer- und den Multinutzerbetrieb.
Beim Einzelnutzerbetrieb ist nur ein Terminal an das Rechnersystem angeschlossen. Das ist typisch für die Personal- und Arbeitsplatzcomputer. Folglich besitzt die durch das einzige Terminal repräsentierte sitzungszugeordnete Ressource S nur einen Kanal (s. Abb. 5.24). Somit kann sich im Abschnitt Belegen und Freigeben von S des Forderungslaufplans zu jedem Zeitpunkt höchstens eine Forderung befinden. Aus dieser Modellstruktur ist erkennbar, daß beim Einzelnutzerbetrieb während der gesamten Sitzungszeit jedes Nutzers die sitzungszugeordnete Ressource einschließlich des gesamten Rechnersystems belegt ist und in dieser Zeit andere Nutzer nicht bedienen kann. Das gilt auch für die Denkzeiten τ_d des Nutzers. Beim Einzelnutzerbetrieb vereinfachen sich die Formeln (7.16), (7.17) und (4.121) für die Schicht der geteilt zugeordneten Ressourcen und nehmen die triviale Form

$$F_Z(k) = 1 \tag{7.23}$$

an. Auf dieser Grundlage ergibt sich aus (7.22)

$$Z = \varrho \tag{7.24}$$

und aus (7.7)

$$F_Z = 1\,. \tag{7.25}$$

Beim Multinutzerbetrieb sind $m > 1$ Terminals an das Rechnersystem angeschlossen. Im Falle des Einzelprogrammbetriebs erfolgt diese Form der Rechnernutzung über das sogenannte Timesharing. Dabei wird das gesamte Rechnersystem als aufgabenzugeordnete Ressource durch die verschiedenen Nutzer zeitgeteilt genutzt. Diese zeitgeteilte Nutzung der aufgabenzugeordneten Ressource Rechnersystem darf nicht verwechselt werden mit der zeitgeteilten Nutzung der Zentralen Verarbeitungseinheit. Leider wird dieser Unterschied in der Literatur häufig nicht deutlich herausgestellt, was zu Verwechslungen führt. Auch beim Multinutzer-Einzelprogrammbetrieb vereinfachen sich wieder die Formeln (7.16), (7.17) und (4.121) in der Schicht der geteilt zugeordneten Ressource. Die Form ist hier

$$F_Z(k) = 1 + \frac{F_Z(k) \cdot (k-1)}{F_Z(k-1) + \dfrac{1-u}{u}}\,. \tag{7.26}$$

Alle anderen Formeln des Modells der Dialogverarbeitung ohne Berücksichtigung der aufgabenzugeordneten Ressourcen ändern sich durch die Vereinfachung zum Multinutzer-Einzelprogrammbetrieb nicht.

7.2.3. Dialogverarbeitung ohne Berücksichtigung der Behinderung durch die geteilt zugeordneten Ressourcen

Für die Vernachlässigung der Behinderung durch die geteilt zugeordneten Ressourcen gilt analog das für die Stapelverarbeitung am Anfang des Abschnittes 6.1.3.1. Gesagte. Während beim Einzelprogrammbetrieb tatsächlich keine Behinderung durch die geteilt

zugeordneten Ressourcen auftritt, bedeutet die Vernachlässigung der Behinderung beim Multiprogrammbetrieb eine Näherung, hier bezogen auf das Dreischichtmodell der Dialogverarbeitung.
Bei der Vernachlässigung der Behinderung durch die geteilt zugeordneten Ressourcen gehen wir vom Forderungslaufplan in Abb. 5.24 aus. Dabei können die Belegung und Freigabe der geteilt zugeordneten Ressourcen und die damit verbundenen Warteblöcke weggelassen werden. In diesem Fall erhalten wir ein Zweischichtmodell, wobei die untere Schicht die Modellschicht der aufgabenzugeordneten Ressourcen und die obere Schicht, die Modellschicht der sitzungszugeordneten Ressourcen darstellen. Dieses Zweischichtmodell kann aus dem Dreischichtmodell durch einfache Vernachlässigung der Modellschicht der geteilt zugeordneten Ressourcen gewonnen werden, indem in der Modellschicht der fest zugeordneten Ressourcen

$$R(k) = k \tag{7.27}$$

gesetzt wird.

7.3. Untersuchung der verschiedenen Einflüsse auf das Gesamtleistungsverhalten

Nachdem in den Abschnitten 7.1. und 7.2. die analytischen Zusammenhänge des Dreischichtmodells der Dialogverarbeitung behandelt wurden, sollen nunmehr numerische Ergebnisse dargestellt werden. Im einzelnen werden nachfolgend betrachtet:

- der Einfluß des Beschäftigungskoeffizienten u des Rechnersystems und der Zahl der Terminals m auf die Durchsatzgrenze ϱ^* des Rechnersystems,
- der Einfluß des Beschäftigungskoeffizienten u des Rechnersystems und des Gesamtverkehrswertes ϱ auf den Auslastungsgrad η des Rechnersystems,
- der Einfluß des Beschäftigungskoeffizienten u des Rechnersystems, des Gesamtverkehrswertes ϱ, der Anzahl der Terminals m und der mittleren Kanalzahl K der aufgabenzugeordneten Ressourcen auf den Verweilzeitfaktor F_Z der verweilenden Aufgaben,
- der Einfluß des Gesamtverkehrswertes ϱ und der Anzahl der Terminals m auf die Anzahl der aktiven Nutzer N und
- der Einfluß des Gesamtverkehrswertes ϱ und der Anzahl der aktiven Nutzer auf die Besetztwahrscheinlichkeit B aller Terminals.

Da die Einflüsse der Beschäftigungskoeffizienten x_i $(i = 0, 1, \ldots, n)$ und der Anzahl n der geteilt zugeordneten Ressourcen prinzipiell die gleiche Tendenz aufweisen, aber geringer sind als beim Stapelbetrieb, werden diese Größen in den Untersuchungen nicht variiert.

7.3.1. Analyse des Durchsatzverhaltens

Wir untersuchen als erstes den Einfluß des Beschäftigungskoeffizienten u des Rechnersystems und der Anzahl der Terminals m auf die Durchsatzgrenze ϱ^* des Rechnersystems. Dabei wird von den Beziehungen (4.71), (7.3) und (7.8) ausgegangen.

In Abb. 7.1 ist der Einfluß des Beschäftigungskoeffizienten u des Rechnersystems auf die obere Grenze ϱ^* des Verkehrswertes bei verschiedenen Terminalzahlen m graphisch dargestellt. Dabei ist zu beachten, daß bei $u \to 0$ die mittlere Bedienungszeit T_b' der Aufgaben durch das Rechnersystem im Vergleich zur mittleren Denkzeit T_d der Nutzer verschwindet und bei $u \to 1$ umgekehrt, die mittlere Denkzeit T_d der Nutzer im Vergleich zur mittleren Bedienungszeit T_b' der Aufgaben durch das Rechnersystem gegen 0 geht. Abb. 7.1 zeigt, daß ein relativ großer Beschäftigungskoeffizient u des Rechnersystems zu einem großen Durchsatz, ausgedrückt durch die obere Grenze ϱ^* des Verkehrswertes, führt. Dabei ist für kleine u der Anstieg von ϱ^* bei einer geringen Terminalzahl m kleiner als bei einer großen Terminalzahl m, und für große u gilt das Umgekehrte.

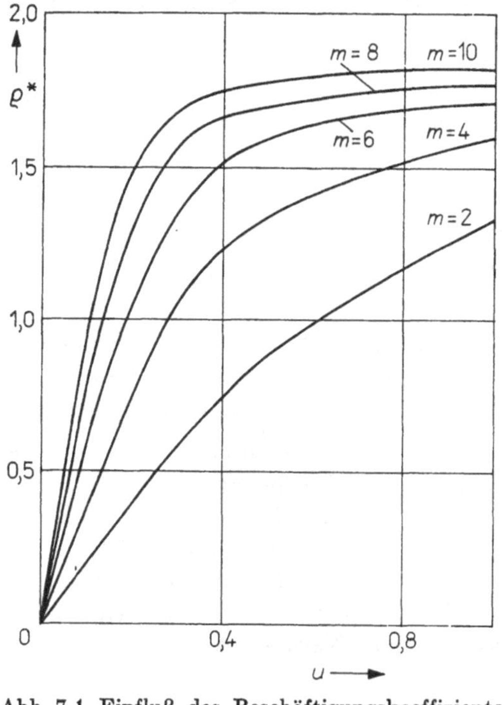

Abb. 7.1. Einfluß des Beschäftigungskoeffizienten des Rechnersystems auf die obere Grenze des Verkehrswertes bei verschiedenen Zahlen von verfügbaren Terminals ($x_0 = x_1 = 0{,}5$; $n = 1$)

In Abb. 7.2 ist die Abhängigkeit der oberen Grenze ϱ^* des Verkehrswertes von der Terminalzahl m bei verschiedenen Beschäftigungskoeffizienten u aufgetragen. Bezüglich des Anstiegs von ϱ^* mit wachsendem m zeigt sich qualitativ eine ähnliche Tendenz wie bei u. Im Rahmen unserer Modellvorstellungen können wir annehmen, daß $u = 1$ der Stapelverarbeitung entspricht. Somit zeigt Abb. 7.2, daß bei der Dialogverarbeitung mit $u < 1$ die Durchsatzgrenze bei gleicher Terminalzahl abgesenkt wird. Eine Angleichung von ϱ^* an die Werte des Stapelbetriebs läßt sich nur durch eine Erhöhung der Terminalzahl erreichen. In der Praxis ist gewöhnlich auch bei gleichartigen Rechnersystemen die Anzahl der Terminals m der Dialogverarbeitung wesentlich größer als die Anzahl der möglichen Programmbereiche s der Stapelverarbeitung. Dadurch wird dem obigen Sachverhalt Rechnung getragen.

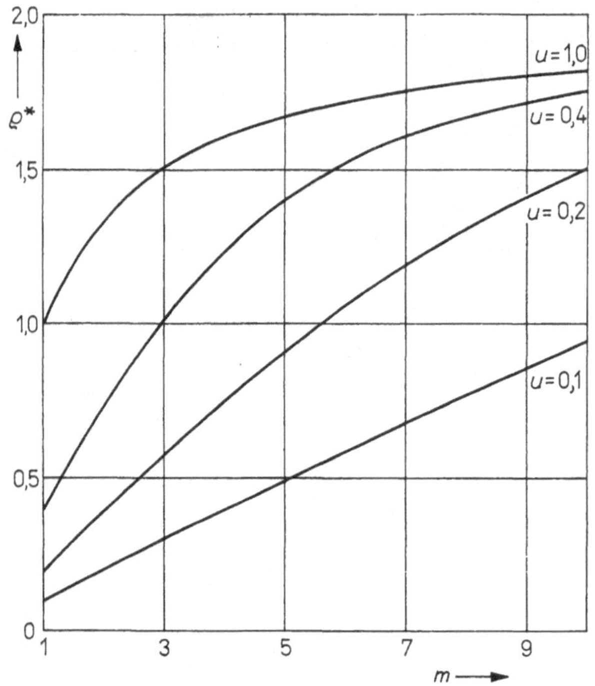

Abb. 7.2. Einfluß der Terminalzahl m auf die obere Grenze des Verkehrswertes ϱ^* bei verschiedenen Beschäftigungskoeffizienten des Rechnersystems ($n = 1$; $x_0 = x_1 = 0{,}5$; $K \to \infty$)

7.3.2. Analyse des Auslastungsverhaltens des Gesamtrechnersystems

Wir verzichten hier auf eine Betrachtung der Auslastung der einzelnen Ressourcen und konzentrieren uns auf die Auslastung des Gesamtrechnersystems. Dabei wird aber der Zusammenhang mit der Auslastung der Ressource hergestellt, die das Auslastungsverhalten des Rechnersystems bestimmt.

Bei vorgegebenem Beschäftigungskoeffizienten u und x_i ($i = 0, 1, \ldots, n$), vorgegebener Anzahl n von geteilt zugeordneten Einkanalressourcen und vorgegebener mittlerer Kanalzahl K der komplexen aufgabenzugeordneten Ressource wird die Durchsatzgrenze des Rechnersystems erreicht, wenn $\varrho = \varrho^*$ gilt. Das ist der Fall, wenn alle Terminals des Rechnersystems während der Beobachtungszeit T_B ständig besetzt sind. Falls $\varrho < \varrho^*$ ist der Auslastungsgrad der aus m Terminals bestehenden sitzungszugeordneten Ressource größer als der Auslastungsgrad des Gesamtsystems. Das läßt sich aus den weiter vorn angegebenen Formeln ermitteln. Wir beschränken uns hier auf die Betrachtung des Auslastungsgrades η für das Gesamtrechnersystem für den (7.9) gilt.

Unter Nutzung der in 7.3.1. berechneten Werte für die obere Grenze ϱ^* des Verkehrswertes erhalten wir in Abb. 7.3 die Abhängigkeit des Auslastungsgrades von der Terminalzahl bei verschiedenen Verkehrswerten ϱ. Dieser Abbildung kann entnommen werden wie bei verschiedenen Verkehrswerten und vorgegebenen Lastverteilungen x_i ($i = 0$, $1, \ldots, n$) der geteilt zugeordneten Ressourcen, bei der mittleren Kanalzahl K der aufgabenzugeordneten Ressourcen und dem Beschäftigungskoeffizient u des Rechnersystems die Zahl der Terminals zu verringern ist, um zu einer vollständigen Auslastung des Rechnersystem mit $\eta = 1$ zu gelangen.

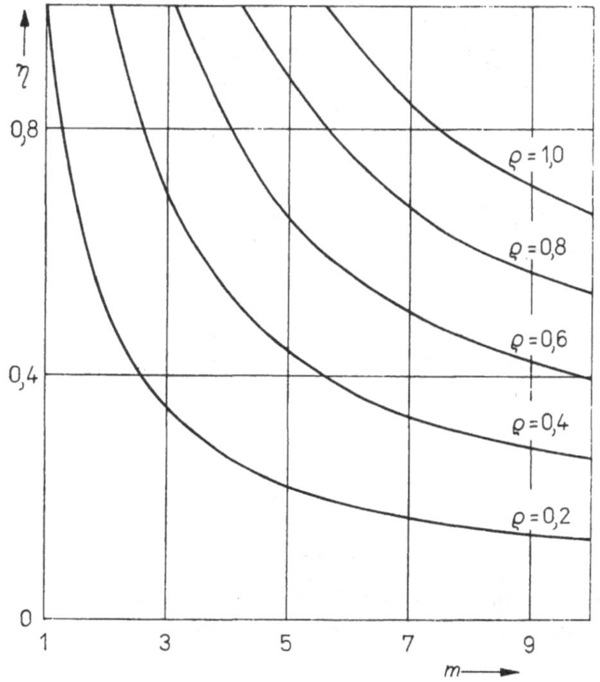

Abb. 7.3. Einfluß der Terminalzahl auf den Auslastungsgrad des Rechnersystems bei verschiedenen Verkehrswerten ($n = 1$; $x_0 = x_1 = 0{,}5$; $K \to \infty$; $u = 0{,}2$)

7.3.3. Analyse des Reaktionsverhaltens

Während die Analyse des Durchsatzverhaltens und Auslastungsverhaltens bei der Dialogverarbeitung im Sinne einer komplexen Betrachtung als Gesamtleistungsverhalten von Bedeutung ist, steht die Betrachtung des Reaktionsverhaltens für diese Rechnersystemklasse an erster Stelle. Dabei geht es uns hier um die Betrachtung der Einflüsse des Verkehrswertes ϱ, der Anzahl der Terminals m, des Beschäftigungskoeffizienten u und der mittleren Kanalzahl K der komplexen aufgabenzugeordneten Ressource. Grundlage für diese Berechnungen bilden wieder die Betrachtungen in den Abschnitten 7.1. und 7.2.

In Abbildung 7.4 ist die Abhängigkeit des Verweilzeitfaktors F_Z vom Verkehrswert ϱ bei verschiedenen Terminalzahlen m angegeben. Dabei gibt die gestrichelte Linie die Abhängigkeit des Verweilzeitfaktors F_Z von ϱ^* an. Diese Abbildung zeigt, daß mit wachsendem Verkehrswert ϱ sich das Reaktionsverhalten verschlechtert. Dabei ist weiter zu erkennen, daß das Reaktionsverhalten bei $\varrho = \varrho^*$, d. h. bei voller Belegung aller Terminals am günstigsten ist.

Unter Verwendung der gleichen Berechnungswerte ist in Abb. 7.5 die Abhängigkeit des Verweilzeitfaktors F_Z von der Terminalzahl m bei verschiedenen Verkehrswerten ϱ auf-

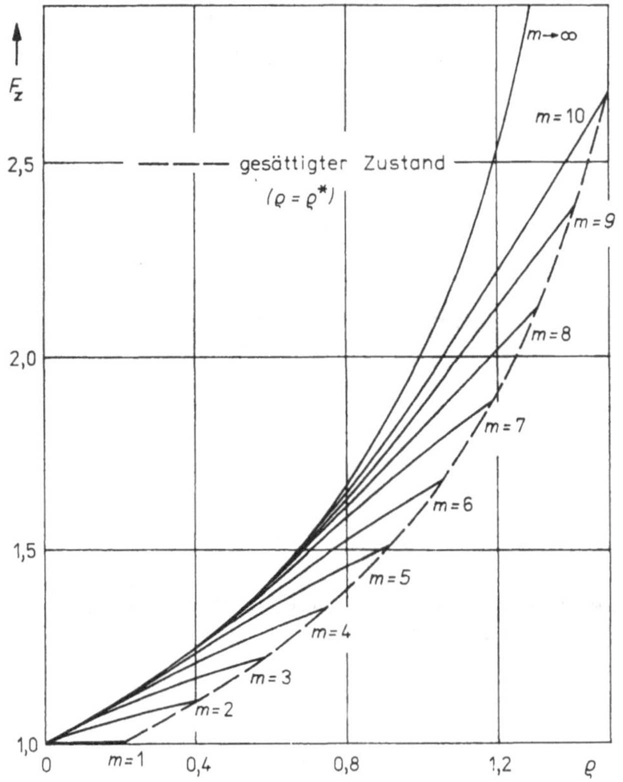

Abb. 7.4. Einfluß des Verkehrswertes auf den Verweilzeitfaktor bei verschiedenen Terminalzahlen ($n = 1$; $x_0 = x_1 = 0{,}5$; $K \to \infty$; $u = 0{,}2$)

getragen. Aus dieser graphischen Darstellung ist zu erkennen, daß mit wachsender Terminalzahl m bei vorgegebenem ϱ sich das Reaktionsverhalten verschlechtert. Zum Vergleich ist auch hier die Abhängigkeit des Verweilzeitfaktors F_Z von ϱ^* angegeben. In dieser Abhängigkeit tritt die Tendenz der Verschlechterung des Reaktionsverhaltens mit wachsender Terminalzahl m sogar noch stärker auf. Aber dabei wächst mit zunehmendem m auch der Verkehrswert, d. h., in diesem Fall wird in der Zeiteinheit ein größerer Laststrom bewältigt. Demgegenüber tritt bei $\varrho < \varrho^*$ für einen konstanten Laststrom (ausgedrückt durch ein konstantes ϱ) eine Verschlechterung des Reaktionsverhaltens auf. Daraus folgt, daß es aus der Sicht des Reaktionsverhaltens zweckmäßig ist, die Anzahl der Terminals m entsprechend dem vorhandenen Verkehrswert ϱ so lange zu reduzieren, bis annähernd $\varrho = \varrho^*$ wird.

Einen wesentlichen Einfluß auf das Reaktionsverhalten des Rechnersystems der Dialogverarbeitung hat der Beschäftigungskoeffizient u. Hier wird nur die Betrachtung bei $\varrho = \varrho^*$, d. h. an der Durchsatzgrenze des Rechnersystems, geführt. Die Abhängigkeit des Verweilzeitfaktors F_Z vom Beschäftigungskoeffizienten u bei verschiedenen Terminalzahlen m, wird in Abb. 7.6 gezeigt. Es ist deutlich zu sehen, wie sich mit wachsendem u das Reaktionsverhalten verschlechtert. Bei kleinerem m ist dabei ein nahezu lineares Anwachsen von F_Z mit wachsendem u zu verzeichnen, während bei einer größeren Terminalzahl m dieser Anstieg mit wachsendem u kleiner wird.

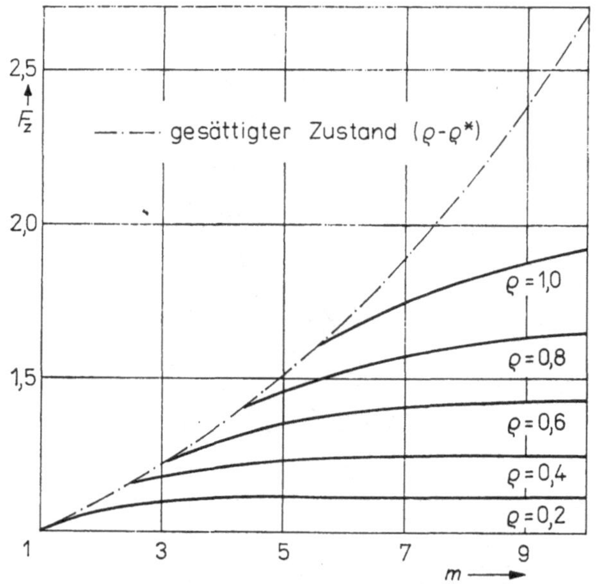

Abb. 7.5. Einfluß der Terminalzahl auf den Verweilzeitfaktor bei verschiedenen Verkehrswerten ($n = 1$; $x_0 = x_1 = 0{,}5$; $K \to \infty$; $u = 0{,}2$)

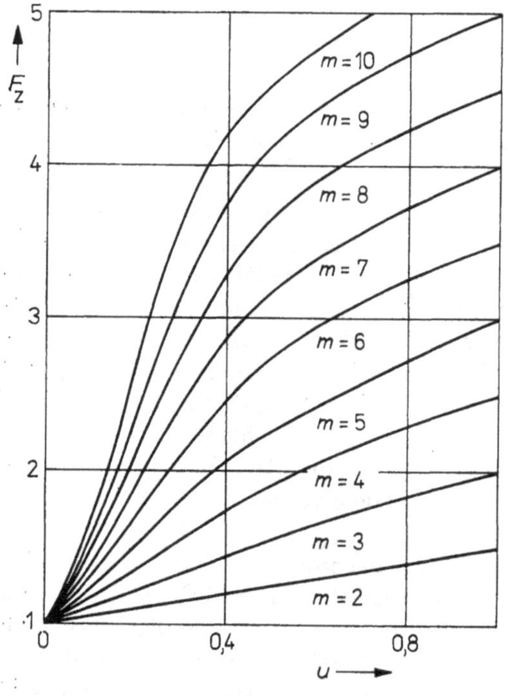

Abb. 7.6. Einfluß des Beschäftigungskoeffizienten des Rechnersystems auf den Verweilzeitfaktor im Sättigungszustand bei verschiedenen Terminalzahlen ($n = 1$; $x_0 = x_1 = 0{,}5$; $K \to \infty$; $\varrho = \varrho^*$)

In Abb. 7.7 ist der Einfluß der mittleren Kanalzahl K der komplexen aufgabenzugeordneten Ressource auf den Verweilzeitfaktor F_Z bei verschiedenen Verkehrswerten ϱ angegeben. Es zeigt sich mit wachsendem K bei konstantem Laststrom (ausgedrückt in $\varrho = \text{const}$) eine Verbesserung des Reaktionsverhaltens. Allerdings wird auch deutlich, daß von einem bestimmten Wert der Größe K an, besonders bei kleinen Werten von ϱ, die mittlere Kanalzahl K der komplexen aufgabenzugeordneten Ressource praktisch keinen Einfluß mehr auf das Reaktionsverhalten hat.

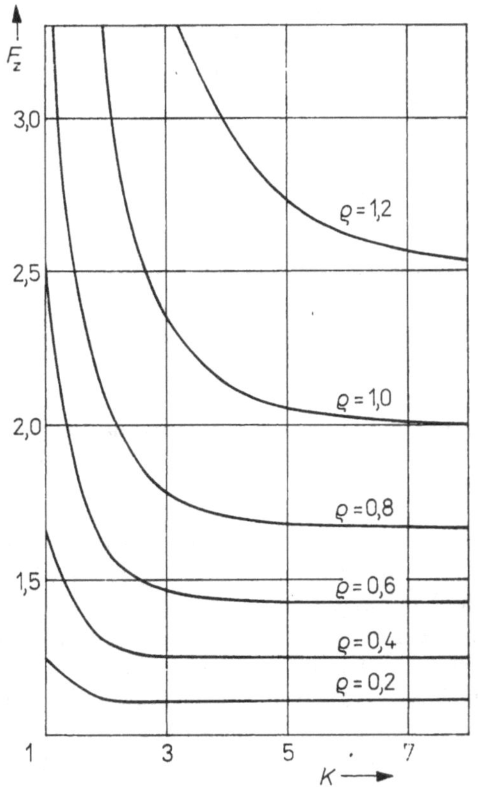

Abb. 7.7. Einfluß der mittleren Kanalzahl der komplexen aufgabenzugeordneten Ressource auf den Verweilzeitfaktor bei verschiedenen Verkehrswerten ($n = 1$; $x_0 = x_1 = 0{,}5$; $m \to \infty$)

In unserem Modell sind die beiden Größen m und K ein quantitativer Ausdruck für die Blockierungswirkung der sitzungs- und aufgabenzugeordneten Ressourcen. Deshalb ist ein Vergleich der Wirkungsrichtungen dieser beiden Blockierungen interessant. Aus dem Vergleich in Abb. 7.5 und Abb. 7.7 folgt, daß die Kanalzahlen m und K der beiden blockierenden Ressourcen in ihrer Wirkung auf den Verweilzeitfaktor F_Z eine entgegengesetzte Tendenz besitzen. Während mit wachsendem K das Reaktionsverhalten verbessert wird, verschlechtert sich mit wachsendem m das Reaktionsverhalten.

7.3.4. Analyse des Zustandsverhaltens

Im Zusammenhang mit der Leistungsanalyse der Dialogverarbeitung sind zwei Bewertungsgrößen des Zustandsverhaltens von Interesse. Es handelt sich um die mittlere Zahl N der aktiven Nutzer, die in unserem Modell gleich der Zahl der besetzten Terminals ist und um die Besetztwahrscheinlichkeit B aller Terminals, die angibt, wie groß die Wahrscheinlichkeit ist, daß ein Nutzer bei Ankunft am Terminalsystem alle Terminals besetzt vorfindet.

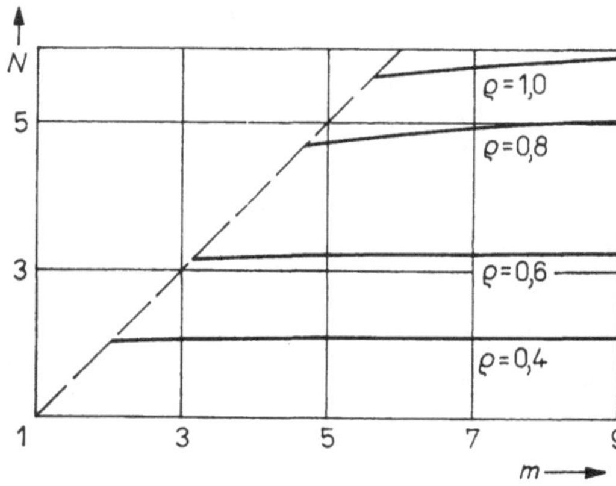

Abb. 7.8. Einfluß der Terminalzahl m auf die mittlere Zahl der aktiven Nutzer N bei verschiedenen Verkehrswerten ($n = 1$; $x_0 = x_1 = 0{,}5$; $u = 0{,}2$; $\varrho^* = 1{,}496\,\text{T}$)

Die mittlere Anzahl N der aktiven Nutzer hängt eng mit der Arbeitslast zusammen. Das kommt in Abb. 7.8, in der der Einfluß der Terminalzahl m auf die mittlere Nutzerzahl N bei verschiedenen Verkehrswerten ϱ bildlich dargestellt ist, zum Ausdruck. Bei vorgegebenem ϱ und vorgegebenen Lastverteilungen besitzt die Anzahl der Terminals m nahezu keinen Einfluß auf die mittlere Anzahl N der besetzten Terminals, solange $N \leqq m$ gilt. Damit werden Ergebnisse, die bei der Analyse des Reaktionsverhaltens erzielt wurden, auf anderem Wege bestätigt. Es wird vor allem noch einmal unterstrichen, daß für $N \leqq m$ nicht die Anzahl der Terminals m, sondern vor allem der in ϱ ausgedrückte Laststrom entscheidend für das Leistungsverhalten ist. Natürlich kann die Grenze $N = m$ nicht überschritten werden, und in diesem Sinne hat die Zahl der Terminals m einen Einfluß auf das Zustandsverhalten.

Wenn wir im Abschnitt 7.3.3. erkannt haben, daß bei vorgegebenem Arbeitslaststrom mit konstantem Verkehrswert ϱ in bestimmten Grenzen eine Verringerung der Anzahl der Terminals m zu einer Verbesserung des Reaktionsverhaltens führt, dann muß die Frage gestellt und beantwortet werden, ob eine Verringerung der Anzahl der Terminals m nicht andere Leistungsbewertungsgrößen verschlechtert. Der Arbeitslaststrom ϱ wurde als konstant vorausgesetzt. Dort ist also keine Verschlechterung eingetreten. Aber bisher wurde die Besetztwahrscheinlichkeit B aller Terminals nicht betrachtet. In Abb. 7.9 wird die Abhängigkeit der Besetztwahrscheinlichkeit B aller Terminals von der Terminalzahl m bei verschiedenen Verkehrswerten angegeben. Aus dieser Abbildung ist erkennbar, daß eine Verringerung der Terminalzahl bei vorgegebenem ϱ zu einer Er-

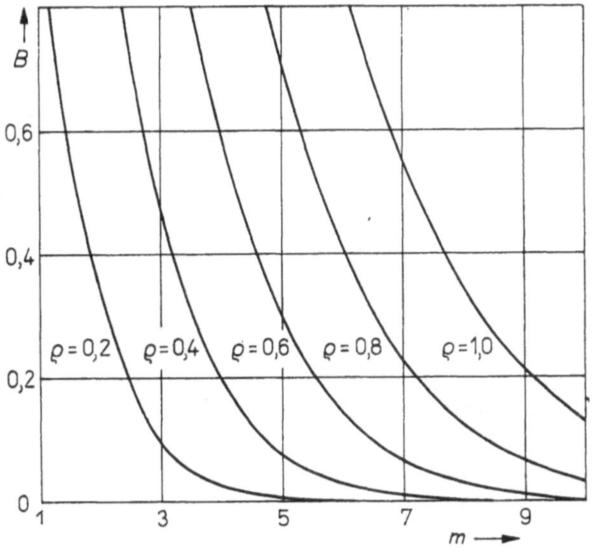

Abb. 7.9. Einfluß der Terminalzahl m auf die Besetztwahrscheinlichkeit B aller Terminals bei verschiedenen Verkehrswerten

höhung der Besetztwahrscheinlichkeit B aller Terminals führt. Für die Nutzer bedeutet somit eine Verbesserung des Reaktionsverhaltens durch Verringerung der Terminalzahl m eine größere Wahrscheinlichkeit dafür, daß sie bei Ankunft an den Terminal den Terminalraum ohne Sitzung wieder verlassen müssen. Das ist der Preis, der bei Verringerung der Terminalzahl m zur Verbesserung des Reaktionsverhaltens gezahlt werden muß. Es muß folglich zwischen Reaktionsverhalten und Besetztwahrscheinlichkeit aller Terminals bei vorgegebenem Verkehrswert ϱ ein sinnvoller Kompromiß angestrebt werden.

C. Zur Leistungsverbesserung von Rechnersystemen

Wir betrachten jetzt die Leistungsverbesserung von Rechnersystemen, die von der Leistungsmodellierung ausgeht. Die Leistungsbewertungsgrößen sind dabei durch geeignete Wahl der unabhängigen Einflußgrößen zum Optimum zu führen, wodurch meist eine Leistungsverbesserung eintritt. Diese können wir in zwei Aufgabenklassen unterteilen. Einmal kann eine optimale Gestaltung des Rechnersystems vorgenommen werden. Zum anderen ist eine optimale Steuerung der Aufgabenabfertigung möglich. Dabei unterscheiden sich die beiden Aufgabenklassen dadurch, daß die optimale Steuerung der Aufgabenabfertigung während des laufenden Rechenbetriebs ständig und automatisch erfolgt, während die optimale Gestaltung des Rechensystems einmalig oder wiederholt in größeren Zeitabständen vorgenommen wird. Die damit verbundenen Änderungen am Rechnersystem werden aus verschiedenen Gründen nicht automatisch durchgeführt. Nachfolgend werden beide Wege betrachtet.

8. Zur optimalen Gestaltung des Rechnersystems

Wir verfolgen hier Möglichkeiten, die durch das vom Autor geleitete Kollektiv oder in Zusammenarbeit mit diesem, realisiert wurden. Es handelt sich hier um

- die optimale Anpassung der Rechnerkonfiguration an die Arbeitslast und
- die optimale Verteilung der Daten über verschiedene Speichermedien.

Darauf wird anschließend näher eingegangen.

8.1. Zur optimalen Anpassung der Rechnerkonfiguration an die Arbeitslast

In den nachfolgenden Betrachtungen gehen wir davon aus, daß für ein Rechnersystem die Nutzergemeinschaft in der Zeiteinheit eine bestimmte Arbeitslast dem Rechnersystem zur Bearbeitung anbietet. Bezüglich der Anpassung der Rechnerkonfiguration gibt es in Abhängigkeit von der Vielfalt der Ressourcen verschiedene Anpassungsmöglichkeiten. Aus der Sicht der in den Abschnitten 4. bzw. 6. und 7. eingeführten und analysierten Modelle muß eine solche Anpassung dazu führen, daß jeweils die Unterschiede zwischen den verschiedenen Beschäftigungskoeffizienten x_i ($i = 0, 1, \ldots, n$) der geteilt zugeordneten Einkanalressourcen und den verschiedenen Bedarfskoeffizienten y_l ($l \in$ AR) der aufgabenzugeordneten Ressourcen verringert werden. Das kann durch geeignete Maßnahmen bei der Gestaltung des Rechnersystems im Rahmen einer bestimmten Rechnerinstallation erreicht werden.

Eine erste Möglichkeit besteht in der Erhöhung der Zahl der geteilt zugeordneten Ressourcen mit gleicher Funktion, falls die zu dieser Funktion gehörenden geteilt zugeordneten Ressourcen die größten Beschäftigungskoeffizienten x_i besitzen. Um das zu demonstrieren, betrachten wir Abb. 6.4. In dieser Abbildung ist die Abhängigkeit des Leistungsfaktors R vom Beschäftigungskoeffizienten x_0 angegeben. Dabei ist zu beachten, daß die Abhängigkeit des Leistungsfaktors von den Beschäftigungskoeffizienten der geteilt zugeordneten Einkanalressourcen x_i ($i = 0, 1, \ldots, n - 1$) symmetrisch ist. Das heißt, man würde bezüglich anderer x_i ($i = 1, 2, \ldots, n - 1$) die gleichen Kurven wie in Abb. 6.4 erhalten. Der Verlauf der darin enthaltenen Kurve zeigt die Wirkung des Ausgleichs zwischen den x_i ($i = 0, 1, \ldots, n - 1$). Jetzt betrachten wir die gemessenen Zahlenwerte in der Tab. 6.1 für Beschäftigungskoeffizienten x_i ($i = 0, 1, 2, 3, 4, 5$). Dabei ist die Funktionszuordnung für x_0 zur zentralen Verarbeitungseinheit, für x_1 und x_3 zu den Plattengeräten und für x_2 und x_4 zu den Bandgeräten angegeben. Wenn man für alle Plattengeräte nur einen Selektorkanal angebracht hätte, würde der entsprechende Beschäftigungskoeffizient mit $x_{13} = 0{,}578$ eindeutig die Plattenstrecke als Schwachstelle ausweisen. Damit führt die Nutzung von zwei Plattenkanälen aus der Sicht des Lastausgleichs zwischen den geteilt zugeordneten Einkanalressourcen gegenüber der Nutzung eines Plattenkanals zu einer Leistungsverbesserung. Eine solche Konfiguration wurde allerdings beim vorliegenden Fall bereits ohne Modellierung gewählt. Im Gegensatz zur nachträglichen modellmäßigen Begründung der zwei Plattenkanäle lassen sich die zwei Bandkanäle aus der Modellbetrachtung nicht begründen. Hier liegt die Ursache der Nutzung von zwei Bandkanälen in der oberen Grenze der an einen Kanal anschließbaren Bandgeräte, die in der betrachteten Konfiguration überschritten werden mußte.

Eine zweite Möglichkeit des Lastausgleichs ist auf die aufgabenzugeordneten Ressourcen orientiert. Sie besteht in der Erhöhung der Kapazität des Hauptspeichers m_S, der Gerätezahlen m_P der Plattenstrecke, m_B der Bandstrecke oder m_D der Druckerstrecke, falls die jeweilige aufgabenzugeordnete Ressource den größten Bedarfskoeffizienten y_l erzeugt. Wir wollen das am Beispiel einer Erweiterung des Hauptspeichers von 512 Kbyte auf 1024 Kbyte zeigen. Dazu sind nur Tab. 6.5 und Abb. 6.8 zu betrachten. Aus Tab. 6.5 geht hervor, daß mit einer solchen Hauptspeichererweiterung unter den im Abschnitt 6.1.4.4. betrachteten Bedingungen der Bedarfskoeffizient vom Wert $y_S = 0{,}166$ auf den Wert $y_S = 0{,}075$ herabgesetzt wird. Dabei geht die Schwachstelle der aufgabenzugeordneten Ressourcen vom Hauptspeicher auf die Druckerstrecke über. Aus Abb. 6.8 ist erkennbar, daß y_S in einen Bereich übergeht, in dem bei weiterer Verringerung von y_S keine Erhöhung des Leistungsfaktors R mehr erfolgt.

Um auf den beiden eben angeführten Wegen eine Leistungserhöhung erzielen zu können, muß man die Konfiguration erweitern, was mit erhöhtem Aufwand verbunden ist. Allerdings wird hierbei die Konfiguration nur an den Schwachstellen erweitert. Das kann sehr kostengünstig sein, weil bei diesem Vorgehen die geteilt zugeordneten bzw. aufgabenzugeordneten Ressourcen, die keine Schwachstelle sind, besser ausgelastet werden.

Ein anderer Weg besteht darin, daß im Interesse des Ausgleichs zwischen den Beschäftigungskoeffizienten x_i $(i = 0, 1, \ldots, n-1)$ der geteilt zugeordneten Einkanalressourcen für die Schwachstelle eine aktive Ressource mit höherer Geschwindigkeit genutzt wird (s. [BER81]). Das bietet sich besonders an, wenn man es mit einer Rechnerfamilie zu tun hat, bei der die Zentralen Verarbeitungseinheiten unterschiedliche Geschwindigkeiten besitzen und die zunächst vorgesehene Zentrale Verarbeitungseinheit die Schwachstelle ist. Zur Lösung des damit verbundenen Optimierungsproblems müssen wir eine Erweiterung des Leistungsverhaltensmodells vornehmen. Der Grund hierfür besteht darin, daß in den bisher eingeführten Modellen die Verarbeitungsgeschwindigkeit der Zentralen Verarbeitungseinheit explizit nicht auftritt. Zur Beseitigung dieser Unvollkommenheit führen wir jetzt die Elementaroperation als Arbeitslasteinheit ein. Dabei gehen wir davon aus, daß es die beiden Operationsklassen Verarbeitungsoperation und E/A-Operation gibt. Unter einer Verarbeitungsoperation wird die Ausführung eines Befehls durch die Zentrale Verarbeitungseinheit und unter einer E/A-Operation die Übertragung eines Byte zwischen Hauptspeicher und externen Gerät (Eingabe oder Ausgabe) verstanden. Somit besteht eine Elementaroperation in der Ausführung eines Befehls oder in der Übertragung eines byte. Auf dieser Grundlage kann die dimensionsbehaftete Durchsatzrate eines Rechnersystems Λ in Elementaroperationen pro Sekunde angegeben werden (EO/s). Man kann jetzt den Operationsumfang für eine Aufgabe durch die Zahl der dafür benötigten Elementaroperationen fast unabhängig von den Geschwindigkeiten der entsprechenden Geräte ausdrücken. Zum Beispiel kann für eine Aufgabe, für deren Abarbeitung 500000 Befehle ausgeführt und 500000 Byte übertragen werden müssen, der Operationsumfang mit 1 Million Elementaroperationen angegeben werden.

Ausgehend vom Abschnitt 5.1.2. können wir jetzt zur Berücksichtigung der Verarbeitungs- und E/A-Intensität der Aufgaben auf der Ebene der Elementaroperationen den Parameter P_V, den wir relative Verarbeitungsintensität nennen, einführen. Für P_V gilt der Ansatz

$$P_V = \frac{N}{N + L}, \tag{8.1}$$

wobei in Übereinstimmung mit den Betrachtungen im Abschnitt 5.1.2. N die mittlere Zahl der zwischen zwei E/A-Zugriffen ausgeführten Befehle und L die mittlere Blocklänge eines E/A-Zugriffs sind. Aus dem Ansatz (8.1) erhalten wir bei $P_V \to 0$ ein E/A-intensives und bei $P_V \to 1$ ein verarbeitungsintensives Operationsprofil.

Als erstes betrachten wir den Einfluß der relativen Verarbeitungsintensität P_V auf die Durchsatzrate Λ in Elementaroperationen pro Sekunde (EO/s) für den Einzelprogrammbetrieb. Bei Einzelprogrammbetrieb wird für die Durchsatzrate angesetzt

$$\Lambda = 1/T_o \text{ in EO/s}. \tag{8.2}$$

Dabei ist T_o der Erwartungswert der Operationszeit. Es werden die Formeln

$$T_o = P_V \cdot T_{ov} + (1 - P_V) \cdot T_{oa}, \tag{8.3}$$

$$T_{oa} = P_z \cdot T_{bz} + (1 - P_z) \cdot T_{ou}, \tag{8.4}$$

$$P_z = 1/(1 + L) \tag{8.5}$$

für die Berechnung von Λ genutzt. Hierbei sind T_{ov} der Erwartungswert der Befehlsausführungszeit, T_{oa} der Erwartungswert für die Übertragungszeit eines Zyklus,

T_{bz} der Erwartungswert der Such- und Positionierzeit pro Zugriffszyklus und T_{ou} der Erwartungswert für die Übertragungszeit eines Byte. Auf dieser Grundlage erhalten wir den in Abb. 8.1 gestrichelt dargestellten Einfluß des Operationsprofils auf die Systemleistung beim Einzelprogrammbetrieb des ES 1040.

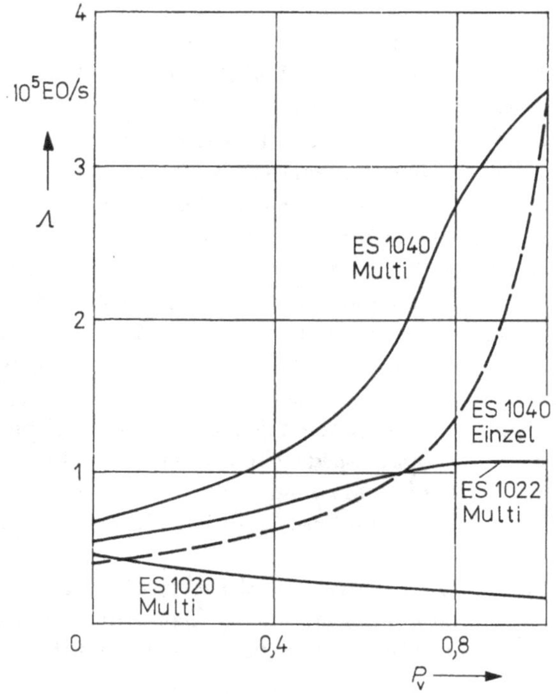

Abb. 8.1. Einfluß der Verarbeitungsintensität P_V auf die Durchsatzrate Λ

Beim Multiprogrammbetrieb wird infolge der parallelen Ausführung von Verarbeitungs- und E/A-Operationen die Durchsatzrate erhöht. Es gilt in Erweiterung von (8.2)

$$\Lambda = \frac{R}{T_0} \text{ in EO/s.} \tag{8.6}$$

Somit muß für die Bestimmung der Durchsatzrate in EO/s beim Multiprogrammbetrieb der Leistungsfaktor R bestimmt werden. Zunächst muß als Grundlage für die Berechnung von R der Zusammenhang zwischen dem Beschäftigungskoeffizienten der zentralen Verarbeitungseinheit x_0 und den Größen P_V, T_{ov} und T_0 hergestellt werden. Wir erhalten

$$x_0 = \frac{P_V \cdot T_{ov}}{T_0}. \tag{8.7}$$

Unter Nutzung des entsprechenden Modells aus dem Abschnitt 6.1. kann jetzt R berechnet werden. In Abb. 8.2 ist die Abhängigkeit des Leistungsfaktors R von der

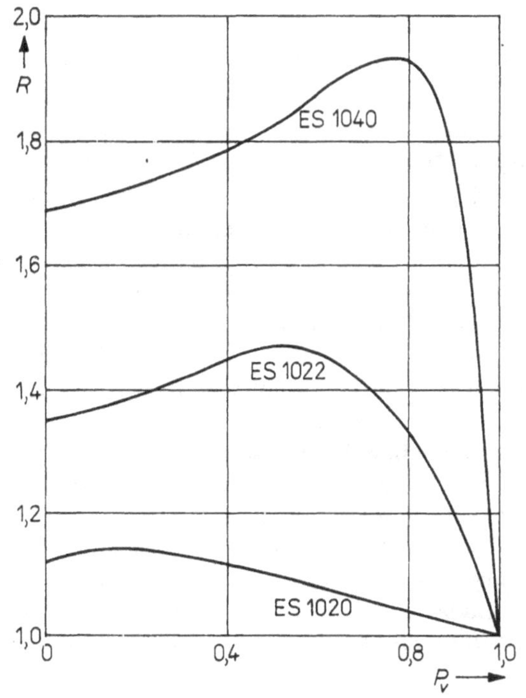

Abb. 8.2. Einfluß der Verarbeitungsintensität P_V auf den Leistungsfaktor R

relativen Verarbeitungsintensität für drei verschiedene ESER-Konfigurationen mit verschiedenen Zentraleinheiten dargestellt. Dabei wurden für die übrigen unabhängigen Einflußgrößen des Modells Meßwerte und technische Daten genutzt. Zum Beispiel wurden die in Tab. 6.5 angegebenen Werte für den Multiprogrammfaktor berücksichtigt. Für jede der drei Konfigurationen zeigt sich ein relatives Maximum des Leistungsfaktors R. Dabei liegen die optimalen Werte der relativen Verarbeitungsintensität $P_{V_{opt}}$ für die unterschiedlichen Konfigurationen an verschiedenen Stellen. Folglich ist eine Anpassung von Verarbeitungsgeschwindigkeit und relativer Verarbeitungsintensität P_V im Rahmen der verfügbaren ESER-Modelle möglich. Diese Anpassung bezieht sich allerdings nur auf die Erhöhung der Wirksamkeit des Multiprogrammbetriebs. Für Projekte der Massendatenverarbeitung wurden für die Aufgaben aus Meßwerten relative Verarbeitungsintensitäten im Bereich von $P_V = 0{,}25 \ldots 0{,}70$ ermittelt. Dieser Streubereich zeigt, daß eine Anpassung von Verarbeitungsintensität P_V und Verarbeitungsgeschwindigkeit $1/T_0$ beim Multiprogrammbetrieb sehr zweckmäßig ist.
Abb. 8.1 zeigt die Abhängigkeit der Durchsatzrate Λ von der Verarbeitungsintensität P_V. Dabei wurde für den Multiprogrammbetrieb (8.6) genutzt und der Einfluß von P_V auf Λ für alle drei betrachteten Konfigurationen. Aus dieser Abbildung ergibt sich eine breit bekannte, aber beim Vergleich verschiedener Rechnerkonfigurationen häufig vernachlässigte, Aussage. Eine hohe Verarbeitungsgeschwindigkeit der ZVE wirkt sich bei verarbeitungsintensiven Aufgaben am günstigsten aus und eine niedrige Verarbeitungsgeschwindigkeit hat bei E/A-intensiven Aufgaben nur einen geringen Einfluß auf die Durchsatzrate.

8.2. Leistungsverbesserung durch Umverteilung von Systemdateien

Wir gehen davon aus, daß die meisten E/A-Zugriffe bei der Abarbeitung der Aufgaben zu den Systemdateien erfolgen. Das wird durch Meßergebnisse belegt. Zum Beispiel zeigen Meßergebnisse nach [AKG82], daß unter den dort beobachteten Betriebsbedingungen eines Rechnersystems 99% aller Plattenzugriffe zu den Systemdateien realisiert werden. Es handelt sich im oben genannten Fall um ein Rechenzentrum, in dem vorwiegend wissenschaftlich-technische Berechnungen ausgeführt werden. Aber auch unter den Bedingungen der Massendatenverarbeitung, bei der die Anwenderprogramme selbst mehr Ein- und Ausgabezugriffe enthalten, beträgt der Anteil der Zugriffe zu den Systemdateien mehr als 50% aller Zugriffe. Somit wird durch die Zugriffe zu den Systemdateien ein wesentlicher Anteil der Rechnerlast erbracht. Eine Beeinflussung dieses Lastanteils im Interesse einer Erhöhung des Nutzleistungsfaktors ist deshalb von großer Bedeutung. Dabei ist besonders günstig, daß Maßnahmen zur Leistungsverbesserung in ihrer Ausführung unabhängig von der Nutzerlast sind. Als Maßnahme zur Leistungsverbesserung bietet sich hier eine Umverteilung der Systemdateien über das externe Speichermedium Plattenspeicher an (s. [BER84], [AGK82], [BEZI86], [ZIP87]). Ziele dieser Umverteilung der Systemdateien sind die Verringerung der mittleren Positionierzeit T_P der Systemdatenzugriffe (s. Abschnitt 5.1.2.) und der Lastausgleich zwischen den Systemplatten im Sinne einer Anpassung der entsprechenden Beschäftigungskoeffizienten x_i.
Wir können die Aufgaben der Verteilung der Systemdateien in zwei Teilaufgaben zerlegen:

— die optimale Verteilung der Systemdateien zwischen verschiedenen Systemplatten und
— die optimale Verteilung der Systemdateien jeder Systemplatte über die Zylinder dieser Platte.

Dabei muß als erstes die optimale Verteilung zwischen verschiedenen Systemplatten und dann die optimale Verteilung über die Zylinder der einzelnen Platten vorgenommen werden.
Entsprechend den praktischen Gegebenheiten bei ESER-Anlagen mit dem Betriebssystem OS/ES nehmen wir aus Übersichtsgründen zwei Systemplatten an, obwohl die Lösungswege auch für mehr Systemplatten geeignet sind.
Im konkreten Fall kann diese Aufgabe als Umverteilung der Systemdateien über die Systemplatten aufgefaßt werden. In diesem Fall bilden die gegenwärtige Verteilung der Systemdateien und die Zugriffshäufigkeiten zu den einzelnen Systemdateien den Ausgangspunkt der Untersuchung. Diese Informationen können durch maschinelle Erfassung der Dateiverteilung aus dem VTOC und durch Verdichtung der E/A-Ereignisaufzeichnung des EAMON aus den Zugriffshäufigkeiten p_i zu den Zylindern und damit zu den Dateien gewonnen werden. In Abb. 8.3 ist die Verteilung der mittleren Zylinderpositionierhäufigkeiten über die Zylinder der beiden Systemplatten S1 und S2 aufgetragen. In dieser Abbildung wurde aus Darstellungsgründen für die einzelnen Dateien eine Gleichverteilung angenommen. Die Messung, aus der diese Darstellung gewonnen wurde, enthält die reale Verteilung über die Zylinder auch innerhalb der Dateien.

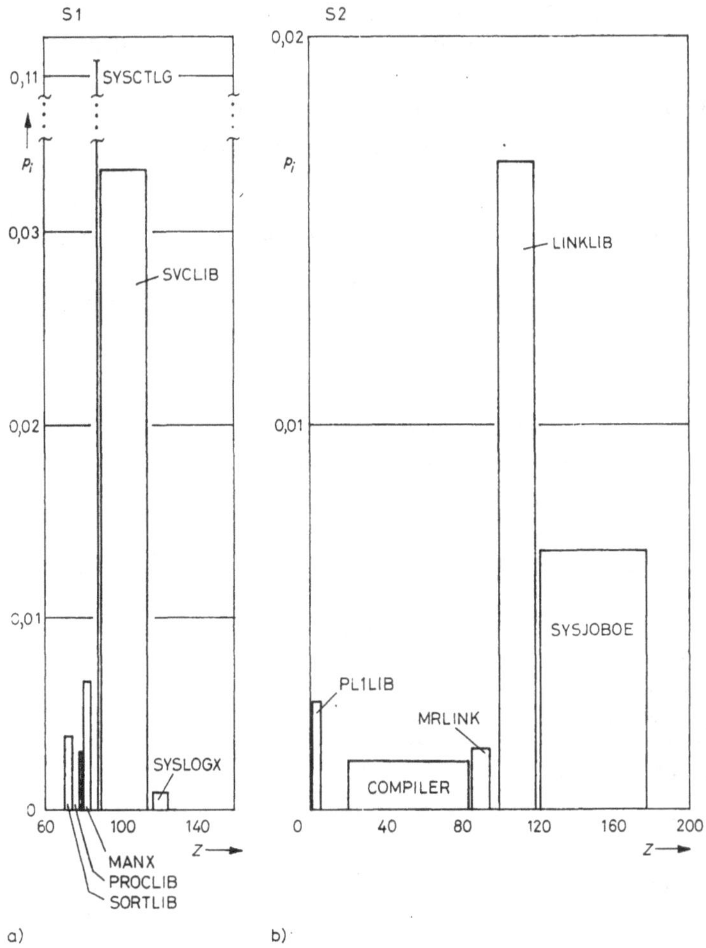

Abb. 8.3. Verteilung der mittleren Zylinderpositionierhäufigkeiten zu den Dateien

Optimale Verteilung der Systemdateien über mehrere Plattenstapel

Das Ziel dieser Optimierung besteht in einem Ausgleich zwischen den Beschäftigungskoeffizienten x_1 und x_2 der beiden Plattenstapel S1 und S2. Dieser Ausgleich führt in Übereinstimmung mit den Modellen der Abschnitte 4., 6. und 7. zu einer gleichzeitigen Verbesserung des Durchsatz- und Reaktionsverhaltens. Dabei gehen wir davon aus, daß über die Definition der Beschäftigungskoeffizienten nach (4.100) eine Abhängigkeit

$$\begin{aligned} x_1 &= x_1(g_1, g_2, \ldots, g_n) \\ x_2 &= x_2(g_1, g_2, \ldots, g_n) \end{aligned} \tag{8.8}$$

besteht. Dabei ist $\boldsymbol{g} = (g_1, g_2, \ldots, g_n)$ der Vektor der Plattenstapelnummern der Systemdateien $Di \mid (i = 1, 2, \ldots, n)$. In dieser Betrachtung wird angenommen, daß die Unterbringung der Systemdateien auf verschiedenen Plattenstapeln keinen Einfluß auf die mittleren Bedienungszeiten T_{b1} und T_{b2} hat und, daß $T_{b1} = T_{b2}$ gesetzt werden kann.

Die durch g zum Ausdruck kommende Zuordnung der Systemdateien $D_i \mid (i = 1, 2, \ldots, n)$ zu den Plattenstapeln S1 oder S2 hat vor allem Einfluß auf die absoluten Zugriffshäufigkeiten H_1 und H_2 zu diesen beiden Plattenstapeln.
Unter Nutzung dieses Modells kann für die optimale Verteilung der Systemdateien über die Plattenstapel ein Lösungsweg gefunden werden, der folgendes beinhaltet:
Als Grundlage für die optimale Verteilung der Systemdateien müssen die Zugriffshäufigkeiten p_i zu den Systemdateien gemessen werden. Unter Nutzung dieser Meßgrößen p_i kann dann die Zuordnung der Systemdateien zu den Plattenstapeln erfolgen. Dabei erfolgt die Zuordnung nach der Regel „die Datei mit der größten Zugriffshäufigkeit zuerst" (GZ-Regel). Bei der GZ-Regel werden die Systemdateien ihrer Zugriffshäufigkeit entsprechend in einer Tabelle geordnet, wobei die Datei mit der größten Zugriffshäufigkeit an der Spitze steht (s. Tabelle 8.1). Aus dieser Tabelle werden die

Tabelle 8.1. Zugriffshäufigkeiten zu den wichtigsten Systemdateien

Datei	absolute Zugriffszahl	absolute Zugriffszahl/ Zylinderzahl
SYS1.SYSJOBQE	246322	4105
SYS1.SVCLIB	209278	8049
SYS1.LINKLIB	152166	7608
SYS1.COMPILE	35467	548
SYS1.CTLG/VTOC	27895	27895
SYS1.MRLINK	12246	1113
SYS1.MANX	6765	1691
SYS1.SORTLIB	3812	953
SYS1.PL1LIB	3719	619
SYS1.SYSVLOGX	2045	227
SYS1.COBLIB	1950	1950
SYS1.PL1OPT	858	57
SYS1.LOGREL	252	126
SYS1.PROCLIB	101	51
SYS1.MRPROC	76	25

ersten r Dateien auf die r Systemplatten aufgeteilt. Die Platte mit den wenigsten Zugriffen, erhält dann die nächste Systemdatei zugeteilt. Anschließend erhält wiederum die Platte mit den wenigsten Zugriffen die nächste Datei zugeordnet usw. Dieser Zuteilungsprozeß ist abgeschlossen, wenn alle in der Liste stehenden Systemdateien einem Plattenstapel zugeordnet sind. Falls einer der Plattenstapel während des Zuteilungsprozesses zylindermäßig voll ausgelastet ist, dann werden von diesem Zeitpunkt an nur noch den anderen Systemplatten Dateien zugeordnet. In Tab. 8.2 sind die Ergebnisse der Umverteilung bezüglich der Zugriffshäufigkeiten zu den zwei Systemplattenstapeln S1 und S2 angegeben. Außerdem werden zum Vergleich die gegenwärtigen Zugriffshäufigkeiten zu diesen Systemplatten mit in die Tabelle eingetragen. Es zeigt sich, daß einerseits die gemessenen Zugriffshäufigkeiten mit 36% zu 64% erheblich von einer ausgeglichenen Lastverteilung zwischen den Systemplatten abweichen und daß anderer-

Tabelle 8.2. Vergleich der Zugriffshäufigkeiten der Umverteilung mit den gemessenen Zugriffsmöglichkeiten

Platten-stapel	Zugriffshäufigkeiten			
	gemessen		optimal	
	absolut	relativ	absolut	relativ
S1	252446	0,3576	362630	0,5136
S2	453549	0,6424	343365	0,4864
	705995	1,0000	705995	1,0000

seits durch die GZ-Regel im vorliegenden realen Fall mit den optimalen Zugriffshäufigkeiten 51% zu 49% eine gute Annäherung an eine ausgeglichene Lastverteilung zwischen den Systemplatten erreicht wird.

Optimale Verteilung der Systemdateien über die Zylinder der Plattenstapel

Hier besteht das Ziel der optimalen Verteilung in der Minimierung der mittleren Positionierzeit T_{P} beider Systemplatten, wobei für eine Systemplatte gilt

$$T_{\mathrm{P}} = \sum_{i=0}^{s} \sum_{j=0}^{s} p_i \cdot p_j \cdot \tau_{\mathrm{P}}(|i - j|). \tag{8.9}$$

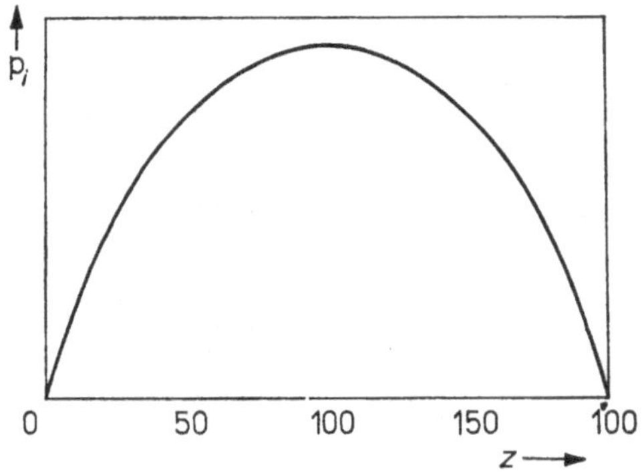

Abb. 8.4. Optimale Form der Zugriffsverteilung

In diesem Ansatz wurde statistische Unabhängigkeit der Zugriffe zu den Systemdateien angenommen. Die optimale Form der Verteilung der Zugriffhäufigkeiten über die Zylinder ähnelt einer Glockenkurve (s. Abb. 8.4).
Eine Lösung dieser Aufgabe, der ein quasioptimales Ergebnis liefert, besteht aus folgenden zwei Schritten. Als erstes wird jeder Datei des betrachteten Plattenstapels eine Ordnungszahl k nach der Größe der Zugriffshäufigkeit pro Zylinder p_i (der Datei D_i) zugewiesen. Anschließend werden die Dateien von innen nach außen nach einem der Anordnungen

$$N - 1, \ldots, 5, 3, 1, 2, 4, \ldots, N$$

oder

$$N, \ldots, 4, 2, 1, 3, 5, \ldots, N - 1$$

über die Zylinder des Plattenstapels verteilt. Hierbei ist N die Zahl der Systemdateien des betrachteten Plattenstapels. Der Bestimmtheit halber wurde N gerade angenommen. Dieser Lösungsweg wurde auf die beiden Plattenstapel S1 und S2 angewandt, nachdem vorher die optimale Verteilung der Dateien zwischen den beiden Plattenstapeln vorgenommen wurde. Im Ergebnis dieser Neuverteilung der Dateien wurden die in Abb. 8.5

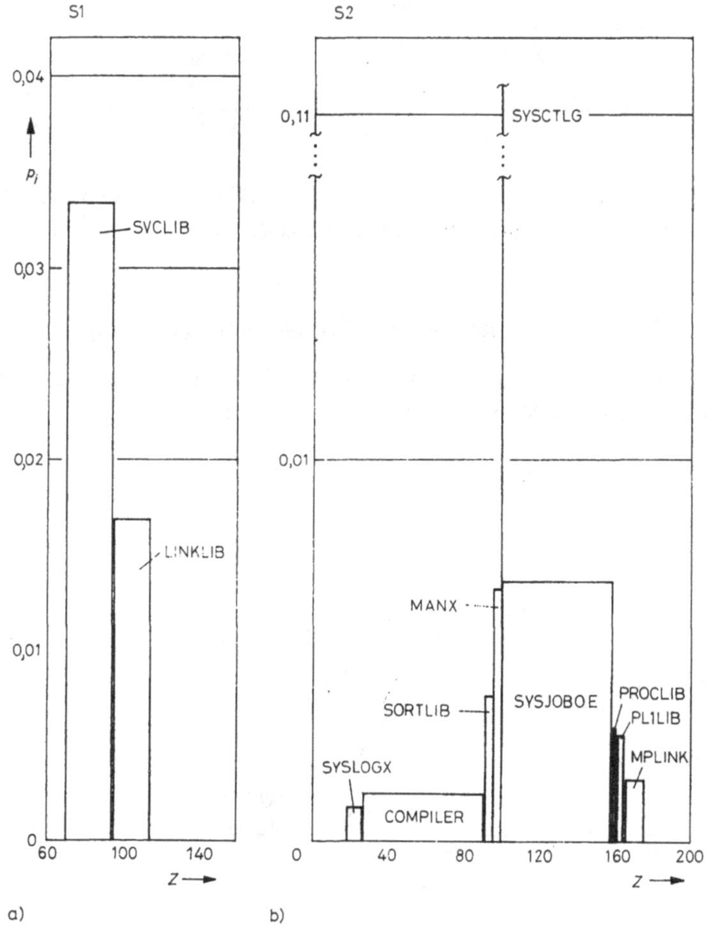

Abb. 8.5. Verteilung der mittleren Zylinderpositionierhäufigkeiten zu den Dateien nach der Umverteilung

Tabelle 8.3. Ergebnisse der Umverteilung

Plattenstapel	mittlere Positionierzeit T_P in ms	
	gemessen	optimal
S1	25,25	29,11
S2	42,72	36,02
Ø	36,48	32,45

angegebene Verteilung der mittleren Zylinderpositionierhäufigkeiten über die Zylinder der beiden Plattenstapel erhalten. Die mittleren Positionierzeiten zu jeder der beiden Platten und deren Mittelwerte über beide Platten sind für die gegenwärtige Systemdateiverteilung und für die durch Optimierung erreichte Systemdateiverteilung in Tab. 8.3 angegeben. Daraus folgt eine Verkürzung der mittleren Positionierzeit beider Platten um 4 ms. Bei einer Umrechnung über die Zahl der Systemplattenzugriffe für eine Meßzeit von 12 h ergibt das eine Verkürzung der Positionierzeit von insgesamt 47 min.

Weitere Untersuchungen zur optimalen Verteilung von Systemdateien wurden in [ZIP87] [BOD85], [BOMU85] und [AGK82] durchgeführt.

9. Optimierende Ablaufsteuerung der Aufgaben im Multiprogrammbetrieb

In den bisherigen Betrachtungen wurde von Leistungsverhaltensmodellen ausgegangen, die gegenüber verschiedenen Steuerungsalgorithmen des Betriebssystems weitgehendst invariante Ergebnisse liefern. Jetzt behandeln wir die Leistungsverbesserung durch geeignete Steuerungsalgorithmen der Aufgabenabfertigung. Dabei nehmen wir an, daß diese Steuerungsalgorithmen als Bestandteil oder Erweiterung des Betriebssystems implementiert sind. In diesem Kapitel wird zunächst eine Übersicht über Möglichkeiten der Leistungserhöhung durch Ablaufsteuerung gegeben. Anschließend wird die Ablaufsteuerung zur Optimierung des Multiprogrammfaktors behandelt. Schließlich werden noch Möglichkeiten des Lastausgleichs zwischen den geteilt zugeordneten Ressourcen durch Ablaufsteuerung dargelegt.
Alle konkreten Betrachtungen dieses Kapitals werden mit der Stapelverarbeitung in Verbindung gebracht. Sie sind auch in den Fällen, wo a priori Kenntnisse der Arbeitslast vorausgesetzt werden, nur für diese geeignet. Aber der Lastausgleich zwischen den geteilt zugeordneten Ressourcen, unter direkter Nutzung von Meßergebnissen als Bestandteil des Steuerungsalgorithmus, ist auch für die Dialogverarbeitung geeignet.
Bei der Darstellung der optimierenden Ablaufsteuerung geht es in diesem Buch nicht so sehr darum, die detaillierten Steuerungsalgorithmen anzugeben. Darüber kann in der Literatur (s. [BER82b], [BEMR84], [MRO85], [SCHR84], [HEN83]) nachgelesen werden. Hier steht der Zusammenhang zwischen der Leistungsmodellierung und der darauf aufbauenden Leistungsverbesserung durch eine geeignete Ablaufsteuerung im Vordergrund.
Ein wesentlicher Gesichtspunkt bei der Entwicklung von Algorithmen für die optimierende Ablaufsteuerung ist, daß diese Algorithmen wenig aufwendig sein dürfen, weil sie im Rahmen einer Steuerung relativ häufig abgearbeitet werden müssen.

9.1. Optimierende Ablaufsteuerung der Aufgaben als Lösungsweg für die Leistungsverbesserung von Rechnersystemen

Die Lösungswege für die Leistungsverbesserung von Rechnersystemen durch optimierende Ablaufsteuerung der Aufgaben werden aus den in den bisher behandelten Ergebnissen der Leistungsmodellierung von Rechnersystemen abgeleitet. Dabei werden Untersuchungsergebnisse des Autors und seiner Mitarbeiter, die vor allem in den Arbeiten [BEMR84], [MRO85], [BER81b], [SCHR84], [BER82b] ihren Niederschlag gefunden haben, zusammenfassend dargestellt.

9.1.1. Möglichkeiten der Leistungserhöhung im Multiprogrammbetrieb

Als Kriterium für die optimierende Ablaufsteuerung dient die Maximierung des Leistungsfaktors R. Dabei gehen wir von der in den vorangehenden Abschnitten behandelten Abhängigkeit des Leistungsfaktors vom Multiprogrammfaktor M und den Beschäftigungskoeffizienten x_i ($i = 0, 1, \ldots, n$) aus

$$R = R(M, x_0, x_1, \ldots, x_{n-1}, x_n). \tag{9.1}$$

Werden im Multiprogrammbetrieb k Aufgaben mit den Beschäftigungskoeffizienten x_{ij} ($i = 0, 1, \ldots, n$; $j = 1, 2, \ldots, k$) parallel abgefertigt, dann gilt allgemein

$$x_i = \sum_{j=1}^{k} \theta_j \cdot x_{ij} \tag{9.2}$$

(s. Formel (5.20)). Dabei wird durch θ_j der unterschiedliche Bearbeitungsfortschritt der verschiedenen parallel aktiven Aufgaben mit

$$\theta_j = T_{bj}/T_b \tag{9.3}$$

(s. Formel (5.22)) ausgedrückt. Falls alle k parallel laufenden Aufgaben den gleichen Bearbeitungsfortschritt, d. h. den gleichen Verweilzeitfaktor F_{Aj}, im Programmbereich haben, dann gilt

$$\theta_j = 1/k \tag{9.4}$$

und (9.3) geht in

$$x_i = \frac{1}{k} \sum_{j=1}^{k} x_{ij} \tag{9.5}$$

über.

Aus den Analysen im Kapitel 6. geht hervor, daß der Leistungsfaktor R zum Maximum gebracht werden kann durch

- Sicherung eines optimalen Multiprogrammfaktors M (s. Abb. 6.3 und 6.6),
- Maximierung des Beschäftigungskoeffizienten x_n der geteilt zugeordneten Unendlichkeitskanalressource
  und
- Lastausgleich zwischen den geteilt zugeordneten Einkanalressourcen (siehe z. B. Abb. 6.2 und 6.4).

Dementsprechend gibt es drei Möglichkeiten durch eine geeignete Ablaufsteuerung den Leistungsfaktor R zu maximieren.

Bei der Optimierung des Multiprogrammfaktors M gehen wir davon aus, daß unter den vorgegebenen Bedingungen durch Abhängigkeiten zwischen den Aufgaben der praktische Wert M des Multiprogrammfaktors noch spürbar unterhalb seines optimalen Wertes liegt. Damit besteht unter diesen Umständen die Aufgabe in einer Maximierung des Multiprogrammfaktors M. Das wird im Abschnitt 9.2. näher untersucht.

Die Maximierung des Beschäftigungskoeffizienten x_n der geteilt zugeordneten Unendlichkeitsressource liegt der in den meisten Betriebssystemen implementierten Steuerung der Prozessorzuordnung nach Prioritäten zugrunde. Dabei wird ein vereinfachtes Modell der geteilt zugeordneten Ressourcen verwendet, indem als einzige geteilt zugeordnete Einkanalressource der Prozessor angenommen wird, und die E/A-Ressourcen als Unendlichkeitskanalressource zusammengefaßt werden. Die Prozessorzuordnung nach Prioritäten bewirkt, daß die Bearbeitungsfortschritte θ_j der parallelen Aufgaben durch ihre Prioritätszuordnung verschieden werden und damit eine Veränderung der Lastverteilung zwischen dem Beschäftigungskoeffizienten x_0 des Prozessors und dem Beschäftigungskoeffizienten x_1 $(n = 1)$ der Unendlichkeitskanalressource hervorruft. Dabei ist die Prioritätszuordnung so zu wählen, daß x_0 sich verkleinert und da

$$x_0 + x_1 = 1 \tag{9.6}$$

gilt, sich x_1 $(n = 1)$ vergrößert.
Für den Lastausgleich zwischen den geteilt zugeordneten Einkanalressourcen führen wir jetzt den Ausgleichskoeffizienten a mit

$$a = \sum_{i=1}^{n-1} x_i^2 \tag{9.7}$$

ein. Der Ausgleichskoeffizient a gibt an, inwieweit zwischen den geteiltzugeordneten Einkanalressourcen $(i = 0, 1, \ldots, n - 1)$ der Lastausgleich realisiert ist. Dabei nimmt a bei vollem Lastausgleich seinen minimalen Wert an. Das bedeutet, das Minimum von a entspricht dem Maximum von R. Die Aufgabe der Maximierung von R durch Minimierung des Ausgleichskoeffizienten a besteht jetzt darin, zu jedem Zeitpunkt der parallelen Abarbeitung von k Aufgaben in k Programmbereichen, eine solche Mischung der aktiven Aufgaben zu erreichen, daß auf der Grundlage der Berechnung mit (9.5) erreicht wird, daß a nach (9.7) möglichst klein wird. Der größte Lastausgleich und damit der kleinste Wert von a wird erreicht, wenn

$$x_i = \frac{1 - x_n}{n} \qquad (i = 0, 1, \ldots, n - 1) \tag{9.8}$$

gilt. In diesem Fall ergibt sich

$$a = \frac{(1 - x_n)^2}{n}. \tag{9.9}$$

9.1.2. Grundbegriffe der Ablaufsteuerung

Oben haben wir über die Teilziele der Leistungsverbesserung im Multiprogrammbetrieb, die durch eine optimierende Ablaufsteuerung der Aufgaben angestrebt werden können, eine Übersicht gegeben. Mit dieser Formulierung der einzelnen Zielstellungen der Ablaufsteuerung sind noch nicht die Lösungswege ihrer Realisierung gegeben. Zur Formulierung der Lösungswege ist es zunächst erforderlich, einige Grundbegriffe der Ablaufsteuerung einzuführen, wozu wir jetzt übergehen.
Unter Ablaufsteuerung verstehen wir den Prozeß der Einordnung in eine und die Entfernung aus einer Warteliste und die Auswahl und Aktivierung der in dieser Warteliste befindlichen Arbeitseinheiten zur Abfertigung durch die entsprechenden Ressourcen.
Demgegenüber wird unter Ablaufplanung der Prozeß der Bestimmung der Abarbeitungsreihenfolge der Arbeitseinheiten durch die entsprechenden Ressourcen über die Zeit

verstanden. Somit kann für den Fall, daß eine Ablaufsteuerung vorgenommen wird, die Ablaufplanung ein Teil der Ablaufsteuerung sein. Letzteres gilt nicht allgemein, weil die Ablaufplanung außerhalb der Ablaufsteuerung auch eine eigenständige Bedeutung haben kann.
Wir haben es mit einer optimierenden Ablaufplanung zu tun, wenn diese nach einem Optimierungskriterium vorgenommen wird. Dabei kann die Lagrangesche oder die Eulersche Betrachtungsweise zugrunde gelegt werden. Bei der Lagrangeschen Betrachtungsweise wird ein Maximum des Leistungsfaktors R für eine vorgegebene Arbeitslast, bestehend aus N Aufgaben, angestrebt. Bei der Eulerschen Betrachtungsweise wird für einen vorgegebenen Zeitabschnitt T_B (meist $T_B \to \infty$) versucht, ein Maximum des Verkehrswertes, der bei voller Auslastung der aufgabenzugeordneten Ressourcen mit $\varrho^* = R^*$ mit dem Grenzwert des Leistungsfaktors gleichgesetzt werden kann, zu erreichen. Die Betrachtungsweise hat Einfluß auf die Wahl des Optimierungsverfahrens.
Grundlage für die optimierende Ablaufsteuerung der Aufgaben bildet das im Kapitel 6. untersuchte Zweischichtmodell der Aufgabenabfertigung. Dabei kann von der im Forderungslaufplan 5.22 dargestellten Modellstruktur ausgegangen werden. Somit ist prinzipiell eine Ablaufsteuerung am Eingang der aufgabenzugeordneten und am Eingang aller geteilt zugeordneten Einkanalressourcen möglich. Dabei werden die Warteräume vor den entsprechenden Ressourcen durch die Wartelisten der Ablaufsteuerung repräsentiert. In der Praxis erfolgt nur vor der komplexen aufgabenzugeordneten Ressource und vor dem Zentralprozessor eine optimierende Ablaufsteuerung.
Wir können die statische und dynamische Ablaufsteuerung unterscheiden. Die statische Ablaufsteuerung legt zu Beginn der Verarbeitung eines in der Warteliste befindlichen Aufgabenstapels die Verarbeitungsreihenfolge fest und führt auf dieser Grundlage die Aktivierung der Aufgaben durch. Die dynamische Ablaufsteuerung legt zu Beginn der Verarbeitung eines Aufgabenstapels aus der Warteliste nur die zu diesem Zeitpunkt zu aktivierenden Aufgaben fest und startet diese sofort. Bei Beendigung der Abarbeitung einer Aufgabe wird aus der Warteliste die als nächste zu aktivierende Aufgabe festgelegt und zu diesem Zeitpunkt aktiviert.
Damit können auch nach Beginn der Verarbeitung eines Aufgabenstapels in die Warteliste eingeordnete Aufgaben noch bei einer dynamischen Ablaufsteuerung berücksichtigt werden, was bei der statischen Ablaufsteuerung nicht möglich ist.

9.2. Optimierung des Multiprogrammfaktors durch Ablaufsteuerung

9.2.1. Trennung der Dateneingabe, -verarbeitung und -ausgabe

In den Anfängen der Stapelverarbeitung war es üblich, die meist auf Lochkarten oder Lochbändern abgespeicherten Eingangsdaten und die Ergebnislisten jeder Aufgabe im Laufe der Verarbeitung zum Bedarfs- oder Entstehungszeitpunkt direkt einzulesen bzw. direkt auszudrucken. Dadurch gab es eine Reihe entscheidender Nachteile. Die Gesamtverarbeitung wurde durch langsame Ein- und Ausgabegeräte absolut verzögert. Die Lochkartenleser, Lochbandleser und Drucker waren während der gesamten Abarbeitung einer Aufgabe belegt und standen während dieser Zeit anderen Aufgaben nicht zur Verfügung. Ausfälle an den Ein- und Ausgabegeräten (wie z. B. Papierriß am Drucker) führten dazu, daß in diesem Fall die gesamte Aufgabe wiederholt werden mußte.

Heute wird eine konsequente Trennung von Eingabe, Verarbeitung und Ausgabe der Daten vorgenommen, die vor allem bei der Stapelverarbeitung zu einer wesentlichen Leistungsverbesserung führen kann. Diese Trennung erfolgt so, daß eine überlappte Arbeit von Einlesen, Verarbeiten und Listendruck erfolgt. Diese Arbeitsweise wird in der Literatur SPOOLING (s. z. B. [HAN73]) genannt. Auf der Grundlage dieser Vorbetrachtung wird folgende Aufgabe gestellt: Es seien e Projektaufträge vorhanden, wobei jeder Projektauftrag aus je drei zeitlich nacheinander abzuarbeitenden Aufgaben für das Einlesen, Verarbeiten und Ausgeben besteht. Da aus Gründen einer zuverlässigen Abarbeitung der Projektaufträge die Beschäftigungszeit T_{h} eines Aufgabenstapels nicht zu groß werden darf, beschränken wir die Zahl der in jedem Aufgabenstapel abzuarbeitenden Projektaufträge auf die Anzahl f. Zur Vereinfachung der Aufgabe nehmen wir an, daß $(e/f) = h$ eine ganze Zahl ergibt. Für jede der je drei Aufgaben jedes Auftrages seien die Abarbeitungszeiten $T_{\text{b}ij} = T_{\text{v}ij}$, mit i als Aufgabennummer innerhalb eines Auftrages und j als Auftragsnummer. Dabei wird davon ausgegangen, daß Aufgaben eines Aufgabenstapels sich gegenseitig kaum behindern, da parallel immer Aufgaben mit den verschiedenen Funktionen: Eingabe, Verarbeitung und Ausgabe, abgearbeitet werden können. Daraus wird die Annahme abgeleitet, daß sich die verschiedenen Projektaufträge in der Schicht der geteilt zugeordneten Ressourcen nicht behindern. Somit kann das Modell des Abschnittes 6.1.3.1. zugrunde gelegt werden.
Bezüglich der aufgabenzugeordneten Ressourcen kann angenommen werden, daß genügend weitere aufgabenzugeordnete E/A-Ressourcen verfügbar sind (s. Abschnitt 5.2.4.) und drei Programmbereiche, die jeweils der Eingabe, Verarbeitung und Ausgabe zugeordnet sind, bereitstehen. Die Aufgabe der optimierenden Ablaufsteuerung besteht jetzt darin, aus den e Projektaufträgen eine Menge von h Aufgabenstapeln mit je f Aufträgen, mit der jeweiligen Aktivierungsreihenfolge der f Aufträge so zu bestimmen, daß der über alle Aufgabenstapel ermittelte Leistungsfaktor R maximal wird. Dabei wirkt sich erleichternd aus, daß $T_{\text{v}ij} = T_{\text{b}ij}$ ist und somit Leistungsfaktor und Multiprogrammfaktor auf der Grundlage der Modellumstellungen des Abschnittes 6.1.3.1. gleichgesetzt werden können.
In der Arbeit [SCHRL84] wurden entsprechende Untersuchungen der optimierenden Ablaufplanung durchgeführt. Als Grundlage wurden dazu reale Meßdaten aus einem Rechenzentrum der Massendatenverarbeitung ermittelt. In Tab. 9.1 sind die Abarbeitungszeiten $T_{\text{be}j}$, $T_{\text{bv}j}$, $T_{\text{ba}j}$ verschiedener Projektaufträge in Minuten angegeben. Wir wollen hier nicht auf die Optimierungsalgorithmen, die in der Arbeit [SCHL81] ent-

Tabelle 9.1. Abarbeitungszeiten für die Eingabe-, Verarbeitungs- und Ausgabeaufgaben verschiedener Projektaufträge nach Messungen

Projekt-auftrag	Abarbeitungszeit min			
	Eingabe T_{be}	Verarbeitung T_{bv}	Ausgabe T_{ba}	Summe $T_{\text{be}} + T_{\text{bv}} + T_{\text{ba}}$
P1	35	440	220	695
P2	30	220	240	490
P3	60	150	120	330
P4	20	280	120	420
P5	40	240	260	540
P6	60	330	290	680

wickelt und erprobt wurden, eingehen. Es geht uns hier mehr darum, durch Variantenvergleich zu zeigen, wie unterschiedliche Abarbeitungsreihenfolgen zu verschiedenen Leistungsfaktoren führen. Dazu betrachten wir nur die 6 möglichen Abarbeitungsreihenfolgen der drei ersten Projektaufträge P1, P2 und P3. Auch nach dieser Einschränkung haben wir es noch mit einer optimierenden Ablaufsteuerung zu tun. Wir können diese als statische Ablaufsteuerung gestalten, wenn am Anfang alle drei Projektaufträge, die Abarbeitungszeiten $T_{\mathrm{be}j}$, $T_{\mathrm{bv}j}$, $T_{\mathrm{ba}j}$, bekannt sind und für die Abarbeitung in der Warteliste vorhanden sind. In diesem Fall kann man für die Abarbeitungsreihenfolge der drei Projektaufträge eine bestimmte Reihenfolge der Aktivierung festlegen, die in der Theorie der Ablaufplanung (scheduling theory) Ablaufplan APv heißt (s. [MAJ78]) und entsprechend der Aktivierungsreihenfolge mit

$$\mathrm{APv} = (\mathrm{P}i, \mathrm{P}j, \mathrm{P}k) \tag{9.10}$$

bezeichnet wird. In Tab. 9.2 sind für die verschiedenen Ablaufpläne APv der drei ersten Projektaufträge die Beschäftigungszeiten T_{h} in Minuten und die Leistungsfaktoren R des Aufgabenstapels angegeben. Als optimaler Ablaufplan erweist sich AP3 = (2, 1, 3) mit einem Leistungsfaktor von $R = 1{,}47$ und einer Beschäftigungszeit des Aufgabenstapels von $T_{\mathrm{h}} = 1030$ min. Das dem optimalen Ablaufplan zugehörige Balkendiagramm ist in Abb. 9.1 angegeben. Aus diesem Diagramm ist die relativ große Parallelität, die im Leistungsfaktor $R = 1{,}47$ zum Ausdruck kommt, erkennbar.

Tabelle 9.2. Leistungsbewertungsgrößen für verschiedene Aktivierungsreihenfolgen der drei ersten Projektaufträge P1, P2, P3

Ablaufplan	T_{h} in min	R
AP1 = (1, 2, 3)	1055	1,44
AP2 = (1, 3, 2)	1095	1,38
AP3 = (2, 1, 3)	1030	1,47
AP4 = (2, 3, 1)	1060	1,43
AP5 = (3, 1, 2)	1090	1,39
AP6 = (3, 2, 1)	1090	1,39

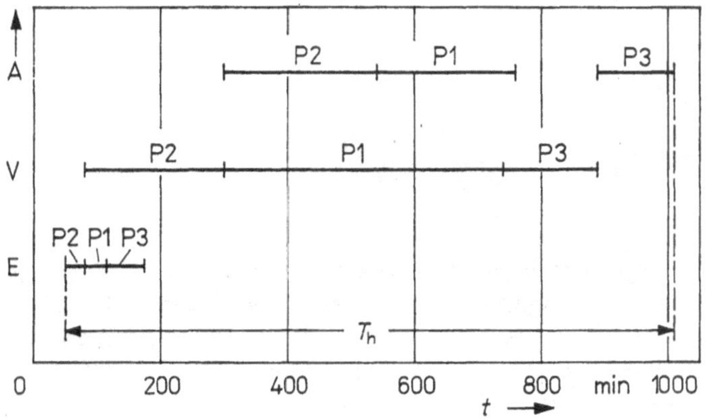

Abb. 9.1. Balkendiagramm des optimalen Ablaufplanes eines Beispiels

9.2.2. Optimierung von Aufgabennetzen

Im Abschnitt 9.2.1. wurde bei der Abarbeitung von Projektaufträgen vorausgesetzt, daß eine strenge sequentielle Abarbeitung der Eingabe-, Verarbeitungs- und Ausgabeaufgaben vorgenommen wird. Eine solche Steuerungsform ist zwar häufig in Rechenzentren der Massendatenverarbeitung anzutreffen. Daneben hat sich aber in derartigen Rechenzentren auch eine andere Form der Abarbeitung verbreitet, wobei in den verschiedenen Programmbereichen für einen Projektauftrag verschiedene Aufgaben, die voneinander abhängig sind, abgearbeitet werden. Eine Menge zu einem Projektauftrag gehörenden Aufgaben nennen wir Aufgabennetz. Dabei entspricht im Sinne der theoretischen Betrachtungen im Kapitel 3 jedem Aufgabennetz ein Forderungsverband. In den Datenverarbeitungszentren der DDR wurde für die automatische Aktivierung der Aufgaben eines Projektauftrages eine sogenannte Jobnetzsteuerung entwickelt.
Auf der Grundlage einer solchen Jobnetzsteuerung kann jetzt eine optimierende Ablaufsteuerung vorgenommen werden, der wieder eine statische Ablaufplanung zugrunde liegt. Da die Projektaufträge eines bestimmten Projekts wiederholt in gleicher Abhängigkeitsstruktur mit annähernd gleichen Bedienungszeiten und Beschäftigungskoeffizienten für die zum Projektauftrag gehörenden Aufgaben abgearbeitet werden, kann die statische Ablaufplanung eines Projekts für einen längeren Zeitraum (Monate) ermittelt werden und für die Steuerung jedes Projektlaufs wird der gleiche Ablaufplan genutzt.

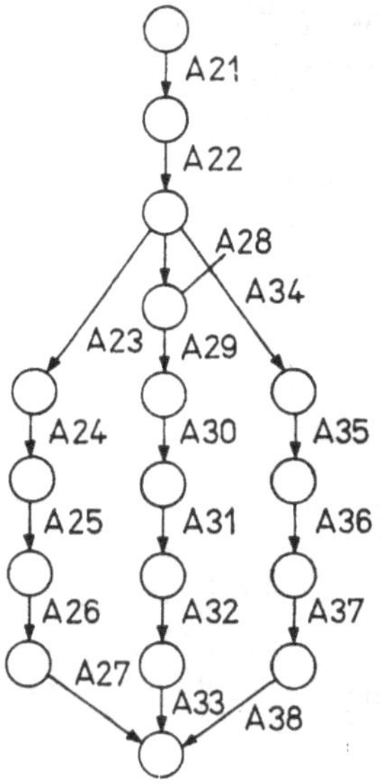

Abb. 9.2. Netzplan eines in der Praxis vorkommenden Aufgabennetzes

In Abb. 9.2 ist der Netzplan eines in der Praxis für ein bestimmtes Projekt P7 vorkommenden Aufgabennetzes angegeben. Dabei sind die Kanten den Aufgaben A7j ($j = 1, \ldots, 38$) zugeordnet. Für jede der Aufgaben A7j ($j = 1, \ldots, 38$) kann der Bedarf an aufgabenzugeordneten Ressourcen angegeben werden (s. z. B. [BER81 b]). Wir verzichten aus Platzgründen hier darauf. Das Ziel der Optimierung von Aufgabennetzen besteht in der Erhöhung des Leistungsfaktors R eines durch ein Aufgabennetz repräsentierten Aufgabenstapels durch Steigerung des Multiprogrammfaktors M. Das führt zur Minimierung der Laufzeit des Aufgabenstapels eines Projektauftrages. Dabei wirken neben der Behinderung durch die aufgabenzugeordneten Ressourcen die Abhängigkeiten zwischen den Aufgaben des Aufgabennetzes beschränkend auf den Multiprogrammfaktor.

Die Optimierung des Aufgabennetzes geht wieder, wie im vorangehenden Abschnitt, von dem Abschnitt 6.1.3.1. eingeführten Modell, ohne Berücksichtigung der Behinderung durch die geteilt zugeordneten Ressourcen, aus. Unter dieser Bedingung besteht die Optimierung des Aufgabennetzes aus folgenden zwei Schritten:

— aus der maschinellen Aufstellung eines ohne Berücksichtigung der aufgabenzugeordneten Ressourcen maximal parallelen Aufgabennetzes unter Berücksichtigung der Abhängigkeiten zwischen den Aufgaben
und
— aus der optimalen Anpassung des im ersten Schritt gewonnenen maximal parallelen Aufgabennetzes an die verfügbare Zahl aufgabenzugeordneter Ressourcen unter Berücksichtigung des Bedarfs dieser Ressourcen durch die einzelnen Aufgaben.

Während der zweite Schritt unter den gegebenen praktischen Bedingungen trivial ist, wurde der erste Schritt wegen der großen Aufgabenzahl eines Projektauftrages programmtechnisch implementiert. In [HEN83] sind die implementierten Algorithmen ausführlich beschrieben. Die Anwendung der oben angeführten zwei Schritte der Optimierung von Aufgabennetzen führte zu folgenden Ergebnissen: Qualitativ wurde herausgefunden, daß ohne systematische Optimierung aufgestellte praktische Aufgabennetze nicht zum maximalen Multiprogrammbetrieb führten, weil bestimmte Freiheitsgrade bezüglich der Aufgabenabhängigkeiten verschenkt wurden. Die quantitativen Ergebnisse der Erhöhung des Multiprogrammfaktors M durch die Optimierung des Aufgabennetzes sind für die drei Projekte P7, P8, P9 in Tab. 9.3 angegeben. Außerdem wurden für diese drei Projekte der Leistungsfaktor R und der Beschäftigungskoeffizient T_h des Aufgabenstapels anhand des Zweischichtmodells des Abschnittes 6.1.1. unter Einbeziehung der entsprechenden Beschäftigungskoeffizienten x_i für die Projekte vor und nach der Optimierung rechnerisch ermittelt und in Tab. 9.3 eingetragen. Zusätzlich wurde die Verkürzung der Beschäftigungszeit T_h in Prozent für die einzelnen Projekte angegeben. Auf dieser Grundlage wurden in einem Datenverarbeitungszentrum zwei der drei angeführten Projekte praktisch umgestellt.

Tabelle 9.3. Zur Optimierung von Aufgabennetzen

Projekt		M	R	T_h in min	ΔT_h %
P1	alt	1,00	1,00	373	15
	neu	1,28	1,18	316	
P2	alt	1,34	1,21	137	10,5
	neu	1,58	1,35	124	
P3	alt	1,00	1,00	680	8,5
	neu	1,18	1,10	620	

9.3. Maximierung des Beschäftigungskoeffizienten der geteilt zugeordneten Unendlichkeitsressource

Wir gehen jetzt zur zweiten im Abschnitt 9.1.1. angeführten Möglichkeit der Leistungserhöhung über, und zwar zur Maximierung des Beschäftigungskoeffizienten x_n der geteilt zugeordneten Unendlichkeitskanalressource. Dabei soll nur eine Form, die in der optimierenden Ablaufsteuerung der Zuteilung der Zentralen Verarbeitungseinheit unter Nutzung von Prioritäten besteht, kurz behandelt werden.
In den meisten Betriebssystemen ist die Zuteilung der zentralen Verarbeitungseinheit nach dem Prinzip der absoluten Prioritätsdisziplin (s. z. B. [BER80a]) realisiert, wobei diese häufig wahlweise genutzt werden kann. Im praktischen Rechenbetrieb kommt es oft zu einer falschen Anwendung dieser Möglichkeit der Ablaufsteuerung, und ihre Nutzung bringt keine Leistungsverbesserung oder führt sogar zu einer Leistungsverschlechterung. Aus diesem Grunde ist eine Analyse auf der Grundlage der Leistungsmodellierung nützlich.
Bei der Prioritätsdisziplin werden die Forderungen, die in unserem Falle durch die Aufgaben repräsentiert werden, verschiedenen Prioritätsklassen zugeordnet und die Bedienung erfolgt entsprechend den Prioritäten der einzelnen im Warteraum befindlichen Forderungen. Absolute Prioritätsdisziplin bedeutet, daß bei Ankunft einer höherrangigen Forderung der Bedienungsprozeß einer in Abfertigung befindlichen niederrangigen Forderung sofort unterbrochen wird und sofort mit der Bedienung der höherrangigen Forderung begonnen wird. Wir nehmen an, daß im Betriebssystem maximal g Aufgaben Aj $(j = 1, 2, \ldots, g)$ prioritätsmäßig eingeordnet werden können. Bei der Prioritätsdisziplin erhält jede Aufgabe Aj eine Ordnungszahl d_j $(j = 1, 2, \ldots, g)$ zugeordnet, die Prioritätszahl der Aufgabe heißt. Die Zuordnung kann durch die Matrix

$$\mathrm{Pv} = \begin{pmatrix} A1, & A2, & \ldots, & Ag \\ d_1, & d_2, & \ldots, & d_g \end{pmatrix} \tag{9.11}$$

dargestellt werden. Für den Fall von 5 Aufgaben kann z. B. gelten

$$\mathrm{Pv} = \begin{pmatrix} A1, & A2, & A3, & A4, & A5 \\ 2, & 5, & 3, & 1, & 4 \end{pmatrix}, \tag{9.12}$$

wobei $d_1 = 2$, $d_2 = 5$, $d_3 = 3$, $d_4 = 1$ und $d_5 = 4$ sind. Dabei wird hier der Bestimmtheit halber mit 1 die höchste und mit g die niedrigste Priorität bezeichnet. In manchen Betriebssystemen erfolgt eine gerade entgegengesetzte Wertung der Prioritätszahlen. Mathematisch stellt die Prioritätszuordnung eine Permutation der Indizes j dar. Man kann diese Zuordnung auch durch eine Matrix

$$\boldsymbol{w}^{n \times m} = \|w_{ij}\| \tag{9.13}$$

darstellen, mit den Variablenwerten

$$w_{jk} = \begin{cases} 1 \text{ wenn } Aj \text{ die Priorität } k \text{ hat} \\ 0 \text{ wenn } Aj \text{ nicht die Priorität } k \text{ hat.} \end{cases} \tag{9.14}$$

Im Rahmen der Ablaufsteuerung unterscheiden wir die statische und die dynamische Prioritätszuordnung. Bei der statischen Prioritätszuordnung erfolgt die Prioritätszu-

ordnung nur einmalig für einen längeren Zeitraum des Rechenbetriebs, spätestens aber bei der Zuteilung der aufgabenzugeordneten Ressourcen zur Aufgabe. Die statische Prioritätszuordnung kann vom Bediener über die Kommandosprache direkt oder indirekt beeinflußt werden. Bei der dynamischen Prioritätszuordnung wird während der Abarbeitung einer Aufgabe auf der Grundlage von, durch das Betriebssystem realisierten laufenden Messungen eine Überprüfung der Prioritätszuordnung vorgenommen, und im Bedarfsfall geändert. Bei beiden Formen der absoluten Prioritätsdisziplin liegen der Prioritätszuordnung Vorstellungen der Leistungsmodellierung zugrunde. Bei der statischen Prioritätszuordnung muß der Bediener bei der Prioritätszuordnung diese Vorstellungen berücksichtigen, während bei der dynamischen Prioritätszuordnung diese Vorstellungen im Prioritätszuordnungsalgorithmus genutzt werden.
Als nächstes ist jetzt die Frage zu beantworten, wie die Prioritätszuordnung in Abhängigkeit von den Beschäftigungskoeffizienten x_{nj} der geteilt zugeordneten Unendlichkeitskanalressource für die verschiedenen gleichzeitig aktiven Aufgaben Aj ($j = 1, 2, \ldots, k$) erfolgen muß, damit eine Erhöhung des Leistungsfaktors R erreicht wird. Zunächst sind dazu die Modelluntersuchungen zu präzisieren, die der optimalen Prioritätszuordnung zugrunde liegen. Es genügt wieder die Betrachtung der im Abschnitt 6.1.1.2. eingeführten Modellschicht der geteilt zugeordneten Ressourcen. Dabei wird zusätzlich die Einschränkung vorgenommen, daß neben der Zentralen Verarbeitungseinheit keine weiteren geteilt zugeordneten Einkanalressourcen vorhanden sind und die gesamte E/A-Arbeitslast auf die geteilt zugeordnete Unendlichkeitskanalressource fällt. Dementsprechend haben wir die beiden Beschäftigungskoeffizienten x_0 für die zentrale Verarbeitungseinheit und x_1 für die geteilt zugeordnete Unendlichkeitsressource der Ein- und Ausgabe. Für k parallel aktive Aufgaben gilt (9.2) (mit $i = 0, 1$), wobei x_{1j} die Beschäftigungskoeffizienten der geteilt zugeordneten Unendlichkeitskanalressource für die Aufgaben A1, A2, ..., Ak sind. Da die Summe aller Beschäftigungskoeffizienten für jede Aufgabe gleich 1 ist, ergibt sich außerdem

$$x_{0j} = 1 - x_{1j}, \qquad (j = 1, 2, \ldots, k). \tag{9.15}$$

Durch die absolute Prioritätsdisziplin wird ein unterschiedlicher Bearbeitungsfortschritt θ_j ($j = 1, 2, \ldots, k$) für die parallel aktiven Aufgaben hervorgerufen. Diese Eigenschaft wird für die Erhöhung des Leistungsfaktors mit Hilfe der absoluten Prioritätsdisziplin genutzt.

Tabelle 9.4. Zur Maximierung des Beschäftigungskoeffizienten der geteilt zugeordneten Unendlichkeitskanalressourcen

Aufgabe	x_{1j}	d_j	θ_j
A1	0,883	3	0,137
A2	0,921	2	0,139
A3	0,889	4	0,889
A4	0,854	5	0,133
A5	0,750	6	0,122
A6	0,921	1	0,140
A7	0,667	7	0,107
A8	0,552	8	0,086

Leider gibt es bezüglich der Berechnung von θ_j ($j = 1, 2, \ldots, k$) bei absoluter Prioritätsdisziplin trotz umfangreicher Bemühungen keine befriedigenden analytischen Modelle. Deshalb wollen wir uns hier auf die Simulation stützen. In der Arbeit [MRO85] wurde für 8 parallel aktive Aufgaben A1, ..., A8 eine entsprechende Simulation bei statischer Prioritätszuordnung durchgeführt. Aus diesen Simulationsergebnissen wurden die in Tab. 9.4 angegebenen Bearbeitungsfortschritte θ_j ($j = 1, \ldots, 8$) ermittelt. Außerdem enthält Tab. 9.4 noch die Prioritätszuordnungen d_j und die Beschäftigungskoeffizienten x_{1j} für die geteilt zugeordnete Unendlichkeitskanalressource. In dieser Simulation wurde bereits die leistungserhöhende Prioritätszuordnung umgesetzt, wobei die Aufgaben A1 und A3 eigentlich in der Priorität hätten vertauscht werden müssen. Das hat aber nur sehr geringen Einfluß auf die Ergebnisse. Die richtige Prioritätszuordnung auf der Grundlage der obigen Modellvorstellung besteht darin, daß den Aufgaben mit großen x_{1j} eine hohe Priorität und den Aufgaben mit kleinen x_{1j} eine niedrige Priorität zuzuordnen ist. Auf der Grundlage der in Tab. 9.4 angegebenen Zahlenwerten erhalten wir $x_0 = 0{,}178$ und $x_1 = 0{,}882$ während sich bei einem gleichen Bearbeitungsfortschritt $\theta_j = 1/k$ für alle parallel aktiven Aufgaben $x_0 = 0{,}195$ und $x_1 = 0{,}802$ ergibt. Daraus folgt eine Vergrößerung von x_1, die zu einer Erhöhung des Leistungsfaktors R führt. Damit kann die oben angegebene Prioritätszuordnung in Abhängigkeit x_{1j} begründet werden.

9.4. Minimierung des Ausgleichskoeffizienten durch Ablaufsteuerung

Als letztes behandeln wir die im Abschnitt 9.1.1. angeführte direkte Möglichkeit der Leistungserhöhung, die in der Minimierung des Ausgleichskoeffizienten a besteht. Die Form der optimierenden Ablaufsteuerung hängt hier mit der Zuteilung der aufgabenzugeordneten Ressourcen zusammen, d. h., ein Steuerschritt kann nur im Zusammenhang mit der Aktivierung einer oder mehrerer neuer Aufgaben vorgenommen werden. In der Arbeit [MRO84] sind eine Reihe geeigneter Algorithmen der Ablaufsteuerung zur Minimierung des Ausgleichskoeffizienten a implementiert und durch hybride Modellierung untersucht worden.

Wir wollen die darin gewonnenen Ergebnisse hier erläutern. Zur Vereinfachung der Erläuterungen setzen wir voraus, daß die aufgabenzugeordneten Ressourcen durch die Verfügbarkeit von s Programmbereichen repräsentiert werden. Außerdem beschreiben wir hier nur die Grundideen von zwei in [MRO85] untersuchten Ablaufsteuerungsalgorithmen.

Wir gehen in unserer Betrachtung von einem Aufgabenstapel aus, zu dem N Aufgaben gehören. Für alle N Aufgaben Al ($l = 1, 2, \ldots, N$) seien zu Beginn der Abarbeitung des Aufgabenstapels die Beschäftigungskoeffizienten x_{il} ($i = 0, 1, \ldots, n-1$; $l = 1, 2, \ldots, N$) bekannt, und alle Aufgaben seien zu diesem Zeitpunkt zur Abarbeitung bereit, indem sie sich in der Warteliste am Eingang des Rechnersystems befinden.

Unabhängig von den speziellen Formen der Optimierungsalgorithmen der Ablaufsteuerung gibt es zwei verschiedenartige Schritte zu denen die Auswahl und Aktivierung von Aufgaben stattfindet. Zu Beginn der Ablaufsteuerung des Aufgabenstapels wird der Steuerschritt 0 realisiert, der die Auswahl und Aktivierung von s Aufgaben aus der Warteliste vornimmt. Bei Beendigung der Abarbeitung einer Aufgabe des Stapels wird ein Steuerschritt i ausgeführt ($i = 1, 2, \ldots, N - s$) der die Auswahl und Aktivierung einer Aufgabe aus den in der Warteliste verbliebenen Aufgaben vornimmt.

Nachfolgend werden die Grundideen von zwei Algorithmen der optimierenden Ablaufsteuerung dargelegt. Diese beiden Algorithmen werden

— Extremwertsteuerung
und
— Steuerung nach der minimalen Differenz

genannt.
Zur Erklärung dieser beiden Algorithmen betrachten wir einen Aufgabenstapel von $N = 8$ Aufgaben, für welche die drei Beschäftigungskoeffizienten x_{0j}, x_{1j} und x_{2j} in Tab. 9.5 angegeben sind. Für unsere Untersuchungen können wir einen Arbeitspunkt der Beschäftigungskoeffizienten, der für den Fall mit x_0, x_1 und x_2 durch einen Punkt in einer Ebene (x_0, x_1) mit den Koordinaten x_0 und x_1 fixiert ist. Die Angabe von x_2 ist nicht nötig, da

$$x_0 + x_1 + x_2 = 1$$

gilt.

Tabelle 9.5. Zur Maximierung des Ausgleichskoeffizienten der geteilt zugeordneten Einkanalressourcen

Aufgabe	x_{0j}	x_{1j}	x_{2j}
A1	0,829	0,025	0,146
A2	0,080	0,524	0,397
A3	0,699	0,301	0
A4	0,249	0,284	0,467
A5	0,120	0,499	0,381
A6	0,093	0,002	0,905
A7	0,085	0,915	0
A8	0,825	0,175	0

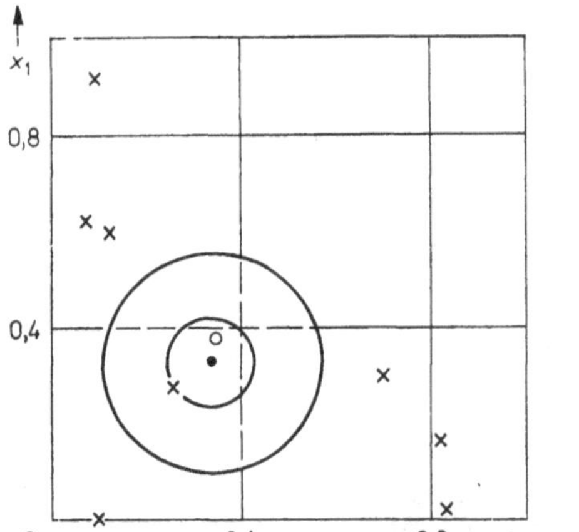

Abb. 9.3. Zur Minimierung des Ausgleichskoeffizienten der geteilt zugeordneten Einkanalressourcen (Arbeitspunkte: × — der einzelnen Aufgaben; ○ des gesamten Aufgabenstapels; • bei vollständigem Lastausgleich; — Höhenlinien mit konstantem a)

Dementsprechend kann für jede Aufgabe *Aj* ein Arbeitspunkt (x_{0j}, x_{1j}) angegeben werden. Die entsprechenden Arbeitspunkte für den Aufgabenstapel der Tab. 9.5 sind als Kreuze in Abb. 9.3 eingetragen. Als Arbeitspunkt mit vollem Lastausgleich, bei dem a minimal und R maximal werden, bezeichnen wir ($x_{0\text{opt}}$, $x_{1\text{opt}}$). Dieser ist ebenfalls durch einen großen Punkt eingetragen. Es gilt hier $x_{0\text{opt}} = 0{,}333$ und $x_{1\text{opt}} = 0{,}333$. Ein weiterer Arbeitspunkt ergibt sich mit der Bezeichnung (x_{0s}, x_{1s}), wenn für den gesamten Aufgabenstapel nach der Formel

$$x_{is} = \frac{1}{N} \sum_{k=1}^{N} x_{ik} \qquad (9.16)$$

die x_{is}-Werte berechnet werden. Dieser als Arbeitspunkt des Aufgabenstapels bezeichnete Arbeitspunkt besitzt die Werte $x_{0s} = 0{,}373$ und $x_{1s} = 0{,}340$. Er ist in Abb. 9.3 als kleiner Kreis eingetragen. Außerdem sind in Abb. 9.3 noch Höhenlinien für konstantes a bzw. konstantes R angegeben, die als Kreise mit dem optimalen Arbeitspunkt ($x_{0\text{opt}}$, $x_{1\text{opt}}$) als Mittelpunkt erscheinen.
Auf der Grundlage der oben eingeführten Arbeitspunkte können die Grundideen der beiden Algorithmen der optimierenden Ablaufsteuerung kurz wie folgt formuliert

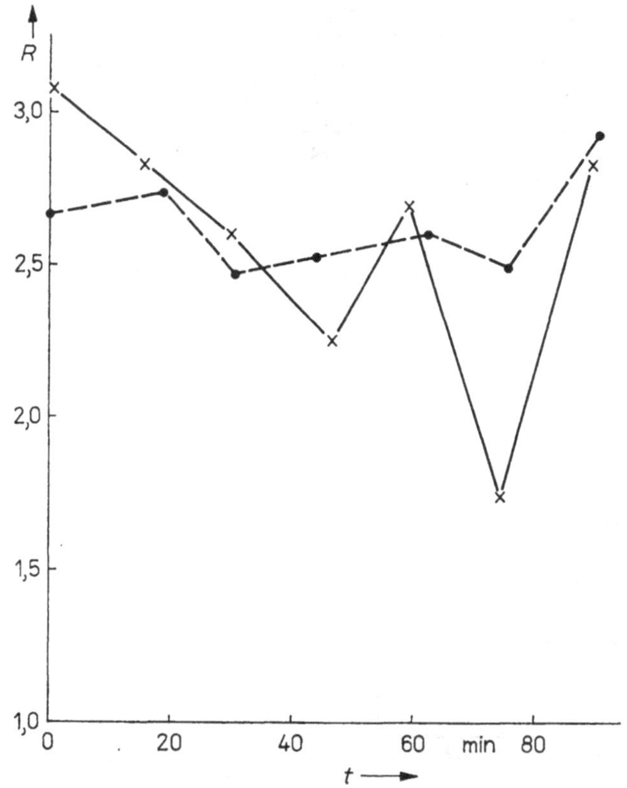

Abb. 9.4. Zeitlicher Verlauf des Leistungsfaktors für die beiden Steuerungsalgorithmen (× Extremwertsteuerung; ● minimale Differenz)

werden. Der Grundgedanke der Extremwertsteuerung besteht darin, in den Steuerschritten 0, 1, ..., $N - s$ solche Aufgaben zur Abarbeitung auszuwählen, daß mit jedem Steuerschritt eine möglichst gute Annäherung an den optimalen Arbeitspunkt ($x_{0\text{opt}}$, $x_{1\text{opt}}$) erreicht wird. Demgegenüber besteht der Grundgedanke der Steuerung nach der minimalen Differenz darin, mit jedem Steuerschritt eine möglichst gute Annäherung an den Arbeitspunkt des Aufgabenstapels (x_{0s}, x_{1s}) zu erreichen. Somit geht die Extremwertsteuerung mehr von der Eulerschen Betrachtungsweise aus und ist mehr auf den Fall zugeschnitten, daß ständig neue Aufgaben ankommen.
Die Steuerung nach der minimalen Differenz ist auf den Aufgabenstapel zugeschnitten und sorgt für eine möglichst gute Annäherung an den für den Aufgabenstapel im Mittel vorhandenen Arbeitspunkt (Lagrangesche Betrachtungsweise).

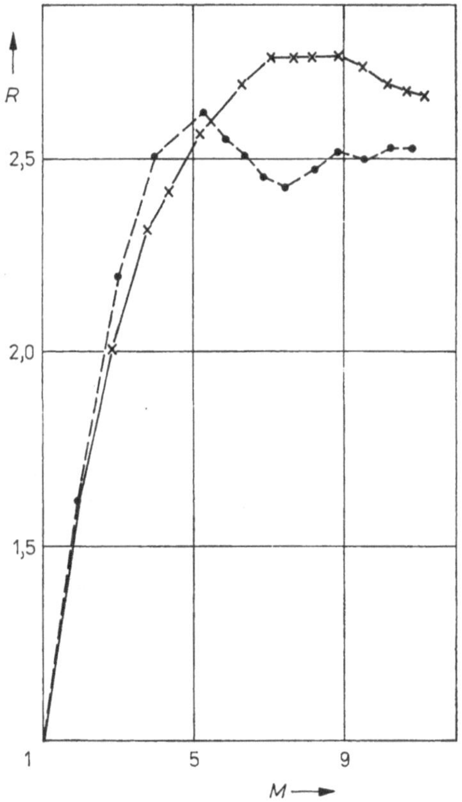

Abb. 9.5. Abhängigkeit des Leistungsfaktors vom Multiprogrammfaktor bei den beiden Steuerungsalgorithmen (× — Extremwertsteuerung; ● minimale Differenz)

Der Arbeit [MRO85] wurden Untersuchungsergebnisse nach der Lagrangeschen Betrachtungsweise durch hybriden Modellierung für die beiden Algorithmen der optimierenden Ablaufsteuerung in den Abbildungen 9.4 und 9.5 entnommen. In Abb. 9.4 wird bei $s = 4$ für die beiden Steuerungsalgorithmen der zeitliche Verlauf des Leistungsfaktors R über die Beschäftigungszeit des gesteuerten Aufgabenstapels angegeben. Es ist deutlich zu erkennen, daß bei der Extremwertsteuerung der Leistungsfaktor stark

schwankt. Dagegen ist der Verlauf des Leistungsfaktors R bei der Steuerung nach der minimalen Differenz verhältnismäßig konstant.
Abb. 9.5 zeigt die Abhängigkeit des Leistungsfaktor R vom Multiprogrammfaktor M beim gesteuerten Aufgabenstapel für beide Steuerungsalgorithmen im Vergleich. Während die Extremwertsteuerung bei größeren Multiprogrammfaktoren einen größeren Leistungsfaktor als die Steuerung nach der minimalen Differenz liefert, gilt für kleinere Multiprogrammfaktoren das Gegenteil.

10. Literaturverzeichnis

[ABG79] Arato, M., A. Butrimenko, and E. Gelenbe: Performance of Computer Systems. Proc. 4th Int. Symp. on Modelling and Performance Evaluation of Computer Systems. Vienna, Austria, 1979.

[ABU86] Abu el ata, N. (ed.): Modelling Techniques and Tools for Performance Analysis 1985. Proc. Int. Conf. on Modelling, Techniques and Tools for Performance Analysis, France, June 1985. North Holland, Amsterdam, New York, Oxford 1986.

[AGK82] Awen, O. I., N. N. Gurin, and Ja, A. Kogan (Авен, О. И., Н. Н. Гурин и Я. А. Коган): Оценк акачества и оптимизация вычислительных систем. Наука, Москва 1982.

[BAL82] Balyberdin, W. A. (Балыбердин, В. А.): Методы анализа мультипрограммных систем. Радио и связь,а Москва 1982.

[BAR80] Bard, Y.: A model of shared DASD and Multipathing. CACM **23** (1980) 10, 564 to 583.

[BASA81] Bard, Y., and C. Sauer: IBM Contributions to Computer Performance Modelling. IBM J. Res. Develop. **25** (1981) 5, 562–570.

[BCMP75] Baskett, F., K. M. Chandy, R. R. Muntz, and F. G. Palacios: Open, Closed and Mixed Networks of Quevens with Different Classes of Customers. J. ACM **22** (1975) 2, 248–260.

[BEHA79] Bergholz, G., und C. J. Hamann: Verhaltensmodelle von Rechnersystemen. WBZ MKR/IV Techn. Univ. Dresden (1979) 39, 3–15.

[BEI86] Beilner, H. (Hrsg.): Messung, Modellierung und Bewertung von Rechensystemen. 3. GI/NTG-Fachtagung, Dortmund, Oktober 1985. Informatik Fachberichte, Band 110. Springer-Verlag, Berlin, New York 1986.

[BEIR85] Bergholz, G., und K. Irmscher: Performance Modelling of Computer Systems. *In:* Sydow, A., et al. (eds.): Systems Analysis and Simulation 1985. I: Theory and Foundations. Proc. of the Int. Symp. Akademie-Verlag, Berlin 1985, 469–473.

[BEKR76] Beilner, H., and P. S. Kritzinger: Systematic Installation Management. Informatik-Fachberichte, Band 5. Springer-Verlag, Berlin, Heidelberg, New York 1976, 412–426.

[BELE83] Bergholz, G., und D. Lehmann: Zur Nutzung von Verhaltensmodellen bei der Leistungsbewertung von Rechnersystemen. Wiss. Z. Techn. Univ. Dresden **32** (1983) 3, 1–4.

[BELE84] Bergholz, G., und D. Lehmann: An Analytic Model with a Stochastic Number of Jobs for the Performance Bound Evaluation of Computer Installations. EIK **20** (1984) 5/6, 322–332.

[BELE85] Bergholz, G., und D. Lehmann (Бергхольц, Г. и Д. Леман): Оценка производительности диалогового режима. Доклады 4-ой летной школы по проблеме САПР/АСУТП, Гаусиг (ГДР) 1985, 264–269.

[BEMÜ86] BERGHOLZ, G., und M. MÜLLER: Synthetische Arbeitslastmodelle. edv-aspekte **5** (1986) 4, 60–61.

[BER75a] BERGHOLZ, G.: Zur Analyse der Multiprogrammbearbeitung in einer Prozeßrechenanlage. Rechentechnik/Datenverarbeitung **12** (1975) Beiheft 3, 61–66.

[BER75b] BERGHOLZ, G.: Zur Ermittlung der Forderungsstromintensitäten in einem Echtzeitoperationssystem für Prozeßrechenanlagen. Wiss. Z. Techn. Univ. Dresden **24** (1975) 3/4, 563–570.

[BER80a] BERGHOLZ, G.: Verhaltensmodelle von Prozeßrechnern. Akademie-Verlag, Berlin 1980.

[BER80b] BERGHOLZ, G.: Zur Leistungsanalyse von Rechnersystemen der Stapelverarbeitung. WBZ MKR/IV Techn. Univ. Dresden (1980) 43, 140–159.

[BER81a] BERGHOLZ, G.: Leistungsbewertung von Rechnern, INFO81. ZfR-Informationen, AdW der DDR, Berlin (1981) 13, 35–43.

[BER81b] BERGHOLZ, G.: Zur Leistungsanalyse und Leistungsverbesserung im praktischen Rechenbetrieb. WBZ MKR/IV Techn. Univ. Dresden (1981) 49, 3–18.

[BER82a] BERGHOLZ, G.: Zur Leistungsbewertung eines Mehrrechnersystems mit Hilfe eines Verhaltensmodells. Beiträge zum Problemseminar Nassau. Techn. Univ. Dresden, Sektion Informationsverarbeitung (1982) Teil 1, 76–83.

[BER82b] BERGHOLZ, G.: Leistungsanalyse und Leistungserhöhung von Rechenanlagen edv-aspekte **2** (1982) 2, 2–6.

[BER83] BERGHOLZ, G.: Leistungsbewertung und Leistungsverbesserung von Rechnerinstallationen. WBZ MKR/IV Techn. Univ. Dresden (1983) 64, 3–18.

[BER84] BERGHOLZ, G.: Leistungsbewertung im Rechenbetrieb. Rechentechnik/Datenverarbeitung **21** (1984) 1, 10–13.

[BEMR84] BERGHOLZ, G., und G. MROSKO: Simulationsmodell der Stapelverarbeitung im Multiprogrammbetrieb. Rechentechnik/Datenverarbeitung **21** (1984) 3, 30–32.

[BER85] BERGHOLZ, G.: Zweischichten-Bedienungsmodell für die Leistungsbewertung von Rechnersystemen. WBZ MKR/IV Techn. Univ. Dresden (1985) 81, 5–27.

[BER86] BERGHOLZ, G.: Modellierung einer EDVA durch ein Bedienungssystem mit virtuellem Bedienungsknoten. EIK **22** (1986) 4, 167–177.

[BEZI86] BERGHOLZ, G., und L. ZIPFEL: OPDA — Optimale Dateiverteilung auf externen Geräten. edv-aspekte **5** (1986) 4, 62–64.

[BOD85] BODE, B.: Zur Verteilung von Dateien auf Massendatenträgern. WBZ MKR/IV Techn. Univ. Dresden (1985) 81, 41–46.

[BOMÜ85] BODE, B., und K. MÜLLER: Transfergünstige Blockung sequentieller Dateien. WBZ MKR/IV Techn. Univ. Dresden (1985) 81, 104–112.

[BRÄ84] BRÄUER, L.: Untersuchungen zur Ermittlung der Auslastung von EDV-Anlagen dargestellt am Beispiel der Systemlösungen BESM6/BAMOS und ES 1056/OS/ES6. 1. Diss. A, Akademie der Wissenschaften der DDR, Institut für Informatik und Rechentechnik, Berlin 1984.

[BUDE80] BUZEN, J. P., and P. J. DENNING: Operational Treatment of Queue Distributions and Mean-value Analysis. Computer performance **1** (1980) 1, 6–15.

[BUZ73] BUZEN, J. P.: Computational Algorithmus for Closed Queueing Networks with Exponential servers. Comm. ACM **16** (1973) 9, 527–531.

[CMM67] CONWAY, R. B., W. L. MAXWELL, and L. W. MILLER: Theory of Scheduling. Addison-Wesley, Reading (Mass.) 1967.

[COU75] COURTOIS, P.: Decomposibility, Instability and Saturation in Multiprogramming Systems. Comm. ACM **18** (1975) 7, 371–377.

[COU77] COURTOIS, P.: Decomposability: Queueing and Computer System Applications. ACM Monograph series. Academic Press, New York 1977.

[DEBU78] DENNING, P. J., and J. P. BUZEN: The Operational Analysis of Queueing Network Models. ACM Computing Surveys **10** (1978) 3, 225–261.

[DET83] Dettke, M.: Leistungsmessung mittels Softwaremonitor EAMON. WBZ MKR/IV Techn. Univ. Dresden (1983) 64, 76–81.

[DIJ68] Dijkstra, E. W.: Cooperating Sequential Prozesses. *In:* Programming Languages. Academic Press, New York 1968, 43–112.

[EAM84] EAMON3-Programmdokumentation. VEB DVZ Dresden 1984.

[FER78a] Ferrari, D.: Computer Systems. Performance, Evaluation. Prentice Hall Inc., Englewood Cliffs (New Jersey) 1978.

[FER78b] Ferrari, D.: Performance of Computer Installations. Evaluation and Management. North-Holland, Amsterdam, New York, Oxford 1978.

[FER83] Ferrari, D.: Measurement and Tuning of Computer Systems. Prentice Hall, Englewood Cliffs 1983.

[FIS86] Fischer, J.: ATLANTIS – ein Programmsystem zur Modellierung. edv-aspekte **5** (1986) 4, 19–20.

[GEL85] Gelenbe, E. (ed.): Performance '84' – Models of Computer System Performance. Proc. 10th Int. Symp. on Models of Computer System Performance, Paris December 1984. North Holland, Amsterdam, New York, Oxford, 1985.

[GEMI80] Gelenbe, E., and I. Mitrani: Analysis and Synthesis of Computer Systems. Academic Press, London, New York 1980.

[GNK74] Gnedenko, B. W., und I. N. Kowalenko: Einführung in die Bedienungstheorie. Akademie-Verlag, Berlin 1974.

[GNKÖ83] Gnedenko, B. W., und D. König: Handbuch der Bedienungstheorie. Akademie-Verlag, Berlin 1983.

[GONE67] Gordon, W. J., and G. F. Newell: Closed Queueing Systems with Exponential servers. Op. Res. **15** (1967), 254–265.

[GOR72] Gordon, G.: Systemsimulation. R. Oldenbourg Verlag, München und Wien 1972.

[HAN73] Hansen, P. B.: Operating System Principles. Prentice-Hall Inc., Englewood Cliffs (New Jersey) 1973.

[HEN82] Hennig, A.: Erstellung von Algorithmen zur Jobnetzoptimierung. Diplomarbeit, Techn. Univ. Dresden, Sektion Informationsverarbeitung, 1982.

[HEI81] Heim, K.: Methodische Leistungsanalyse mit Hilfe der Mittelwertanalyse. Das Rechenzentrum (1981) 3, 137–145.

[HTT86] Hasegawa, T., H. Takagi, and Y. Takahashi (eds.): Computer Networking and Performance Evaluation. Proc. IFIP WG 7.3 Int. Sem., Tokyo Sept. 1985. North Holland, Amsterdam, New York, Oxford 1986.

[IRM85] Irmscher, K.: Analytische Modellierung voo Rechnersystemen mit Hilfe geschlossener Bedienungsnetze. Diss. B, Techn. Univ. Dresden, Sektion Informationsverarbeitung, 1985.

[JAC63] Jackson, J. R.: Jobshop-Like Queueing Systems. Management science (Baltimore/USA) **10** (1963) 1, 131–142.

[JAKÖ80] Jansen, K., und D. König: Intensivitity and Steady-state Probabilities in Product Form for Queueing Networks. EIK **16** (1980) 8/9, 385–397.

[KAU61] Kaufman, A., et R. Cruon: Les phénomènes d'attente théorie et applications. Dunod, Paris 1961.

[KEN53] Kendall, D. G.: Stochastic processes occuring in the theory of queues and their analysis by the method of imbedded Markov chains. Ann. Math. Stat. **24** (1953), 338–354.

[KKR74] Krampe, H., J. Kubat und W. Runge: Bedienungsmodelle. Verlag Die Wirtschaft, Berlin 1974.

[KLE72] Kleinrock, L.: Ausgewählte Kapitel analytischer Ergebnisse über Teilnehmersysteme (Sammelband Systemprogrammierung, Beihefte zur Zeitschrift Elektronische Rechenanlagen). R. Oldenbourg Verlag, München und Wien 1972.

[KOB78] Kobayashi, H.: System Design and Performance Analysis Using Analytic Models. *In:* Chandy, and Yeh (eds.), Current Trends in Programming Methodology, vol. III: Software Modelling. Prentice-Hall Inc., Englewood Cliffs 1978, 72 to 114.

[KÖST76] König, D., und D. Stoyan: Methoden der Bedienungstheorie. Reihe WTB. Akademie-Verlag, Berlin 1976.

[KOTU76] Koroljuk, W. S., und A. F. Turbin (Королюк, В. С., и А. Ф. Турбин): Полумарковские процессы и их применения. Наукова думка, Киев 1976.

[KUE72] Kummerle, K.: Charakteristische Größen zur Beschreibung der Leistungsfähigkeit und Effektivität von EDV-Anlagen. Elektronische Rechenanlagen **14** (1972) 1, 12—18.

[LAJA79] Lampenscherf, S., und Jäppert, P.: Kopplung von Rechnern des ESER. Rechentechnik/Datenverarbeitung **16** (1979) 10, 24—28.

[LAW84] Litwin, W. G., W. P. Aladyschew und A. I. Winnitschenko (Литвин, В. Г., В. П. Аладышев и А. И. Винниченко): Анализ производительности мультипрограммных ЭВМ. Финансы и статистика, Москва 1984.

[LEH81] Lehmann, D.: Verhaltensmodelle für die Leistungsanalyse des Multiprogrammbetriebs. WBZ MKR/IV Techn. Univ. Dresden (1981) 49, 19—31.

[LEH83a] Lehmann, D.: Analytische Verhaltensmodelle zur Leistungsbewertung im praktischen Rechenbetrieb. Diss. A, Techn. Univ. Dresden, Sektion Informationsverarbeitung, 1983.

[LEH83b] Lehmann, D.: 'Central-server'-Modelle — Mittel zur Leistungsvorhersage. WBZ MKR/IV Techn. Univ. Dresden (1983) 64, 34—41.

[LEH85] Lehmann, D.: lCentral-server'-Modelle — Ergebnisse ihrer Validierung. WBZ MKR/IV Techn. Univ. Dresden (1985) 81, 96—105.

[LEI84] LEIST-Programmdokumentation. Techn. Univ. Dresden, Sektion Informationsverarbeitung, 1984.

[LHGS84] Lasowska, E. D., J. Zahorjan, G. S. Graham, and K. C. Sevcik: Quantitative System Performance Computer System Analysis using queueing network models. Prentice Hall, Englewood Cliffs 1984.

[LICH77] Lipski, L., and J. D. Church: Application of a Queueing Network Model for a Computer System. Comput. Surveys **9** (1977), 205—231.

[LVB81] 1. Problemseminar Leistungsverbesserung von Rechnerinstallationen. WBZ MKR/IV Techn. Univ. Dresden (1981) 49.

[LVB83] 2. Problemseminar Leistungsverbesserung von Rechnerinstallationen. WBZ MKR/IV Techn. Univ. Dresden (1983) 64.

[LVB85] 3. Problemseminar Leistungsverbesserung von Rechnerinstallationen. WBZ MKR/IV Techn. Univ. Dresden (1985) 81.

[LVB87] 4. Problemseminar Leistungsverbesserung von Rechnerinstallationen. Bergakademie Freiberg 1987.

[MAJ78] Majorow, S. A. (Майоров, С. А.): Основы теории вычислительных систем. Высшая школа, Москва 1978.

[MER78] Mersmann, G.: Jobzuteilungsverfahren in Rechnersystemen für Stapelverarbeitung bei Vorkenntnissen über die zu verarbeitenden Jobs. Dissertation, TH Aachen 1978.

[MRO83] Mrosko, G.: LEIST — Ein Programm zur automatischen Bestimmung der Leistungsbewertungsgrößen. WBZ MKR/IV Techn. Univ. Dresden (1983) 64.

[MRO85] Mrosko, G.: Untersuchung der Jobablaufsteuerung mit Hilfe hybrider Modelle. Diss. A, Techn. Univ. Dresden, Sektion Informationsverarbeitung, 1985.

[OSS73] Osswald, B.: Leistungsvermögensanalyse von Datenverarbeitungsanlagen. Mittler-Verlag, Darmstadt 1973.

[PFÜ79] Pfüller, G.: Leistungsbewertung im praktischen Rechenbetrieb. Bericht des VEB Rechenzentrum Karl-Marx-Stadt 1979.

[PFÜ81] Pfüller, G.: Leistungsbewertung eines Timesharing-Systems im praktischen Rechenbetrieb. WBZ MKR/IV Techn. Univ. Dresden (1981) 49, 32—47.

[PFÜ83a] Pfüller, G.: Leistungsbewertung von EDV-Systemen im praktischen Rechenbetrieb. Diss. A, IHS Dresden 1983.

[PFÜ83b] Pfüller, G.: OS-Leistungsmonitor GTFMON: Grundlagen — Wirkungsweise — Ergebnisse. WBZ MKR/IV Techn. Univ. Dresden (1983) 64, 60—70.

[POT85] Potier, D. (ed.): Modelling Techniques and Tools for Performance Analysis. Proc. Int. Conf. on Modelling, Techniques and Tools for Performance Analysis, Paris, May 1984. North Holland, Amsterdam, New York, Oxford, 1985.

[RAM80] Rammelt, K.: Aufbau und Untersuchung analytischer Modelle für Betriebsmittelvergabesysteme. Diss. A, Techn. Univ. Dresden, Sektion Informationsverarbeitung, 1980.

[RELA80] Reiser, M., and S. S. Lavenberg: Mean-value Analysis of Closed Multichain Queueing Networks, J. ACM **27** (1980) 2, 313—322.

[RESA78] Reiser, M., and C. H. Sauer: Queueing Network Models: Methods of Solution and their Program Implementation. *In:* Chandy, and Yeh (eds.), Current Trends in Programming Methodology, vol. III: Software Modelling. Prentice-Hall Inc. Englewood Cliffs 1978, 115—167.

[RITH74] Ritchie, D., and K. Thompson: The UNIX time-sharing-system. Comm. ACM, **17** (1974), 365—375.

[ROS78] Rose, C. A.: A Measurement Procedure for Queueing Network Models of Computer Systems. Comput. Surveys **10** (1978) 3, 263—280.

[SACH80] Sauer, C. H., and Chandy, K. M.: Approximate Solution of Queueing Models Comp. **13** (1980) 4, 25—32.

[SAM86] SAMOS — Programmpaket zur Erzeugung einer synthetischen Arbeitslast, Anwenderbeschreibung. Techn. Univ. Dresden 1986.

[SAT86] SATURN 2.0, Anwenderbeschreibung. AdW der DDR, Institut für Informatik und Rechentechnik, Berlin 1986.

[SCHE67] Scherr, A. L.: An Analysis of Time-shared Computer Systems. MIT Press, Cambridge (Mass.) 1967.

[SCHI78] Schiemangk, H.: Virtuelle Speicher. Schriftenreihe Informationsverarbeitung. BSB B. G. Teubner Verlagsgesellschaft, Leipzig 1978.

[SCHL81] Schlie, K.: Optimale Ablaufplanung der Abarbeitungsreihenfolge in einem Rechenzentrum. Diplomarbeit, Techn. Univ. Dresden, Sektion Informationsverarbeitung, 1981.

[SCHÖ81] Schönfeld, R.: Betrachtungen zur Nutzung eines Mehrrechnersteuersystems. ZfR-Informationen, AdW der DDR, Berlin (1981) 13, 105—116.

[SCHR84] Schreiber, E.: Programme zur Leistungsbewertung im DVZ Dresden, Rechentechnik/Datenverarbeitung **21** (1984) 1, 8—9.

[SCHRL84] Schreiber, L.: Entwicklung und Implementation eines Programmsystems zur Gewinnung von Normativdaten und Arbeitslastkenngrößen auf Job- und Projektlaufniveau für ausgewählte Nutzeraufträge. Diplomarbeit, Techn. Univ. Dresden, Sektion Informationsverarbeitung, 1984.

[SEWI75] Seidel, G., und D. Wiedemuth: ESER. Funktionsprinzipien des Einheitlichen Systems der Elektronischen Rechentechnik. Schriftenreihe Informationsverarbeiung. Verlag Die Wirtschaft, Berlin 1975.

[SIG85] SIGLAP — Anwenderbeschreibung. VEB DVZ Dresden 1985.

[SIM74] VOPS SIMDIS — Verfahrensorientiertes Programmiersystem für diskrete Systemsimulation (DOS/ES Anwenderhandbuch). VEB Kombinat Robotron, Dresden 1976.

[STE78] Stewart, W. J.: A Comparison of Numerical Techniques in Markov Modelling. Comm. ACM **21** (1978) 2, 144—152.

[STI76] Stimler, S.: Leistungsbewertung, Leistungsmessung und Leistungsverbesserung von Datenverarbeitungssystemen. R. Oldenbourg Verlag, München und Wien 1976.

[STO78] Stoyan, D.: Queueing Networks — Intensitivity and a Heuristic Approximation. EIK 14 (1978) 3, 135—143.

[SVO76] Svobodova, L.: Computer Performance Measurement and Evaluation Methods: Analysis and Applications. Elsevier Computer Science Library, New York, Oxford, Amsterdam 1976.

[TER82] Terplan, K.: Leistungsoptimierung von Computersystemen und Rechnernetzen. Export Verlag, Grafenau/Württemberg 1982.

[WÄH80] Wähner, G.: Leistungsmessung und -analyse an EDVA. BSB B. G. Teubner Verlagsgesellschaft, Leipzig 1980.

[WEN72] Wentzel, E. S. (Вентцел, Е. С.): Исследование операции. Советское радио, Москва 1972.

11. Symbolverzeichnis

A	Aktivzahl
a	Ausgleichskoeffizient
Aj	Aufgabe Nr j
APv	Ablaufplan Nr v
AR	Gesamtheit der aufgabenzugeordneten Ressourcen
$A(t)$	Verteilungsfunktion des Ankunftsstromabstandes
A^*	obere Grenze der Aktivzahl
B	Besetztwahrscheinlichkeit der Terminals
$B(t)$	Verteilungsfunktion der Bedienungszeit
E_j	Existenzzustand der Forderung Fj
F	Verweilzeitfaktor
F_A	Verweilzeitfaktor der aktiven Aufgaben
Fj	Forderung Nr j
F_N	Verweilzeitfaktor der aktiven Nutzer
F_Z	Verweilzeitfaktor der verweilenden Aufgaben
Gi	Bedienungsanlage Nr i
H_{ij}	Verzweigungshäufigkeiten
K	mittlere Kanalzahl der komplexen aufgabenzugeordneten Ressource
K_i	Kanalzahl der Ressource Ri
M	Multiprogrammfaktor
m	Zahl der Terminals beim Dialogbetrieb
m_l	Kanalzahl der aufgabenzugeordneten Ressource Rl
M^*	obere Grenze des Multiprogrammfaktors
N	mittlere Zahl der aktiven Nutzer
n	Zahl der geteilt zugeordneten Einkanalressourcen
N_l	mittlerer Kanalzahlbedarf der aufgabenzugeordneten Ressource Ri
P_{ij}	Verzweigungswahrscheinlichkeiten
P_V	relative Verarbeitungsintensität
$p(i)$	Wahrscheinlichkeit für den Zustand i
R	Leistungsfaktor
Ri	Ressource Nr i
R_i	Belegungszustand der Ressource Ri
R_N	Nutzleistungsfaktor
R^*	obere Grenze des Leistungsfaktors
T_a	mittlerer Ankunftszeitabstand

T_B	Beobachtungszeit
T_b	mittlere Bedienungszeit
T_d	mittlere Quellverweilzeit
T_h	Beschäftigungszeit
T_P	mittlere Positionierzeit
T_S	mittlere Suchzeit
T_T	mittlere Transferzeit
T_v	mittlere Verweilzeit
T_w	mittlere Wartezeit
T_o	mittlere Operationszeit einer Elementaroperation
s	obere Grenze der Kanalzahl der komplexen aufgabenzugeordneten Ressource
u	Beschäftigungskoeffizient des Rechnersystems
$V(t)$	Verteilungsfunktion der Verweilzeit
$W(t)$	Verteilungsfunktion der Wartezeit
x_i	Beschäftigungskoeffizient der geteilt zugeordneten Ressource Gi
y_l	Bedarfskoeffizient der aufgabenzugeordneten Ressource Rl
Z	mittlere Zahl der verweilenden Forderungen
α_{ij}	Intensitätsübertragungskoeffizienten der einzelnen Operationsblöcke
ε_i	Intensitätsübertragungskoeffizienten zwischen Eingang und betrachteter Schnittstelle
η	Auslastungsgrad
θ_j	Bearbeitungsfortschritt der Aufgabe Aj
λ, Λ	Ankunftsstromintensität
	Bedienungsintensität
Π_A	Ankunftsstrom an der Schnittstelle A
Π_s	Verteilungsfunktion der normierten Aktivzahl
$\Pi_s{}^*$	Verteilungsfunktion der komplexen aufgabenzugeordneten Ressource
ϱ	Verkehrswert
ϱ^*	obere Grenze des Verkehrswertes
τ_a	Ankunftszeitabstand
τ_b	Bedienungszeit
τ_d	Quellverweilzeit
τ_P	Positionierzeit
τ_S	Suchzeit
τ_T	Transferzeit
τ_v	Verweilzeit
τ_w	Wartezeit

12. Sachwortverzeichnis